서구 열강과 조선

서구 열강과 조선

1판 1쇄 인쇄 2011년 11월 01일
1판 1쇄 발행 2011년 11월 11일

지은이 현광호
펴낸이 서채윤
펴낸곳 채륜
책임편집 정나영
표지·본문디자인 Design窓 (66605700@hanmail.net)

등록 2007년 6월 25일(제25100-2007-000025호)
주소 서울 광진구 군자동 229
대표전화 02-6080-8778 | **팩스** 02-6080-0707
E-mail chaeryunbook@naver.com
Homepage www.chaeryun.com

책값은 뒤표지에 있습니다.
ISBN 978-89-93799-52-1 93910

서구 열강과
조선

현광호 지음

채륜
CHAE RYUN

조선은 1880년대 전반 미국, 영국, 독일, 러시아, 프랑스 등 서구 열강과 잇달아 통상조약을 체결했다. 조선은 정세 변동에 대응하여 나름대로 목표를 세우고 서구 열강에 접근했으며, 국권수호와 부국강병의 목표를 달성하고자 서구 열강을 활용하려고 했다.

본서는 조선 외교에 지대한 영향을 준 미국, 프랑스, 영국을 집중적으로 분석하고자 했다. 먼저 미국이 조선과 수교한 시점은 청이 조선에 대한 내정간섭을 노골적으로 전개하던 때였다. 조선은 첫 번째로 통상조약을 체결한 미국에 강력히 접근했다. 다음으로 프랑스가 조선에 외교사절을 파견한 시점은 조선이 청의 간섭에 맞서 프랑스 등 유럽 국가들에 공사 파견을 추진하던 시기였다. 끝으로 영국은 대한제국이 수립된 지 얼마 지나지 않은 시점에 총영사관을 공사관으로 승격시키는 등 한반도에 대해 적극적인 정책을 구사했다. 대한제국은 초강대국으로 인식한 영국에 대해 큰 관심을 보였다.

서구 열강은 조선에 대해 전략적, 경제적, 종교적 목적 등을 가지고 접근을 시도했다. 조선에 주재하던 서구 열강의 외교사절들은 자국 정부의 지시를 충실히 이행하는 한편 조선의 정치, 외교, 경제, 사회, 문화 등을 치밀하게 탐구했다. 그 결과 서구 열강의 외교문서들은 이 무렵 조선의 제반 모습을 생동감 있게 묘사하고 있다.

서구 열강은 각자의 이해관계에 따라 조선에 대해 추구하는 목표가 달랐다. 서구 열강의 외교문서들을 검토하면 서구 외교사절이 조선을 어떻게 인식했고, 조선에서 무엇을 얻으려 했는지, 어떻게 자국의 이익을 관철하려 했는지 등이 잘 드러난다. 또 서구 열강이 조선의 독립에 대해 어떻게 인식했고, 조선의 독립을 위협하던 청·일에 대해 어떻게 대처했는지를 알 수 있다. 서구 열강의 외교사절들은 각기 조선에 대한 관심 정도가 달랐고, 조선에 대한 애정도 차이가 있었다. 그러므로 서구 열강의 외교사절들이 모두 오리엔탈리즘적 시각을 견지했던 것은 아니었다.

식민지 시기 한국의 민족운동가들은 서구 국가들과 연대하여 민족해방운동을 전개했다. 해방 이후 한국은 서구 국가들과 다시 수교하여 긴밀한 관계를 맺으려 했다. 최근 한국은 한·미자유무역협정과 한·EU 자유무역협정을 체결했다. 개화기 조선과 서구 국가 간의 통상조약 교섭이 다시 재개된 것 같은 착각에 빠지기도 한다. 이러한 상황에서 개화기에 전개됐던 조선과 서구 열강 간의 외교에 대한 연구는 중요한 현재적 의미가 있다고 보인다. 또 6자회담 등을 이용하여 한반도의 평화와 통일을 추구하는 시점에서 서구 열강과 조선 간의 교섭은 재음미할 필요가 있다고 보인다. 최근 외국의 폭로사이트에서 미국의 외교문서를 공개했다. 많은 한국인들은 그 문서의 사실 여부에 관계없이 한국의 제반 사정이 들어 있는 것을 보고 큰 관심을 보였다. 애국심이 충만한 한국인들은 한반도의 장래에 대해 많은 관심을 가지고 강대국과의 외교에 촉각을 곤두세우는 것 같다.

모쪼록 사람들이 이 책을 통해 개화기의 외교는 물론 향후 대한민국의 외교에도 흥미를 가졌으면 한다. 끝으로 이 책의 출판을 흔쾌히 허락해주신 채륜의 서채윤 사장님, 수고해주신 편집담당자들께도 감사를 드리는 바이다.

2011년 11월
저자 씀

1880년대 조선은 미국, 영국, 독일, 러시아, 프랑스 등의 구미제국과
차례로 통상조약을 체결했다. 조선의 최고 주권자인 고종은 외교기구를
무력화시키고 직접 외교를 주재했다. 고종은 주변 강대국의 침략으로부
터 국권을 수호하려 했기 때문에 수교 이후 구미제국과 긴밀한 관계를
맺으려 시도했다.

수교 이후 청일전쟁 발발 때까지 고종이 가장 경계를 한 국가는 청이
었다. 청은 1870년 이후 유구, 베트남, 버마 등 전통적인 조공국들을 하
나하나 상실했으며, 조공국 중 유일하게 타국의 지배하에 들어가지 않
은 국가는 조선이었다. 청은 조선을 침탈할 가능성이 농후한 국가로 러
시아와 일본을 지목했고, 러·일의 침략으로부터 조선을 보호한다는 명
목으로 조선정부에 서구열강과의 통상조약 체결을 권고했다. 그러나 청
은 1882년에 발발한 임오군란을 계기로 의례적인 조공국이었던 조선을
근대적인 속국으로 편입하기 위해 획책했고, 그에 따라 '조선속방화정책'
을 본격적으로 시행했다.[1] 청은 1885년 원세개를 조선에 파견하여 조선
의 외교, 내정에 개입했고, 원세개는 1886년 고종폐위 음모를 획책하는
등 조선의 국권을 유린했다. 고종은 청이 내정 간섭을 강화하자 예민하
게 반응하며 외교의 주요 과제를 '탈청자주'로 설정했다. 고종은 탈청자

---

[1] 청의 속방화정책에 대해서는 다음 글 참조. 송병기, 「소위 「삼단」에 대하여—근대 한청관계사의 한
연구—」, 『사학지』 제6집(단국대학교 사학회, 1972); 권석봉, 『청말 대조선정책사연구』(일조각, 1986); 이
완재, 「개화기의 '청·조종속'문제에 대하여」, 『한국학논집』 제12집(한양대학교 한국학연구소, 1987);
한규무, 「19세기 청·조선간 종속관계의 변화와 그 성격」, 『근대 동아시아 국제관계의 변모』(혜안,
2002).

주정책의 대상으로 구미열강을 주목했고, 그 중에서도 군사강국으로 인식한 미국, 프랑스, 러시아에 많은 기대를 보였다. 그 과정에서 조선이 구미국가에 공사를 파견하고 청이 반대하는 '파사문제'가 발생했다.

미국은 1882년 조선과 조미통상조약을 체결했고, 이듬해에는 조선에 전권공사를 파견했다. 미국정부는 조선주재 자국 공사에게 상업 특권의 획득을 위해 노력할 것과 조·미무역의 증대방안을 연구, 보고하도록 지시했다. 이 무렵 미국은 영국, 독일 등과는 달리 아시아 국가들의 현상유지를 지지했다. 이 같은 미국의 입장은 아시아에 적극 진출할 수 없는 국내 상황 때문이었다. 미국정부는 유럽 열강의 아시아 진출에 대항하여 미국이 동등한 무역기회를 얻기 위해서는 '강한 아시아'가 소망스럽다는 결론을 내렸다. 그 연장선상에서 미국은 조선을 독립국으로 인정하며 조선주재 자국 대표를 청·일 주재 자국 대표와 동등하게 대우했다. 일련의 미국의 조치들은 조선을 주권국가로 인정함을 의미했다. 고종은 미국대통령에게 조선의 독립을 천명하는 서한을 보내는 등 미국과의 긴밀한 외교관계를 맺으려 기도했다.

조선은 프랑스를 군사강국으로 인식하고 있던 차에 1885년 프랑스가 청불전쟁에서 승전하자 적극적으로 프랑스에 접근했다. 오랫동안 선교문제로 프랑스와 갈등을 빚은 바 있던 조선정부가 천주교의 선교를 묵인하면서까지 프랑스와 조약을 체결하려 한 것은 프랑스의 군사, 외교적 중요성을 인식했기 때문이었다. 그 결과 조선은 1886년 프랑스와 조불통상조약을 체결했다. 프랑스는 통상조약을 체결했지만 가톨릭 선교에 비중을 두었으며, 영사재판권 조항으로 선교사에 대한 처벌을 불가능하게 했다. 마침내 프랑스는 1888년 조선에 외교사절을 파견했다. 프랑스는 조선을 주권국으로 인정하며 조선주재 자국 대표를 청·일 주재 자국 대표와 동등하게 대우했다. 고종은 프랑스 대통령에게 조선의 독립을 천명하는 서한을 보내 프랑스와의 긴밀한 외교관계를 맺으려 기도했다.

조선은 청의 주선 없이 1884년 러시아와 통상조약을 체결했으며, 러시아 군함이 조선 항구를 자유로이 통행하도록 허가했다. 이 무렵 러시아의 대조선 정책의 기조는 조선을 독립국으로 인정하는 것이었다. 러시아는 조러통상조약 체결을 계기로 적극적인 대조선 정책을 전개했다. 고종도 러시아와 '조러밀약'을 협의하는 등 긴밀한 관계를 맺으려 시도했다. 고종은 러시아와의 밀약 교섭이 무산되었음에도 불구하고 러시아에 대한 접근을 중단하지 않았다. 그러나 러시아는 영국의 거문도 점령과 조러밀약설로 인해 대조선정책을 재검토했다. 러시아정부는 1888년 특별회의에서 러시아가 조선의 영토를 점령할 경우 영국과 청이 좌시하지 않을 것으로 판단했다. 따라서 러시아는 동아시아에서 육군이 증강될 때까지 현상유지정책을 지속하기로 결정했다. 러시아는 조선의 경제적, 군사적 가치가 청의 '조선속방화정책'을 반대하여 청과 대결할 만큼 크지 않다고 판단했다. 그에 따라 러시아는 조선에서 청·일의 이해관계를 존중하며, 영국과의 관계를 악화시키지 않는 방향으로 정책을 시행하기로 결정했다. 그러나 러시아정부는 1888년 '조러육로통상장정'을 체결함으로써 조선에 대해 지속적인 관심을 드러냈다. 고종은 청·일이 조선에서 치열하게 세력다툼을 벌이자 빈번히 러시아에 지원을 호소했다.

고종은 조선주재 구미공사들을 통해 국제정세 및 구미 열강의 동향을 파악했다. 그러므로 조선주재 구미공사의 활동은 조선의 외교에 중요한 영향을 주었다고 할 수 있다. 구미열강 정부도 조선주재 자국 공사의 보고를 중시했다. 특히 미국정부는 해외 주재 관리들에게 일정한 자유를 허용했다. 즉 관리들이 정부가 지시하는 지침의 한계를 넘지 않는 한 행동에 제재를 가하지 않았다. 이 무렵 프랑스는 국제적 고립 상태여서 한반도 문제에 관심을 가질 여유가 없었고, 또 한반도와 직접적 이해관계가 없었으므로 수교 이후 한동안 러시아에 조선 외교 업무를 맡기는 형편이었다. 그러나 프랑스는 점차 한반도의 전략적 중요성을 인식하고 조선을 중시하는 방향으로 입장이 변했으며, 청·일이 적극적인 조선 진출 정책을 추진하자 더욱 조선을 중시했다. 그러므로 조선주재 프랑스 대표는 프랑스의 대조선 정책에 있어 막중한 역할을 수행해야 했다. 이 상을 통해 볼 때 구미열강의 대조선정책의 대리인이라 할 수 있는 조선 주재 공사의 정세인식과 대응은 구미열강의 대조선정책을 이해하는 데 훌륭한 단서를 제공한다고 할 수 있다. 그러므로 조선주재 구미공사의 외교활동에 대한 연구는 그 중요성이 크다고 할 수 있다.

1880년대부터 1890년대 전반기 고종은 탈청을 추구하는 과정에서 미국, 프랑스, 러시아에 접근했다. 따라서 이 시기의 조선외교를 이해하려면 조선주재 구미 대표의 활동에 대한 심층적인 연구가 필요하며, 특히 미·프·러 대표의 활동과 조선의 대응이 매우 중요한 탐구과제라 할 수 있다. 그런데 이 시기의 조선주재 러시아 공사의 활동과 조선의 대응에 대해서는 비교적 많은 연구가 이루어진 편이라 보여진다.[2]

본서는 조선주재 미국, 프랑스 대표의 활동과 조선의 대응을 집중적으로 분석하고자 한다. 역대 조선주재 미국공사들은 11명이었으며, 그 중에서 푸트Lucius H. Foote, 포크George Clayton Foulk, 딘스모어Hugh A. Dinsmore, 허드 Augustine Heard, 실John M.B. Sill, 알렌Horace N. Allen은 1년 이상 재직했다. 기존의 미국공사에 대한 연구는 푸트, 포크, 실, 알렌에 집중됐다.[3] 그 결과 딘스

---

2 김종헌, 「슈페이에르와 러시아공사 베베르의 조선내 외교활동(1884~1894)」, 『수교와 교섭의 시기 한러관계』(선인, 2008); 홍웅호, 「개항기 주한 러시아 공사관의 설립과 활동」, 『개항기 재한 외국공관 연구』(동북아역사재단, 2009); 박 보리스 드미트리예비치(민경현 역), 『러시아와 한국』(동북아역사재단, 2010).

3 김원모, 「알렌의 한국독립보전정책(1903)」, 『동양학』 20(단국대학교 동양학연구소, 1990); 손정숙, 『한국 근대 주한공사 연구』(한국사학, 2005).

모어, 허드 같이 장기 재직한 인물에 대한 연구는 공백상태에 있는 실정이다. 딘스모어와 허드는 조선외교의 민감한 시기에 부임하여 조·청·일 관계의 추이를 예의 주시했다. 이들이 재직한 시기는 청의 '조선속방화정책'이 본격적으로 시행되었으며, 일본의 대조선정책이 공격적으로 전환하던 때였다. 조선의 대미 접근에 대해서는 주미공사관원에 초점을 맞춘 연구가 주류를 이룬 결과[4] 고종의 대미 접근에 대한 연구는 부족한 실정이다. 따라서 본서는 고종의 대미 접근에 대해 초점을 맞추고자 한다.

기존 조·불관계에 대한 연구는 대체로 수교 시기[5], 대한제국시기[6]에 집중되어 있다. 그에 따라 수교 이후부터 대한제국 수립까지의 시기에 대한 연구는 소홀한 감이 있으며, 연구 수준도 조·불관계를 개관하는 정도로 평가된다.[7] 특히 프랑스 대표의 활동을 심층적으로 분석한 연구는 희소한 실정이다. 프랑스의 조선 대표라 할 수 있는 프랑스 정부위원 Commissaire 플랑시CollindePlancy는 1888년 6월 서울에 도착하여 1891년 6월까지 근무했으며, 1896년 재차 주한공사로 부임하여 1905년 11월까지 재

---

4 이민식, 『근대 한미관계사』(백산자료원, 2001); 한철호, 『개화기 관료지식인의 미국 인식-주미공사관원을 중심으로-』, 『역사와 현실』58(한국역사연구회, 2005); 김철웅, 「주미공사 이범진의 미국 여정과 활동」, 『역사학보』205(역사학회, 2010).

5 최석우, 「한불조약의 체결과정」, 『한불외교사』(평민사, 1987); 박일근, 「한불조약의 체결과정에 대한 연구」, 『한불외교사』(평민사, 1987); 조현범, 「19세기 프랑스 선교사들의 문명관-1836년부터 1886년까지-」, 『교회사연구』제15집(한국교회사연구소, 2000); 김규성, 「19세기 전·중반기 프랑스 선교사들의 조선 입국시도와 서해 해로-1830년~1850년대를 중심으로」, 『교회사연구』 32(교회사연구소, 2009).

6 한흥수, 「주불공사관 설치과정」, 『한불외교사』(평민사, 1987); 김영식, 「대한제국의 대불외교관계」, 『한불외교사』(평민사, 1987); 이창훈, 「20세기 초 프랑스의 대한정책」, 『한불외교사』(평민사, 1987); 홍순호, 「한불 인사교류와 프랑스고문관의 내한(1886~1910)」, 『한불수교 100년사』(한국사연구협의회, 1986); 전정해, 「광무년간의 산업화 정책과 프랑스 자본·인력의 활용」, 『국사관논총』84(국사편찬위원회, 1999); 김태웅, 「한국 근대개혁기 정부의 프랑스 정책과 천주교」, 『역사연구』11(역사학연구소, 2002).

7 우철구, 「청일전쟁을 전후한 프랑스와 한국」, 『한불수교 100년사』(한국사연구협의회, 1986); 장 끌로드 알랭, 「고종재위기간의 한불관계」, 『한불외교사』(평민사, 1987); 그럿트 빠스깔, 「고종과 프랑스(1866~1906)」, 『한국문화연구』12(이화여자대학교 한국문화연구원, 2007).

직했다. 이같이 그는 장기간 조선에서 근무했으므로 조선의 실정을 소상히 파악했다고 볼 수 있다. 로셰Rocher는 1891년 6월부터 1892년 3월까지, 프랑댕Frandin은 1892년 4월부터 2년간, 르페브르는 1894년 3월부터 1896년 4월까지 각각 대리공사를 역임했다. 한편 기존 연구들은 프랑스를 주체로 조·불관계를 분석했으므로 조선의 입장에서 접근한 연구가 필요하다고 보여진다.

1897년 10월 대한제국 수립 이후 러·일은 대한제국을 둘러싸고 첨예하게 대립하면서 수차 한반도 분할을 흥정했다. 고종은 이 같은 러·일의 협상을 일정 정도 인지했으므로 서구 열강의 지원을 얻어 국권을 수호하고자 했다. 그에 따라 고종은 영국, 프랑스, 독일 등 유럽 열강국에 공사관을 설치하는 한편 전권공사를 파견했다. 고종은 특히 영국을 초강대국으로 인식하고 대한제국의 주권 유지에 도움이 되기를 기대했다.

영국은 1885년 거문도를 점령하는 등 조선의 국권을 유린하기도 했지만 한편으로는 조선의 독립에 대해 관심을 가지기도 했다. 즉 영국은 거문도사건 당시인 1886년 4월 조선의 독립을 보증하는 국제조약의 체결을 제의한 바 있었고, 1894년 7월 청일전쟁 발발 직전에는 인천항의 전시국외중립을 제의했으며, 아관파천기인 1896년 5월에는 국제적 보장하에 조선을 중립화시킬 것을 강대국들에 주도적으로 제의하기도 했다. 그러나 영국은 청일전쟁 이전까지는 청이 러시아의 남하를 저지해주기를 기대했고, 그 대가로 청의 '조선속방화정책'을 묵인했다. 그러므로 고종은 영국 대표를 우대하지 않았고, 영국은 조선에서 영향력을 상실했다. 그러나 대한제국기에 접어들자 한·영 관계는 크게 달라졌다. 영국정부는 대한제국 수립 직후인 1898년 3월 주한영국대표부를 총영사관에서 공사관으로 승격시킴으로써 대한제국에 대한 적극적 관심을 표명했다. 고종은 영국정부의 조치에 만족을 표명하고 영국에 상주공사관을 설치하는 등 영국에 대한 외교를 강화했다. 고종이 대한제국 재정의 상당 부분을 차지하고 있던 해관을 영국인 브라운J.McLeavy Brown에게 맡긴 것은 영국에 대한 기대를 보여주는 것이었다. 영국은 특히 러시아의 동향을 예의 주시했고, 그 과정에서 일본과 1902년 1월 제1차 영일동맹을 체결했다.

기존 한·영관계에 대한 연구는 시기적으로 한영수교,[8] 거문도사건,[9] 청일전쟁 전후의 대한정책[10] 등에 집중되는 경향이었다. 그에 따라 대한제국시기에 대해서는 광산이권문제, 브라운의 활동에 대한 연구 외에는 별다른 연구 성과가 없는 실정이다.[11] 또 대한제국의 입장에서 한·영관계를 분석한 연구도 희소한 실정이다. 이 시기 주한영국공사로 재직한 인물은 조단J. N. Jordan이었고, 조단이 일시 귀국한 1900년 5월부터 1901년 10월까지는 거빈스J. H. Gubbins가 공사직을 대행했다.

본서는 크게 3부로 구성되어 있다. 먼저 조·미관계를 분석한 1부는 3개의 장으로 구성되었으며, 조선주재 미국공사의 활동과 조선의 대미 접근을 서술했다. 1장은 딘스모어 공사의 활동을 분석했다. 먼저 딘스모어 공사가 청의 대조선정책을 어떻게 인식했으며 조선 정계의 대청 입장을

---

8 김기열, 「초기 한영 교섭의 전개 과정」, 『사학지』 17(단국대학교 사학회, 1983); 김기열, 「한영수교의 성립과 그 배경」, 『영미연구』2(단국대학교 영미문화연구소, 1983); 우철구, 「19C 후반 영국의 대일정책-1883년 한영 조약체결을 전후하여」, 『국사관논총』44(국사편찬위원회, 1993); 김현수, 「영국 직업외교관, 써 해리 파크스의 동아시아 외교 활동(1842~1885)」, 『영국연구』9(영국사학회, 2003); 김현수, 「파크스 관련 사료들을 통해 본 '한영수호통상조약' 체결 과정」, 『영국연구』11(영국사학회, 2004).

9 원유한, 「영국군의 거문도점령사건」, 『군사』7(국방부 전사편찬위원회, 1983); 엄찬호, 「거문도사건과 조선의 중립화론」, 『강원사학』17·18(강원대학교 사학회, 2002); 김현수, 「영제국 외교력의 쇠퇴와 '포트해밀턴' 사건의 상관관계」, 『영국연구』7(영국사학회, 2002).

10 최문형, 「청일전쟁전후영국의동아시아정책과한국」, 『한영수교100년사』(1984); 오정우, 「청일전쟁 전후의 영국의 대한 정책」, 『전남사학』19(전남사학회, 2002).

11 이배용, 「구한말 영국의 금광이권 획득에 대한 제문제」, 『역사학보』96(역사학회, 1982); 김현숙, 「한말 고문관 J. McLeavy Brown에 대한 연구」, 『한국사연구』66(한국사연구회, 1989).

어떻게 이해했는가에 대해 구명하고자 한다. 다음으로 딘스모어는 고종의 대미입장을 어떻게 인식했으며, 딘스모어 스스로는 조선에 대해 어떠한 입장을 취했는지를 분석하고자 한다. 2장은 허드 공사의 대조선 활동을 구명했다. 먼저 허드 공사가 조선의 대청·대일관계를 어떻게 인식했는지를 조·청관계 인식과 조·일관계 인식으로 구분하여 분석하고자 한다. 다음으로 허드는 조선의 국정 상황을 어느 정도로 인식했는지를 분석하고자 한다. 끝으로 허드는 한반도 문제에 어떤 방식으로 개입했는지를 구명하고자 한다. 3장은 고종의 미국 접근과 그 의미에 대해 분석하고자 한다. 본서는 먼저 고종의 미국 인식을 분석하고, 다음으로 고종의 미국 접근 과정을 구명하고자 한다. 끝으로 고종이 국권을 유지하려 미국에 외교, 군사지원 등을 추구하는 과정을 분석하고자 한다.

조·불관계를 분석한 2부는 3개의 장으로 구성되었으며, 조선주재 프랑스 대표의 활동과 조선의 대프랑스 접근을 서술했다. 4장은 프랑스 대표의 조선사회 인식을 분석하고자 했다. 먼저 프랑스외교관은 조선사회를 어떻게 인식했는지를 국왕 인식, 지배층 인식, 피지배층 인식으로 세분하여 검토하고자 한다. 다음으로 프랑스외교관은 조선의 개혁에 대해 어떻게 인식했으며, 개혁의 실패요인에 대해서는 어떻게 분석했는지를 국내적 요인과 국외적 요인으로 구분하여 검토하고자 한다. 5장은 프랑스 대표인 플랑시의 조·청관계 인식을 분석했다. 먼저 플랑시는 청의 대조선정책을 어떻게 인식했는지를 청 정부의 조선정책과 원세개의 조선활동으로 나눠 분석하고자 한다. 다음으로 플랑시는 조선의 대청정책을 어떻게 인식했는지를 분석하려고 한다. 구체적으로 플랑시는 조선의 파사문제와 고종의 대청입장을 어떻게 인식했는지를 분석하고자 한다. 6장은 조선의 프랑스 인식과 접근을 분석하고자 했다. 먼저 조선의 프랑스 인식을 지배층과 피지배층으로 구분하여 검토하고, 다음으로 조선의 프랑스 접근을 구명하고자 한다. 끝으로 고종이 국권을 유지하고자 프랑스에 외교, 군사지원을 추구하는 과정을 분석하고자 한다.

한·영관계를 분석한 3부는 4개의 장으로 구성되었으며, 대한제국주재 영국공사의 활동과 고종의 대영 접근을 분석했다. 영국의 대한정책은 제1차 영일동맹 체결을 분수령으로 크게 변화하였다. 7장은 제1차 영일동맹 체결 이전의 영국공사의 활동을 분석했다. 먼저 주한영국공사가 대한제국의 외교를 어떻게 인식했는가에 대해 대한제국의 독립에 대한 입장과 한·러관계 인식을 중심으로 분석해보고자 한다. 다음으로 주한영국공사가 대한제국의 정치에 대해 어떻게 인식했는지에 대해서는 주요 정치인 인식과 독립협회 인식으로 구분하여 분석하고자 한다. 8장은 제1차 영일동맹 체결 이후의 영국공사의 활동을 분석했다. 먼저 조단 공사가 영일동맹 이후 대한제국의 정치에 어떻게 개입했는지를 분석해보고자 한다. 다음으로 조단이 용암포사건에 대해 어떻게 인식했는지를 분석한 뒤 어떤 논리를 내세워 대한제국과 교섭했는지를 구명하고자 한다. 9장은 은산금광채굴권 허여의 외교적 의미에 대해 분석했다. 대한제국이 은산금광채굴권 허여한 것은 무엇보다도 영국의 강력한 요구 때문이었다. 그러나 은산금광광채굴권 다른 시각에서는 하나의 외교수단으로 이해할 필요가 있다. 영국은 1898년 대한제국으로부터 광산채굴권을 획득했고, 1년 뒤인 1899년에는 대한제국에 은산금광을 구체적으로 적시하며 허여를 요구했다. 그런데 은산금광은 대한제국도 상당한 관심을 보인 광산지였으므로 은산금광문제는 한·영간의 최대 외교현안이 되었다. 이 사안은 고종을 비롯한 대한제국의 주요 정치인들이 개입함으로써 대한제국의 대영 인식을 함축적으로 보여주었다고 여겨진다. 한·영 사이에 은산금광 교섭이 전개된 시기는 한·러 사이에 마산포 분쟁이 치열하게 전개된 시기이기도 했다. 본 연구는 이같이 동시에 전개된 두 사안 사이에서 대한제국은 어떤 외교적 선택을 하였는지를 검토하고자 한다. 먼저 영국의 은산금광 요구에 대한 대한제국의 입장을 분석하고자 한다. 다음으로 대한제국은 러시아의 마산포조차 요구와 영국의 은산금광 요구에 대해 어떻게 대처했는지를 분석하고자 한다. 10장은 대한제국의 최고의사 결정권자인 고종은 세계 최강국으로 인식한 영국에 어떻게 접근했는지를 구명하고자 한다. 먼저 대한제국 수립 이전의 대영 접근에 대해 간략히 검토하고, 뒤이어 대한제국 수립 이후의 대영 접근을 분석하고자 한다. 특히 고종은 제1차 영일동맹과 용암포사건 등의 정세변동 속에서 영국에 어떻게 접근했는지를 분석하고자 한다.

끝으로 본서에서 활용한 주자료를 소개하고자 한다. 먼저 *Korean-American Relations VOLUME Ⅲ (1883-1886)*, *Korean-American Relations VOLUME Ⅲ (1887-1895)*, *Korean-American Relations Volume Ⅲ (1896-1905)* 는 주한미국공사관과 미국 국무성 사이에 왕복한 문서를 모아 놓은 자료집이다. 『프랑스 외무부문서』 2,3,4,5,6,7,8권은 조선주재 프랑스외교관과 프랑스 외무부사이에 왕복한 문서를 모아 놓은 자료집이다. 『영국 외무성 한영외교사관계자료집』은 주한영국공사관과 영국 외무성 사이에 왕복한 문서를 편집한 것이다. 『주한일본공사관기록』과 『일본외교문서』는 주한일본공사관과 일본 외무성 사이에 왕복한 문서를 편집한 것이다. 『러시아 국립문서보관소 소장 한국관련문서 요약집』은 주한러시아공사관과 러시아 외무성 등이 주고받은 문서를 편집한 것이다. 『구한국외교문서 미안』, 『구한국외교문서 법안』, 『구한국외교문서 영안』, 『구한국외교문서 일안』, 『구한국외교문서 아안』은 조선 외교기관과 조선주재 외국공사관 사이에 왕복한 문서를 편집한 것이다.

기존 개화기 외교연구는 조선과 열강의 관계사에 초점을 맞추었고, 개화기의 외교를 개관하는 것에 그친 것으로 평가된다. 그러므로 이 시기 조선의 외교와 열강의 대한정책을 역동적으로 이해하기 위해서는 조선의 외교담당자와 열강 외교대표의 활동에 대한 심층적인 분석이 필요하다고 보여진다. 한편 한국사의 주체성을 고려할 때 한국의 입장에서 이 시기의 외교에 접근할 필요가 있다고 여겨진다. 현재 한국이 한반도를 둘러싼 강대국들에 적절히 대처해야만 하는 실정을 감안할 때 이러한 접근 자세는 더욱 필요하다고 판단된다.

세계화시대를 맞이하여 한반도는 세계와 더욱 긴밀하게 연결되고 있다. 또 세계화에 대한 지역차원의 대응이라 할 수 있는 동아시아 협력론도 활발히 논의되고 있다. 이러한 때 본서가 미국, 프랑스, 영국 등 구미 열강이 조선을 어떻게 인식했고, 어떤 방식으로 한반도에 접근을 시도했는지를 이해하는 데 기여하기를 기대한다. 또 조선은 구미 열강을 어떻게 인식했고 어떤 방식으로 세계에 다가갔는지를 이해하는 데 기여하기를 바란다. 아울러 중국과 일본은 조선을 어떻게 인식했고, 어떤 방식으로 한반도에 접근했는지를 이해하는 데 기여했으면 한다. 또 조선은 중국과 일본을 어떻게 인식했고, 어떤 방식으로 접근했는지를 이해하는 데 기여하기를 바란다. 끝으로 본서가 개화기 한국 사회를 이해하는 데 약간이나마 기여하기를 기대한다.

제 1 부

미국과 조선

· 1장 ·

미국공사 딘스모어의
외교활동

1. 조·청관계 인식

1) 청의 대조선정책 인식

청은 1882년에 발발한 임오군란을 계기로 의례적인 조공국이었던 조
선을 근대적인 속방으로 편입하기 위해 획책했다. 청군은 임오군란 이후
조선에 주둔하다가 일본과의 천진조약 체결을 계기로 1885년 7월 철수
했다.[1] 하지만 청은 여러 가지 수법을 동원하여 조선지배를 획책했다. 이
시기 청국정부의 외교권을 장악하고 있던 인물은 직예총독 이홍장이었
다. 이홍장은 원세개를 통해 조선의 국정에 개입했다. 원세개는 임오군
란 진압차 조선에 왔고, 갑신정변 진압에도 개입한 바 있었다. 청은 1885
년 원세개에게 '주차조선총리교섭통상사의'라는 직함을 주어 조선에 파
견했다. 원세개는 군사고문으로 행세하면서 조선의 외교, 내정에 개입했
다. 원세개는 1886년 의정부에 보내는 「조선대국론」이라는 글에서 조선
이 청의 속박을 탈피하여 자주노선을 추구하는 것을 경고하였다. 그는
"청이 정예군사가 30만 명인 데 비해 조선군은 수천 명에 불과하다. 조선
은 인구가 천만 명도 되지 않고 조세도 200만섬에 이르지 않는 등 가장
빈약한 국가이다. 조선이 만약 정예군사가 수십만 명이 되어 아시아에서
강대국으로 불리면서 자립을 도모한다면 자립이 가능하지만 조선은 강
대국 사이에서 사실상 자주, 자립이 불가능하다. 따라서 조선은 러·일
을 경계하고 청에 의지해야 한다"고 주장하였다.[2] 한편 청은 조선외교를
감시하고자 묄렌도르프Paul Georg von Möllendorff를 조선에 파견했다. 하지만

---

1 이하 본문의 연도는 양력으로 통일.

2 『고종실록』권23, 고종 23년 7월 29일.

청은 묄렌도르프가 조선에 편향되고, 또 조·러간의 접근을 시도했다고 판단하여 데니O. N. Denny를 조선에 파견했다.[3]

고종은 1886년 데니를 내무부협판에 제수했다. 데니는 청의 주선으로 조선에 파견됐지만 청보다는 조선의 입장을 대변했다. 데니는 고종에게 청에 대항하는 방안으로 구미공사 파견을 권고했다. 포크 미국공사와 베베르Karl Ivanovich de Waeber 러시아공사도 고종에게 파사를 권고했다.[4] 조선이 자주외교를 추진한 것은 외교사절과 외국인 고문의 역할이 크게 작용했다. 청은 조선정부의 자주외교의 이면에는 데니의 권고가 작용한 것으로 단정했으므로 조선정부에 데니의 사직을 요구했다.[5]

딘스모어는 제3대 미국공사로 부임했다. 딘스모어는 1887년 3월 31일 서울에 도착한 뒤 통리교섭통상사무아문 독판 김윤식에게 도착을 통지했으며 4월 13일 고종을 예방했다.[6] 딘스모어는 청의 대한정책을 주시했다. 딘스모어는 청이 점진적으로 조선과 고종을 장악 중이며, 특히 조선의 최고 외교기구인 통리교섭통상사무아문을 절대적으로 통제하고 있다고 인식했다. 또 그는 외국 대표들이 청의 통제를 묵인하고 있다고 이해했다. 그는 영·일 대표들은 청의 지배를 인정하고 있다고 파악했으며, 그 중 영국 총영사는 조선이 자치능력이 없다고 선언했으며, 일본 대표도 청의 잠식을 무관심 속에 방치하고 있다고 인식했다. 결론적으로 딘

---

3 김현숙, 「구한말 고문관 데니(O.N.Denny)의 반청외교활동의 성격과 경제개방정책」, 『이대사원』제29집(이대사학회, 1996), pp.144~145.

4 송병기, 「소위「삼단」에 대하여-근대 한청관계사의 한 연구-」, 『사학지』제6집(단국대학교 사학회, 1972), pp.96~97.

5 Spencer J. Palmer, Korean-American Relations VOLUME Ⅱ(1887~1895), (University of California Press, 1963), 이하 K-A-R Ⅱ라 약칭, No.49. 1887년 1월 22일, p.167.

6 『구한국외교문서 미안 1』(고려대학교 아세아문제연구소, 1969), 이하 『미안 1』로 약칭, No.408. 1887년 4월 12일, p.282.

스모어는 조선의 독립 전망을 어둡다고 평가했다.[7] 딘스모어는 부임한지 두 달도 되지 않아 조선의 독립에 대해 회의적 평가를 내린 것이다. 그 뒤에도 딘스모어는 비슷한 견해를 피력했다. 즉 딘스모어는 본국정부에 청은 조선의 속방화를 시도하는 등 조선을 점진적으로 병합하려 하고 있으며, 조선은 청에 대처하기에는 너무 미약하다고 보고했다.[8]

딘스모어는 청의 조선속방화 시도의 중요한 실례로서 포크 퇴출공작을 들었다. 포크는 청의 방해공작에도 불구하고 조선과 프랑스의 통상조약 교섭에 적극 참여하여 조선과 프랑스의 통상조약을 체결하게 한 바 있었다. 그러므로 청은 미국정부에 대해 포크의 퇴진을 요청했다.[9] 딘스모어는 원세개가 조선의 외교당국자에 압력을 넣어 포크의 퇴출을 공작한다고 간파했다. 딘스모어는 포크가 조선어를 구사하며, 조선인의 습관과 사고방식을 잘 이해했다고 평가했다. 그러면서 포크의 성공적 업무가 청의 반대를 야기했다고 판단했다. 미국주재 청 공사는 미 국무장관에게 포크는 사악한 조선인들과 청을 타도하려는 반란계획에 가담했다고 주장하며, 포크의 체류는 조·청관계를 해친다고 경고했다. 미국정부는 포크 면직이 미·청관계에 있어 이익이라고 판단하여 1887년 6월 16일 포크를 해군 무관직에서 면직했다.[10] 딘스모어는 포크의 면직에 대해 원세개가 고종과 조선의 애국자들에게 좌절감을 안겨준 것으로 평가했다. 베베르 러시아공사는 포크 소환에 깊은 유감을 토로하며 조선정부의 이익에 크게 불리하다고 개탄했다. 결국 딘스모어는 본국정부에

7 K-A-R II, No.20. 1887년 5월 27일, p.11.

8 K-A-R II, No.30. 1887년 6월 21일, p.13.

9 손정숙, 『한국 근대 주한공사 연구』(한국사학, 2005), pp.140~145.

10 K-A-R II, No.21. 1887년 6월 17일, p.78.

포크의 해군 무관직 회복을 건의했다.[11]

고종은 1887년 예조참판 심상학과 도승지 박정양을 내무부협판에 임명한 뒤 곧바로 심상학을 프랑스, 러시아, 영국, 독일, 이태리 등 5개국의 전권공사에, 박정양을 주미공사에 임명했다.[12] 고종은 딘스모어와 데니의 요청에 따라 이홍장과 원세개의 반대에도 불구하고 미국에 전권공사를 파견하기로 결정한 것이다.[13] 그 과정에서 고종은 청 황제에게 공사 파견을 승인받으려 하지 않았다. 고종은 원세개의 폐위음모사건을 계기로 청의 내정간섭의 심각성을 재인식하고, 구미 각국에 전권공사를 파견하기로 결정했다. 고종은 각국에 공사를 파견함으로써 조선이 청에 예속되지 않았으며, 대등하게 외국과 협상할 권리가 있음을 천명하려고 했다.[14] 딘스모어는 파사 결정에는 1886년 여름 원세개의 고종폐위음모가 큰 영향을 주었다고 추정했다. 즉 고종이 그 사건 뒤에 데니와 파사를 논의했다고 추정했다.[15] 딘스모어는 파사와 관련해 청의 동향을 예의 주시했다. 원세개는 고종에게 청 황제의 명이라며 청의 지시에 순응할 것을 요구했으며, 청 관리들은 서울의 성문 밖으로 나간 박정양을 협박하여 그의 출발을 지연시켰다. 원세개는 고종에게 이홍장의 전보를 제시하며 파사 취소를 줄기차게 요구했다. 딘스모어는 본국정부에 고종이 그 정도에 굴복했다면 파사하지 않았을 것이라 보고했다.[16] 딘스모어는 고종이 청의 집요한 반대공작에도 불구하고 파사에 강한 의지를 보였다고

---

11 K-A-R Ⅱ, No.29. 1887년 6월 20일, p.81.

12 『고종실록』권24, 고종 24년 6월 7일; 같은 책, 고종 24년 6월 29일.

13 『프랑스외무부문서』3(국사편찬위원회, 2004), 이하 『프랑스문서』3으로 약칭, 1889년 1월 10일, pp.3~6.

14 『프랑스외무부문서』2(국사편찬위원회, 2003), 이하 『프랑스문서』2으로 약칭, 1888년 7월 30일, pp.46~51.

15 K-A-R Ⅱ, No.71. 1887년 11월 11일, p.106.

16 K-A-R Ⅱ, No.53. 1887년 9월 30일, p.101.

평가했다.

조선의 전권공사 파견을 강력히 반대한 청은 군함을 보내 박정양을 체포하려 했지만 미국정부의 개입으로 실패했다. 미국정부는 군함을 제물포에 파견하여 박정양을 영접했고, 박정양은 미군함을 타고 미국에 갈 수 있었다.[17] 이 같은 미국정부의 태도는 청이 조미조약에 의거한 사절교환을 방해하고 있다고 판단한 소치였다.[18] 청은 종래 조선이 체약국에 대해 사절을 파견하는 것에 동의한 바 있었는데 돌연 입장을 바꿔 그들이 동의했던 조약을 위배했다. 프랑스 외교사절은 청이 조선의 사절 파견에 반대하는 이유는 조선의 독립 주장을 경계했기 때문으로 단정했다.[19] 청은 조선공사의 활동을 제약하기 위하여 조선정부에 '영약삼단'을 준수할 것을 요구했다. 삼단은 대외적으로 조선공사에 대한 청 공사의 우월권을 인정하는 것인 동시에 조선의 외교상 자주권을 심히 제약하는 것이었다.[20] 원세개는 파사 뒤에 조선에 대한 간섭을 강화했다. 그는 고종에게 대원군을 우사右使에 임명할 것을 요구했다. 딘스모어는 우사는 국왕 일가도 체포하여 재판할 수 있고, 반역과 간첩행위를 탐지하며 국왕의 국정운영을 비판할 수 있는 등 조선법상 최고 권력을 소유한다고 평가했다. 딘스모어는 본국정부에 원세개가 고종이 자신의 제의를 거부하자 출국했다고 보고했다.[21]

청은 고종에게 미국에서 활동 중인 주미공사와 홍콩에 체류 중인 유럽공사의 소환을 요구했다.[22] 고종은 원세개의 강력한 요구로 주미공사

---

17 K-A-R Ⅱ, No.71. 1887년 11월 11일, p.106; 『프랑스문서』3, 1889년 1월 10일, pp.3~6.

18 손정숙, 앞의 책, p.151.

19 『프랑스문서』2, 1888년 7월 30일, pp.46~51.

20 '영약삼단'에 대해서는 송병기, 앞의 글, pp.101~102 참조.

21 K-A-R Ⅱ, No.51. 1887년 8월 23일, p.47. 우사는 정2품의 관직이었다.

22 『프랑스문서』3, 1889년 2월 19일, pp.45~47.

박정양을 귀국시켰다.[23] 고종은 귀국한 박정양에게 승정원 도승지, 홍문관 부제학에 제수했다.[24] 원세개는 조선정부와 박정양의 처벌문제를 가지고 실랑이를 벌였다. 고종은 원세개의 요구로 박정양의 승정원 도승지, 홍문관 부제학직을 면직했지만 처벌은 하지 않았다.[25] 딘스모어는 원세개가 박정양에 대한 처벌을 요구하여 박정양은 2달 동안 수도에 진입할 수 없었으며, 또 고종에게 박정양 승진에 대해 강한 항의를 제기했다고 파악했다.[26]

2) 조선정계의 대청태도 인식

고종은 1883년경 청을 견제하고자 미국에 접근했으며 갑신정변 뒤 청의 간섭이 극심해지자 한층 더 미국에 접근했다. 그 구체적인 실례는 미국인 군사교관을 고빙하려는 줄기찬 시도였다. 딘스모어는 고종은 미국 무성이 보빙사에게 조선에 대한 지원을 약속했다고 확신하고 있음을 간파했다. 그 때문에 그는 러시아정부가 교관 파견을 신청했을 때 고종이 미국의 지원약속을 거론하며 거부했다고 파악했다. 딘스모어는 고종에 공감하는 관리들이 존재함을 인지했다.[27] 고종은 포크가 조선을 떠나자 데니로 하여금 포크의 잔류를 타진하게 했다. 딘스모어는 고종이 미국을 신뢰하는 주요 증거로서 포크에 대한 잔류제의를 들었다. 딘스모어

23 『프랑스문서』3, 1889년 9월 27일, pp.197~198.

24 『프랑스문서』3, 1889년 12월 17일, pp.301~303.

25 송병기, 앞의 글, p.113.

26 K-A-R Ⅱ, No.212. 1889년 12월 10일, p.114.

27 K-A-R Ⅱ, No.11. 1887년 4월 25일, p.142.

는 본국정부에 고종이 조선에 거주하는 미국인들의 서명을 받아 미국정부로 하여금 포크를 조선에 재차 파견하게 하려 한다고 보고했다.[28]

딘스모어는 조선의 정계는 청에 대한 태도를 둘러싸고 반청파와 친청파로 분화됐다고 파악했으며, 그 중에서 반청파는 고종을 중심으로 결속하고 있다고 인식했다. 딘스모어는 고종의 외교에 중요한 역할을 담당한 것은 주사主事라 규정했다. 주사는 직급은 낮았지만 고종의 명으로 내무부, 통리교섭통상사무아문 등에서 행정, 외교 등의 실무를 담당했다.[29] 특히 김가진, 김학우, 전양묵 등은 조러밀약 교섭에 참여한 바 있었다. 딘스모어는 주사직은 고종에 의해 창설된 정부내 낮은 관료계급으로서 총명한 청년들로 구성됐다고 파악했다. 또 고종이 주사들을 빈번히 왕궁과 관련한 계약문제에 대한 정보를 수집하게 했으며, 때때로 그들을 밀사로 활용한다고 추정했다. 주사들 중 한 명은 딘스모어를 방문하여 원세개가 서울을 떠나려고 계획하는지에 대해 들은 바가 있는지를 탐문했다. 고종은 딘스모어에게 조선의 고관에 대해 그러한 탐문 내용을 누설하지 말 것을 부탁했다. 이 같은 대화를 통해 딘스모어는 반청적인 국왕과 친청적인 대신들간에 외교노선을 둘러싸고 심각한 갈등이 있음을 간파한 것으로 여겨진다.

심순택, 김홍집, 김병시, 김윤식 등 친청파 대신들은 막강한 세력을 형성하여 왕권의 약화를 야기했으며, 그 중 김윤식은 고종이 추진한 조러밀약을 좌절시킨 바 있었다.[30] 또 심순택, 김홍집, 김병시, 민응식 등의 친청파 대신들은 파사에 반대했다.[31] 그 과정에서 고종은 부산 첨사의 협

---

28 K-A-R Ⅱ, No.14. 1887년 5월 3일, p.66.
29 한철호, 『한국 근대 개화파와 통치기구 연구』(선인, 2009), p.287.
30 연갑수, 『고종대 정치변동 연구』(일지사, 2008), p.115~119.
31 송병기, 앞의 글, p.97.

잡사건에 연루되었다는 죄목으로 1887년 통리교섭통상사무아문 독판 김윤식과 협판 변원규를 유배 보낼 것을 지시했으며, 2일 뒤에는 협판 서상우를 독판에 임명했다.[32] 딘스모어는 김윤식의 범죄는 개인적 계약으로 공직남용죄였으며, 변원규도 같은 계약으로 처벌받았다고 인지했다. 하지만 딘스모어는 고종이 김윤식을 국정운영에 장애가 된다고 판단하여 숙청한 것으로 추정했다. 민영익은 독판의 교체에 대해 딘스모어에게 의견을 문의했다. 그에 대해 딘스모어는 서상우를 고종에 대한 충성파라고 평가했다.[33] 고종은 청의 통제를 받고 있던 통리교섭통상사무아문을 무력화시키려 했다. 그에 따라 고종은 독판에게 실권을 주지 않았으며, 빈번하게 교체를 단행했으므로 독판으로서 임기를 1년 이상 채운 인물은 그 누구도 없었다.[34]

고종은 1880년대 후반 내무부를 중심으로 국정을 운영했다. 내무부는 기존의 의정부와 육조체제를 형해화하고 국가 최고의 국정의결 및 집행기관으로 부상했다. 내무부는 고종의 권력이 직접 행사되는 기구로, 주로 국내외 정책을 입안했다.[35] 내무부 관리들은 대부분 고종의 핵심 측근들이었다.[36] 고종은 친청적 대신들을 신뢰하지 않았으므로 실권을 부여하지 않았다. 그에 따라 심순택, 김홍집, 김병시 등은 부단히 사의를 표명했다.[37] 고종의 국정운영방식에 변화가 없자 좌의정 김병시는 고종이 대신들을 국정에서 철저히 소외시키고 있다며 강한 불만을 토로

32 『고종실록』권24, 고종 24년 5월 28일; 같은 책, 고종 24년 5월 30일.

33 K-A-R Ⅱ, No.41. 1887년 7월 23일, p.84.

34 『프랑스문서』2, 1888년 9월 10일, p.64.

35 내무부에 대해서는 연갑수, 앞의 책; 한철호, 앞의 책 참고.

36 『프랑스외무부문서』5(국사편찬위원회, 2003), 이하 『프랑스문서』5로 약칭, 1891년 1월 26일, pp.10~12; 한철호, 앞의 책, p.272.

37 『고종실록』권25, 고종 25년 3월 18일, 3월 21일, 4월 5일.

했다.[38]

딘스모어는 친청파는 미국과의 제휴에 반대한다고 인식했다. 그는 고관들로 구성되어 있는 친청파는 미국이 조선에서 성공하는 것에 호의적이지 않다고 단정했다.[39] 딘스모어는 대원군도 친청파로 인식했다. 딘스모어는 대원군이 1886년 고종과 민씨척족을 축출한 뒤 증손자 이준용을 국왕에 등극시키려 시도했으며, 대원군의 추종자들은 외국인을 박해할 것이라 예측했다.[40] 민영익은 폐위음모사건 뒤 청에서 1년여 체류하다가 1887년 6월 14일 서울로 돌아왔다. 민영익은 청에서 귀국한 다음날 딘스모어를 방문하여 5~6시간 정도 대화했다. 딘스모어는 포크와는 달리 민영익을 친청파로 단정하지는 않았다. 포크는 민영익을 비난한 바 있었지만, 민영익은 딘스모어에게 포크소환 지시를 철회할 수 있는지 여부를 문의하면서 포크의 체류를 부탁했다.[41] 민영익은 그 뒤에도 딘스모어를 2차례 방문하여 조선의 상황과 고종에 대한 청의 억압에 대해 토론했다. 그렇지만 딘스모어는 민영익이 거의 매일 원세개를 방문하는 것을 간파했다.[42] 민영익은 조러밀약과 폐위음모폭로 등으로 고종과 원세개 모두에 반감을 산 바 있었다. 딘스모어는 민영익이 청 정책의 라인에 있다고 파악했지만[43] 파사문제를 통해 민영익을 친청파로 단정하지 않은 것으로 보인다. 딘스모어는 고종이 조약을 맺은 미국, 유럽국에 파사를 결정한 뒤 민영익을 외교사절로 결정하고 공사관 창설을 지원하도록 했다고 파악했다. 그리고 딘스모어는 민영익이 두려움 때문에 남들에게

---

38 『고종실록』권25, 고종 25년 8월 26일.

39 K-A-R Ⅱ, No.14. 1887년 5월 3일, pp.66~69.

40 K-A-R Ⅱ, No.30. 1887년 6월 21일, p.13.

41 K-A-R Ⅱ, No.29. 1887년 6월 20일, p.81.

42 K-A-R Ⅱ, No.30. 1887년 6월 21일, p.13.

43 K-A-R Ⅱ, No.51. 1887년 8월 23일, p.48.

알리지 않고 조용히 출국을 시도하고 있으며, 청은 분노하여 조선정부에 해명을 요구했다고 인지했다.[44] 민영익은 결국 원세개의 강력한 적대감을 이기지 못하고 1888년 홍콩으로 피신했다.[45]

딘스모어는 조선인들의 대청 인식에도 주목했다. 그 결과 딘스모어는 조선인들은 청국인들에 대해 우호적이지 않다고 파악했다. 그는 서민들은 청국인들에 대해 혐오감을 가지고 있지만 그들을 두려워한다고 파악했다. 그는 조선인들이 점차 청의 우월성에 굴복하는 것은 이 같은 두려움에 기인하는 것으로 파악했다.[46] 청은 파사 뒤에도 조선을 압박했고, 원세개는 고종이 귀국한 박정양을 승진시키자 강하게 항의했다. 딘스모어는 그 사건은 조선 관리들간에 동요와 우려를 야기했으며, 조선인들은 원세개가 청 정부에 파병을 요청할 것으로 경계한다고 파악했다.[47] 딘스모어는 청의 파병이야말로 조선인들에게 청의 압력에 굴복히게 히는 주요인으로 지목한 것을 보여준다. 딘스모어는 군사적 압력이 조·청관계를 결정짓는 핵심이라고 파악한 것이다.

---

44 K-A-R Ⅱ, No.49. 1887년 8월 21일, p.100.

45 『프랑스문서』3, 1889년 12월 15일, p.297.

46 K-A-R Ⅱ, No.20. 1887년 5월 27일, p.11.

47 K-A-R Ⅱ, No.212. 1889년 12월 10일, p.114.

2. 조·미관계 인식

1) 조선인의 대미태도 인식

딘스모어는 조선에 대해 긍정적 입장을 보였다. 딘스모어는 조선에서는 미국인, 유럽인에 대해 어떤 비난도 없다고 인식했다. 딘스모어는 본국정부에 조선인은 외국인들에게 보편적인 존경과 친절을 보인다고 지적하면서, 특히 미국인은 조선에서 환대받는다고 보고했다. 딘스모어는 미국인은 언제든지 도시를 밤낮으로 자유로이 활보하며 스스로도 수행원 없이 자주 산보한다고 언급했다. 또 서울에서 먼 인적이 드문 구역을 산보하더라도 가벼운 모욕조차 받지 않으며, 극진한 친절과 존경을 받는다고 만족해했다.[48] 한편 고종은 미국을 조선의 국권을 보호해 줄 국가로 인식했다. 고종은 조미통상조약 체결로 조선은 미국으로부터 독립국임을 인정받았다고 평가했다.[49] 미국은 영국과 독일보다 1년 전인 1883년 5월에 공사관을 설치하고 푸트를 전권공사로 파견했다. 고종은 푸트공사가 내한하여 조미조약을 비준하자 매우 흡족해했다.[50] 푸트는 미국정부는 동양 3국간의 우호를 소망하므로 고종에게 불편함을 안긴 모든 국제문제들은 원만하게 처리될 것이라 언급했다.[51]

고종은 미국을 이용해 청을 견제하려 했다. 이를 위해 고종이 자문한 미국인은 데니, 포크, 딘스모어, 알렌 등이었다. 고종은 경복궁의 보현당

48　K-A-R Ⅱ, No.115. 1888년 6월 25일, p.211.

49　George M. Mccune and John A. Harrison, *Korean-American Relations: Documents Pertaining to the Far Eastern Diplomacy of the United States*, VOLUME Ⅰ(1883~1886), (University of California Press, 1951), 이하 K-A-R Ⅰ로 약칭, No.146. 1885년 1월 31일, p.116.

50　『고종실록』권20, 고종 20년 4월 13일, 4월 14일.

51　K-A-R Ⅰ, No.66. 1884년 4월 26일, p.73.

에서 딘스모어를 수시로 접견하면서 긴밀한 관계를 맺으려 했다.[52]

고종은 미국인을 적극 고빙하려 했다. 딘스모어는 고종이 미국인을 크게 신뢰하는 것을 간파했다. 그에 따라 조선정부는 미국 군사교관을 고빙했으며, 미국 교사를 육영공원에 고빙했다.[53] 딘스모어는 미국의 군사교관들이 약 40명의 청년을 선발하여 매일 훈련을 하고 있으며, 생도들의 열성적 관심과 소질은 교사를 고무시킨다고 평가했다. 아울러 그는 생도들의 수가 추가되어 미국 군사교관으로부터 교육을 받은 생도들이 궁극적으로 조선의 정규군을 장악할 것으로 내다봤다.[54] 고종은 포크가 조선에 체류하기 때문에 포크가 떠나기를 원한다고 생각하지 않는다고 통보했다. 또 다른 주사는 서기관 알렌을 방문하여 포크에게 미국공사를 위탁하려는 희망을 전달할 수 있는지를 문의했다.[55]

고종은 구미 국가에 공사 파견을 열망했다. 고종은 공사 파견에 대해 조약규정에 따라 주권을 행사하고 열강에 조선독립을 증명하는 것으로 의미를 부여했다. 딘스모어는 박정양의 미국 파견을 고종의 가장 큰 관심사로 이해했다. 고종은 청의 반대를 무시하기로 결심했으므로 원세개의 반대에도 불구하고 파사에 확고부동한 태도를 보였다. 딘스모어는 본국정부에 고종이 청이 파병할 것을 우려하여 매일 자신에게 공사 파견에 대해 얘기한다고 보고했다. 통리교섭통상사무아문 독판 조병식도 딘스모어에게 국서를 전달하면서 박정양의 도미를 주선해줄 것을 요청했다.[56] 딘스모어는 고종이 미국에 절대적으로 의지하는 것을 간파했다. 고

---

52 『고종실록』권28, 고종 28년 3월 17일.

53 K-A-R Ⅱ, No.68. 1888년 6월 13일, p.168.

54 K-A-R Ⅱ, No.113. 1888년 6월 11일, p.144.

55 K-A-R Ⅱ, No.16. 1887년 5월 9일, p.71.

56 『미안 1』, No.457. 1887년 9월 16일, p.316.

종은 미대통령에게 보낸 국서에서 조선이 미국과 첫 번째 조약을 체결한 것은 조·미간의 우호관계를 증명하며, 조·미간의 상업관계를 강화하고자 박정양을 미국의 전권공사에 임명했으니 그를 신임하고 자주 면담해 줄 것을 요청했다.[57]

딘스모어는 본국정부에 고종을 매우 지혜로우며 관대하고 사랑스러운 인물로 보고했다.[58] 딘스모어는 고종에 대해 호의적 평가를 내린 것을 보여준다. 딘스모어는 고종이 인민을 보살피는데 있어서도 적극적인 것으로 평가했다. 1889년 전라도와 충청도에서는 기근이 발생하여 곡가가 폭등했다. 딘스모어는 고종이 돈을 내려 보내며 빈민구제를 지시했지만 그 돈은 관리들에게 흡수됐다고 지적하며, 조선 관리들은 청에서 유행하는 관습으로 인민을 몰아간다고 비판했다.[59] 딘스모어는 고종을 높이 평가한 반면에 관리들에 대해서는 비판적이었던 것을 보여준다.

2) 미국의 조선개입 추진

이 무렵 미국은 영국, 독일과는 달리 조선의 독립을 지지하는 등 아시아 국가들의 영토 보전을 존중했다. 미국이 유럽 열강과 대조되는 외교적 태도를 보인 것은 아시아문제에 적극적으로 개입할 수 없는 사정에 기인했다. 미국은 유럽 열강의 아시아 침탈에 대항하여 미국이 동등한 무역기회를 얻기 위해서는 강한 아시아가 바람직하다는 결론을 내렸

57 K-A-R Ⅱ, No.59. 1887년 12월 27일, p.113.

58 K-A-R Ⅱ, No.9. 1887년 4월 13일, p.121.

59 K-A-R Ⅱ, No.168. 1889년 2월 28일, p.219.

다.[60] 후술하듯이 딘스모어의 조선독립 지지는 이 같은 미국의 아시아정책과 연관이 있다고 보여진다.

딘스모어는 부임 후의 관측 결과 조선은 청의 간섭에도 불구하고 번영하고 있고 기업도 급속히 진보하고 있다고 파악했다. 하지만 그는 원세개가 조선의 모든 발전단계에 개입한다고 판단했다. 딘스모어는 미국과 직접적인 연관이 없는 한 조선과 청, 혹은 조선과 열강간의 문제에 개입하려 하지 않았다. 그는 개인적으로 원세개와 최상의 관계를 유지한다고 자부했지만 원세개가 조·미간의 외교에 간섭하고 있다고 인식했다. 딘스모어는 조선정부와의 관계에 있어 원세개의 관점과 미국의 관점은 양립이 불가능하다고 판단했으며, 그 명백한 실례로서 원세개가 고종에게 미국인의 후원하에 창립된 병원을 폐업시키는 각서를 요구한 사실을 지적했다. 딘스모어는 본국정부에 원세개의 행동을 조선과 조약을 체결한 국가들에 굴욕적인 것으로 보고했다.[61] 딘스모어는 청이 조선의 발전에 저해된다고 인식했으며, 또 청이 미국의 조선 진출을 견제한다며 분개했다. 그 같은 딘스모어의 인식은 포크의 인식과 궤를 같이하는 것이었다. 그 때문에 딘스모어는 한층 포크를 변호한 것으로 보인다.

청은 딘스모어가 부임한 지 얼마 되지 않아 포크에 대한 공격을 개시했고, 통리교섭통상사무아문 독판 김윤식도 포크가 조선정부를 비방했다며 포크의 출국을 요구했다. 딘스모어는 포크를 적극 변호하며 출국조처를 취하기를 거부했다.[62] 딘스모어는 고종이 사절을 보내 포크의 출국을 만류할 것을 요청하자 적극 수용했다. 그는 포크가 미국정부의 지시 없이는 떠나지 않을 것이며, 또 고종과 조선인이 원하지 않으면 조선

---

60 손정숙, 앞의 책, pp.31~32.

61 K-A-R Ⅱ, No.14. 1887년 5월 3일, p.66.

62 『미안 1』, No.414. 1887년 5월 2일, p.287.

에 체류하지 않을 것이라고 언급했다.[63] 딘스모어가 포크를 지원한 것은 포크가 임시 공사로 재직했을 때 보여준 활동을 긍정적으로 평가했기 때문으로 보인다. 포크는 반청노선으로 고종의 두터운 신임을 얻은 결과 미국인들에게 상업적 특권을 넘겨주었으며 미국인의 선교사업을 지원하는 역할을 수행한 바 있었다.[64] 딘스모어도 반청노선으로 고종의 두터운 신임을 얻어 상업적 특권을 획득하고 미국인의 선교사업을 확대하는 것을 지향했다. 포크는 딘스모어의 롤모델이었던 셈이다.

딘스모어는 조선의 독립 의지를 탐색하려 했으며, 그 과정에서 1887년 5월 통리교섭통상사무아문의 독판과 면담했다.[65] 딘스모어는 미국은 조선을 독립왕국으로 대우하지만 조선이 청의 통치를 희망하면 미국은 반대할 수 없을 것이라고 통보했다. 독판은 청의 통치를 희망하지 않는다고 반박하면서, 조선은 진정한 독립왕국이지만 약소국이므로 청에 자문과 지원을 요청한 것이라 응답했다. 딘스모어는 독판에게 청 황제가 조선 왕의 황제인지 여부를 문의했다. 이에 대해 독판은 강력히 반발하며 조선인들은 조선의 왕을 소유하며 청국인들은 청국의 황제를 소유하는 것이라 응대했다. 독판은 조선 왕과 청 황제는 동등한 신분이지만 청 황제는 큰 국가를 가졌으므로 더 큰 권력을 행사하는 것이라 강조했다.[66] 이 무렵 통리교섭통상사무아문의 독판은 각국 외교사절들 사이에서 청의 통제를 받는다고 인식되고 있었다. 딘스모어는 그 같은 평판을 받고 있던 독판을 통해 조선의 독립 의지를 탐색하려 했으며, 면담을 통

---

63 K-A-R Ⅱ, No.23. 1887년 5월 30일, p.74.

64 손정숙, 앞의 책, pp.141~142.

65 딘스모어는 본국정부에 면담한 인물을 외교기구의 수장으로 보고했다. 수장은 당시 통리교섭통상사무아문의 독판이었던 김윤식으로 여겨진다.

66 K-A-R Ⅱ, No.23. p.74.

해 어느 정도 조선의 독립 의지를 확인한 것으로 보인다.

딘스모어는 청이 조선의 발전을 저해한다는 인식에 변화가 없었다. 1888년 6월 서울의 주민들 사이에서는 아이를 유괴하여 외국인에게 판매한다는 소문이 유포됐다. 고종은 아이를 유괴하는 자를 체포할 것을 지시했다.[67] 당시 조선인 사이에서는 미국 선교사학교가 아이를 구매하는 대리인이라고 회자됐다. 따라서 조선인들의 비난은 미국인 선교사에게 집중되어 정동거주 미국인을 공격하려 한다는 설이 유포됐다. 미국, 러시아, 프랑스 대표는 자국 군대를 서울에 진입시켜 소동을 진압코자 했다. 이때 고종은 딘스모어에게 미군 진주는 적절했고, 미군은 정의롭게 행동했다고 치하했다.[68] 딘스모어는 종래 보여준 조선인의 친절성을 지적하며 유괴설을 정치적 목적으로 꾸며진 것으로 단정했다. 그는 본국 정부에 그 사건이 1870년 6월 천진의 외국인사건과 유사하다며 위세개의 사주설을 개진했다.[69]

결론적으로 딘스모어는 청의 간섭이 조선의 발전을 저해하는 최대 요소라 인식했다. 따라서 딘스모어는 청의 간섭을 탈피하는 것이야말로 조선의 발전을 위하여 급선무라고 판단했다. 딘스모어가 조선의 공사 파견에 적극 협력한 것은 그 때문이라고 보여진다. 딘스모어는 베베르, 데니와 함께 반청파로서 '조선은 조선인들에게'라는 표어를 구현하려고 노력했다.[70] 딘스모어는 고종의 특사에게 미국은 조선과 조약을 체결하고 자신을 공사로 파견했으며, 그 과정에서 청과 세계에 대해 고종을 독립 주권통치자로 선언한 것이라고 통보했다. 또 조선은 타 열강의 동의 없

---

67 『고종실록』권25, 고종 25년 5월 10일.

68 『미안 1』, No.534. 1888년 6월 18일, p.365; 같은 책, No.542. 1888년 6월 27일, p.371.

69 K-A-R Ⅱ, No.115. 1888년 6월 25일, p.211.

70 『프랑스문서』4, 1890년 2월 19일, p.77.

이 외교사절을 파견할 권리를 소유한다고 주장했다. 아울러 딘스모어는 고종에게 조미통상조약은 미국에 공사 파견을 선언한 것이라고 강조했다. 또 청 자체가 조약을 알선한 사실을 상기시키면서, 그 때문에라도 청은 세계에 자국의 비일관성을 정당화할 수 없을 것이라 지적했다. 딘스모어는 고종이 박정양에게 출국을 지시하더라도 청은 저지할 수 없을 것이라 확신했다. 딘스모어는 미군함에 박정양을 승선하도록 허가하는 한편 청측에 무슨 권리로 공사 파견에 개입하는지 항의했다. 딘스모어는 원세개에게 조미통상조약은 조선을 제후국으로 인정한 것이라는 청 주장의 부정확성을 제기했다.[71] 원세개의 독단적 행동이 계속되자 딘스모어는 외교사절단회의에서 원세개를 공개적으로 비난했다.[72] 딘스모어는 유럽공사의 상해행도 도왔다.[73]

딘스모어의 조선문제 개입에 대해 미국의 동아시아 외교관들이 동의한 것은 아니었다. 미·청 무역에 큰 희망을 가지고 있던 주청미국공사 덴비Charles Denby는 조선은 청에 의존한다고 단정했다.[74] 그러므로 덴비는 딘스모어의 조선지원 활동에 대해 비판적이었던 것으로 보여진다. 즉 덴비는 미국시민은 조선문제에 선동을 받아 큰 돌출에 도달한 것이 명백하다며 우회적으로 딘스모어를 비판했다. 그에 대해 딘스모어는 덴비의 의견은 청·일의 영자신문에 근거한 것이라 지적하는 한편, 자신의 활동은 국무성 지시에 기초한 것이라고 반박했다.[75] 미국정부는 해외주재 관리들에게 일정한 자유를 허용했다. 즉 관리들이 정부가 지시하는 지침

---

71 K-A-R Ⅱ, No.53. 1887년 9월 30일, p.101.

72 『미안 1』, No.473. 1887년 11월 8일, p.327; 『프랑스문서』4, 1890년 1월 12일, pp.7~8.

73 『프랑스문서』4, 1890년 2월 19일, p.76.

74 『프랑스문서』4, 1890년 2월 19일, p.77; 손정숙, 앞의 책, p.139.

75 K-A-R Ⅱ, No.97. 1888년 3월 31일, p.122.

의 한계를 넘지 않는 한 행동에 제재를 가하지 않았다. 미 국무성은 딘스모어가 앞서 나갈 때도 그를 지지했다.[76]

딘스모어가 조선문제에 적극 개입한 것은 미국인의 이권 보호와 연관이 있었다. 그가 조선정부에 대해 막강한 영향력을 행사할 수 있었던 원동력은 조선의 독립을 지원했고 청의 영향력에 반대했기 때문이었다.[77] 딘스모어는 미국인의 이익을 적극 대변했다. 고종은 광무국을 신설하고 광산개발을 추구했다. 광산개발이 활기를 띠자 고종은 광산이 소재한 지역의 목사에게 감리를 겸직시켜 광산사무를 전담하도록 했다.[78] 한국의 광산은 금·은·석탄의 매장량이 풍부하다고 추정됐다. 미국인 타운센드는 1887년경부터 조선정부에 거액을 대출하고 대가로 평양지역의 광산채굴권 획득에 진력했다.[79] 독일, 일본, 청, 미국은 모두 조선정부에 자국 광산기사 고용을 촉구했다. 광산개발 정보와 수확물 확보를 위하여 자국 기사가 필요했기 때문이었다.[80] 데니는 평양지역의 광산을 방문하고 조선인은 채굴을 담당하고 미국인이 감독과 기사 역할을 담당하게 하려 했다.[81] 그 결과 1889년 5월 미국인 광산전문가 피어스가 방한했다. 그 뒤 딘스모어는 조선정부에 미국인 광산기사 3명의 고용을 요청했으며,[82] 그에 따라 7월 광산채굴기계와 함께 미국인 광산기사 5명이 내한했고, 피어스의 광산채굴 기계는 평양 북쪽에 배치됐다. 그는 미국인 회

---

76 『프랑스문서』4, 1890년 2월 19일, p.76.

77 『프랑스문서』4, 1890년 2월 19일, p.76.

78 『고종실록』권24, 고종 24년 4월 5일; 『고종실록』권25, 고종 25년 5월 22일.

79 일본외무성 편, 『일본외교문서』20권(일본국제연합협회, 1985), No.89. 1887년 5월 22일, p.18.

80 김현숙, 앞의 글, p.193.

81 『일본외교문서』20권, No.86. 1887년 5월 10일, p.16.

82 『미안 1』, No.668. 1889년 8월 15일, p.450.

사인 타운센드상회의 계약체결에도 기여했다.[83]

한편 조선 군부는 미국을 통한 군사력 증강을 추구했다. 좌영사와 전영사를 겸직할 정도로 고종의 총애를 받고 있었던 한규설은 조선 군부의 실세로 활동했다. 한규설은 딘스모어에게 미군이 사용하고 있는 군창을 전달해줄 것을 요청했다. 딘스모어는 이를 적극 수용하여 미국의 총과 탄약을 한규설에게 전달했다.[84] 딘스모어는 미국 극동함대 총사령관의 고종 면담을 성사시켰으며, 조선 연해에서 미군함의 포사격연습을 추진했다.[85] 그 같은 조치는 미국의 군사력을 과시함으로써 조선의 미국 접근을 유도한 것으로 평가된다. 딘스모어는 새로 부임하는 장교에 대해 서울 방문과 궁중 예방을 주선하고, 조선인 관료들이 미국군함을 활용할 수 있게 했다. 그는 그러한 것들은 미국이 조선을 보호한다는 증거라 주장했으며, 미해병대는 국왕의 지시를 따를 것이므로 청을 두려워 말 것을 건의했다.[86] 프랑스의 조선 대표인 플랑시는 본국정부에 미공사의 반청태도는 조선을 합방시키거나 보호할 계획이 없는 미국정부의 입장으로 볼 때 기이한 일이며, 미군함의 주둔과 미 장교의 알현도 이해하기 곤란하다고 보고했다. 그는 미국의 의도는 러시아에 힘을 실어주려는 것으로 해석하는 한편 미·청의 우호관계가 이로울 것으로 평가했다. 그는 미·러공사의 조선지원은 조선을 고립시킬 것으로 단정했다.[87]

딘스모어는 조선정부에 고빙된 미국인의 이익도 챙겼다. 조선정부는 1889년 9월 의무태만을 사유로 계약만료 전에 미군사교관 2명을 해고

---

83 K-A-R Ⅱ, No.137. 1890년 1월 13일, p.189.

84 『미안 1』, No.625. 1889년 3월 13일, p.425; 『미안 1』, No.726. 1890년 3월 4일, p.483.

85 『고종실록』권25, 고종 25년 9월 23일; 『미안 1』, No.714. 1890년 1월 29일, p.475.

86 『프랑스문서』4, 1890년 2월 19일, p.76.

87 『프랑스문서』4, 1890년 2월 19일, pp.76~78.

했다. 미군사교관이 해고된 것은 조선정부를 비난한 데 이유가 있었다. 이에 대해 딘스모어는 통리교섭통상사무아문 독판 민종묵에게 강력히 항의했다.[88] 민종묵은 해고는 통리교섭통상사무아문과는 무관하며 군사교육을 담당하는 한규설의 소관사항이라고 회답했다. 이에 딘스모어는 한규설을 방문하여 해고의 부당성에 항의하는 한편 해고된 미군사교관의 남은 봉급을 지불할 것을 요구했다. 그렇지만 딘스모어는 본국 정부에 열성적이고 충실한 다이 장군은 조선에서 보편적 신뢰와 존경을 누린다고 지적하면서, 해고된 이들이 더 신중했다면 그런 처사는 없었을 것이라 보고했다.[89]

한편 딘스모어는 미국인의 기독교 선교에 대해서는 신중하게 접근했다. 스크랜튼 등 미국인 선교사는 북방지역에 대한 선교활동을 개시했다. 통리교섭통상사무아문 독판 조병식은 딘스모어에게 야소교의 전도를 금지해줄 것을 요구했으며,[90] 미국 교사들이 학교 내외에서 선교에 종사한다며 제지할 것을 요구했다.[91] 그런 가운데 베이야드 미 국무장관은 딘스모어에게 조선은 쇄국에서 근대국가의 일원으로 편입한 상태이므로 선교에 신중해야 하며, 미국인은 조약을 준수해야 한다고 지시했다.[92] 딘스모어는 프랑스의 선교활동을 주시하면서 미국인의 선교활동에 접근했다. 딘스모어는 조선인들 사이에서는 반기독교정서가 강력하며, 조선인들은 단지 학교 등 제도의 이익에 관심을 가진다고 인식했다. 한편 미국인들은 서구적 건축양식의 선교학교 건축을 추진했다. 조선인들은

---

88 『미안 1』, No.705. 1889년 11월 24일, p.470.

89 K-A-R Ⅱ, No.227. 1890년 3월 24일, p.151.

90 『미안 1』, No.517. 1888년 4월 22일, p.353.

91 K-A-R Ⅱ, No.106. 1888년 4월 28일, p.208.

92 K-A-R Ⅱ, No.71. 1888년 6월 15일, pp.210~211.

그 건축에 큰 관심과 우려를 가지고 주시했으며, 딘스모어에게 그 건물이 교회 건립 목적인지 여부를 질문했다. 딘스모어는 미국인의 교회 건축 계획에 실망감을 표명하며 반대의사를 표명했다.[93] 비슷한 시기 조선에서 근무했던 플랑시는 시종 조선을 멸시하는 시각으로 조선을 바라봤다. 반면에 딘스모어는 조선인들의 정서를 중요시했으며 프랑스처럼 공격적으로 자국의 종교를 강요하지 않았다. 그런 측면에서 그에게서는 구미 외교사절에게서 드러나던 조선 멸시적 시각은 찾아보기 어렵다.[94]

딘스모어는 공사직을 퇴직한 뒤 1892년 11월 미국선거에서 민주당 추천으로 국회의원에 당선됐다. 이때 주미서리공사 이채연은 그에게 축하 전보를 보냈다.[95] 딘스모어는 1893년부터 1905년까지 민주당 소속 국회의원으로 활동했지만 조선과 관련된 특별한 활동은 보이지 않는다. 그는 의원직에서 물러난 후에는 본래 직업인 변호사로 활동했다.[96]

---

93 K-A-R Ⅱ, No.105. 1888년 4월 21일, p.206.
94 구미 외교사절의 조선 멸시적 태도에 대해서는 박지향, 「이미지와 국가이익: 영국의 대일, 대한 인식과 대외정책 결정 1860~1920」, 『역사학보』169(2001) 참조.
95 『미안 1』, No.1040. 1892년 11월 17일, p.696.
96 손정숙, 앞의 책, p.55.

2장

미국공사 허드의
외교활동

1. 조·청, 조·일관계 인식

1) 조·청관계 인식

허드는 조선주재 변리공사 겸 총영사로 부임했다. 허드는 하버드대학을 졸업하고 홍콩, 광동, 태국 등 동아시아지역에서 10년간 무역업에 종사한 바 있었다. 그는 1890년 5월 8일 서울에 도착한 뒤 통리교섭통상사무아문 독판 민종묵에게 해리슨Harrison 미국대통령의 국서를 제출하고 업무를 개시했다. 미 국무성은 조선주재 미공사에게 조·미 우호는 물론 조·청·일관계에 대해서도 심층적으로 보고할 것을 지시했다. 그에 따라 허드는 청의 대한정책을 주시했다.

고종은 내무부를 통해 탈청외교를 추진했다. 내무부 소속의 외국인 고문인 데니, 그레이트하우스Clarence R. Greathouse, 르장드르Charles W. Legendre 등은 대부분 내무부협판직을 겸임했고, 외국법과 관련된 문제를 전담했다.[1] 데니는 부임한 지 1년 뒤인 1887년경부터 청보다는 조선의 입장을 대변하기 시작했으며, 1890년까지 고종의 외교고문으로 활동했다.[2] 원세개는 데니와 격렬하게 충돌했으며, 결국 조선정부에 연체된 데니의 봉급을 청이 보상할 것이라는 조건으로 데니의 면직을 요구하여 이를 관철시켰다.[3] 그 뒤에도 이홍장은 '조선속방화정책'에 대항하는 미국인 고문들을 경계했는데, 특히 르장드르가 조·일 사이에서 중요한 문제를 주선

---

1 『프랑스외무부문서』5(국사편찬위원회, 2006), 이하 『프랑스문서』5로 약칭, 1891년 1월 26일, pp.10~12.

2 김현숙, 「구한말 고문관 데니(O.N.Denny)의 반청외교활동의 성격과 경제개방정책」, 『이대사원』제29집(이대사학회, 1996), p.197.

3 『프랑스문서』3, 1889년 2월 19일, pp.45~47. 데니는 1890년 4월 16일 조칙으로 면직됐다.

하는 것을 경계했다.[4]

허드는 부임한지 얼마 되지 않아 청이 조선을 지배하려는 증거를 발견했다. 그는 원세개가 조선정부에 대해 외국인이 지도하는 모든 군사 훈련을 중단시키고, 모든 외국인 교관을 해고시키라고 요구했다는 것을 인지했다. 또 원세개가 데니의 후임으로 청에 헌신적이며 자신의 추종자인 독일인 총세무사 쉐니케 J. F. Schoynicke를 임명할 것을 강요했다는 것을 인지했다. 허드는 원세개의 요구가 실현될 경우 청의 영향력이 강화되는 반면 미국 및 타국의 영향력은 약화될 것으로 예측했다. 또 허드는 원세개 공작의 성공은 조약을 체결하고 공사를 교환할 수 있는 독립국으로서의 조선의 소멸을 의미한다고 단정했다. 허드는 고종이 청의 요구를 뿌리치고 일본주재 미국영사인 르장드르를 고빙했다고 추정했다.[5] 고종은 1882년 임오군란 이후 각국과의 통상조약과 상무를 처리하고자 청에 고문직을 위탁한 바 있었다. 청은 그를 기화로 총세무사의 인선을 독점했으며, 그에 따라 묄렌도르프, 메릴, 쉐니케를 조선 해관의 총세무사로 파견했다.[6] 허드는 원세개가 조선의 군사, 외교, 재정 등에 개입함으로써 조선의 독립이 위기에 처했다고 인식했다.[7]

그 뒤에도 허드는 비슷한 견해를 피력했다. 그는 타국에 비해 청은 조선과 매우 가까운 사이라고 인식했다. 그러므로 그는 청이 러·일과 함께 조선의 중립과 독립을 보장하며 조선을 지도할 경우 조선의 발전을 이끌 수 있을 것으로 내다봤다. 그러나 그는 청이 조선과 서구 열강과의 조

---

4 『일본외교문서』25권, No.191. 1892년 5월 9일, pp.250~251. 르장드르의 활동에 대해서는 김현숙, 「한말 고문관 러젠드르에 대한 연구」, 『한국근현대사연구』8(한국근현대사연구회, 1998) 참조.

5 K-A-R II, No.12. 1890년 6월 3일, p.52.

6 김현숙, 「한말 고문관 J. McLeavy Brown에 대한 연구」, 『한국사연구』66(한국사연구회, 1989), p.105.

7 K-A-R II, No.29. 1890년 7월 10일, p.20.

약체결을 주선한 것을 큰 실수라 판단하며 후회한다고 간파했다. 즉 청이 미국과 유럽 국가들이 조선과 외교사절을 교환하는 과정에서 조선의 독립을 인정하게 된 것을 뒤늦게 깨달았다는 것이다. 그는 청은 모든 수단을 총동원하여 조선의 지위를 떨어뜨리려 한다고 판단했으며, 아울러 청이 지속적으로 조선에 대해 무력과 협박을 사용한다고 인식했다.

허드는 청의 조선속방화정책의 또 하나의 증거로서 해관 장악을 지목했다. 청은 조선의 해관을 장악한 뒤 조선이 해관세 수입을 담보로 외국으로부터 차관을 도입하는 것을 저지했다.

허드는 조선 해관은 사실상 청의 대리인이 업무를 보고 있다고 단정하는 등 조선 해관을 청 해관의 분점으로 인식했다.[8] 허드는 고종이 청 대리인에게 해관을 맡긴 것에 대해 그 어떤 것보다 더 고종을 청에 예속시킨 조치로서 고종의 행동 중에서 가장 나약한 것이었다고 평가했다. 허드는 고종이 뒤늦게 후회하며 데니, 딘스모어 등에게 총세무사직을 맡기려 했지만 강력한 의지의 결핍으로 실패했다고 분석했다.[9]

한편 일본은 지속적으로 평양지역의 개항을 요구했으며, 청은 조선의 추가 개항을 경계했다. 이홍장은 청·일은 서로 협력하여 러시아의 침략을 견제해야 한다고 보는 등 청·일이 조선에 대해 동일한 목적과 이익을 가지고 있다고 인식했으므로 평양 개항에 대해 전면적으로 반대하지는 않았다. 그러나 이홍장은 러시아의 동향을 감시하는 데 많은 불편을 준다는 이유를 대며 기존 해관과 다른 조직의 해관 설립을 반대했다.[10] 청은 새로운 해관이 청의 통제를 벗어나는 것을 경계한 것이다. 청은 조선

---

8 K-A-R Ⅱ, No.12. 1890년 6월 3일, p.52; K-A-R Ⅱ, No.29. 1890년 7월 10일, p.20.
9 K-A-R Ⅱ, No.29. 1890년 7월 10일, pp.20~23.
10 『일본외교문서』25권, No.191. 1892년 5월 9일, pp.250~251.

을 예속시키고자 1892년에는 20만 냥의 차관을 제공했다.[11]

허드는 부임 후의 관측 결과 조선은 청의 간섭에도 불구하고, 여러 측면에서 신속히 진보하고 있다고 파악했다. 그렇지만 그는 원세개가 조선의 모든 발전단계에 개입한다고 판단함으로써 청이 조선의 발전에 큰 장애가 되고 있음을 인식했다. 허드는 개인적으로 원세개와 최상의 관계를 유지한다고 자부했으며, 미국과 직접적인 연관이 없는 한 조선과 청 혹은 조선과 열강간의 문제에 개입하려 하지 않았다. 하지만 허드는 원세개가 조·미간의 외교에 간섭하고 있다고 인식했다. 그는 미국의 한 신문이 청 관리가 조선이 청에 안보를 요청했다는 주장을 보도하자, 본국 정부에 사실무근이라고 보고했다. 그는 자신이 아는 한 어떤 조선인도 조선의 해관 수입을 청의 통제에 맡기려 한 바 없다고 주장했다. 그는 과거에 조·청관계가 어떠했더라도 1882년의 조미통상조약 서명은 새로운 출발점을 만들었다고 강조했다. 즉 그는 고종이 미대통령에게 보내는 서한에서 스스로 국내 행정문제와 외교관계에서 충분한 주권을 행사해왔다고 언급했으며, 미국정부도 답서에서 주권국가와의 조약을 체결한 것이라고 통보한 사실을 지적했다. 그는 이제까지 청이 프랑스, 미국이 조선과 조약을 수정할 경우 모든 의무를 거부하는 등 초연한 모습을 보인 것을 상기시켰다. 그러면서 청이 그 기록의 잉크가 마르기도 전에 조선의 외교는 물론 해관을 장악하는 등 국내 행정에 개입했으며, 심지어는 조선을 종속국, 조공국으로 세계에 발표했다고 비판했다. 또 그는 청이 조선이 미국, 유럽에 공사를 파견하는 것을 반대한 결과, 고종이 유럽에 전권공사를 파견하지 못하고 있다고 비판했다. 이어 그는 외국이 조선의 주권을 존중하듯이 청도 조선의 주권을 존중해야 하며, 또 청이 조선의

---

11 연갑수, 『고종대 정치변동 연구』(일지사, 2008), p.133.

개발, 개혁을 저지하지 말아야 한다고 역설했다. 그는 청이 러시아로부터의 보호를 명목으로 조선을 종속화하려는 정책을 지속하는 것은 큰 실수를 범하는 것이라고 주장했다. 그는 청이 간섭하는 한 조선의 번영이 어려우므로 청 억압의 제거는 조선을 개혁과 진보로 이끌 것이라고 단정했다.[12] 그는 청이 조미통상조약을 무력화시키려 한다고 인식했다. 그는 조미조약으로 조선은 독립국으로 인정받았음에도 청은 조선의 외교, 행정에 개입함으로써 조선을 억압하며, 나아가 조선의 구미공사 파견을 저지하려 하는 등 조선을 종속국으로 편입하려 한다고 비판했다. 그는 청의 간섭이 조선의 발전을 저해하는 최대 요소라 인식했다. 그러므로 그는 조선이 청의 간섭을 탈피하는 것이야말로 조선의 발전을 위하여 급선무라고 판단했다.

허드는 청의 '조선속방화' 시도의 또 다른 증거로서 특사 파견 강행을 들었다. 청은 1890년 조선에서 조대비에 대한 국가의례가 거행되자 이를 종주권 강화에 이용하고자 획책했다. 청은 조선정부에 총리아문대신을 정사로, 호부좌시랑을 부사로 하는 특사단을 파견할 것이라고 통보했다.[13] 외국인 고문들은 고종에게 청에 대한 구관례를 거부하지 않으면 독립을 주장하는 조선의 권리가 심각한 타격을 받을 것이라고 설득했다. 고종은 청에 대한 종주국 대우를 청산하고자 결정했고, 그에 따라 조공국으로써 준수하던 구관례를 폐기한다는 방침을 정했다. 고종은 청의 특사 파견을 거부하고자 했으므로 7월 전승정원 도승지 홍종영을 청에 보내 청 사신 체재시 비용조달문제를 이유로 특사를 파견하지 말 것을 요청했다.[14] 한편으로 고종은 원세개를 회유하여 청 특사에게 줄

---

12 K-A-R Ⅱ, No.75. 1890년 10월 21일, p.24.
13 『프랑스문서』4, 1890년 10월 28일, pp.215~216.
14 『고종실록』권27, 고종 27년 5월 24일, 11월 6일.

선물을 원세개에게 줄 수 있다고 제의했다. 그러나 원세개는 조선에 대한 청의 권리를 확인할 수 있는 좋은 기회로 인식했으므로 이 제의를 거부했다. 청은 조선에 경비 부담을 삭감하는 방안을 제시하며 특사 파견을 통보했다.[15]

허드는 청은 세계에 조선에 대한 우월성을 확인하는 황금 같은 기회를 포기하지 않을 것이라고 인식했다. 허드는 청은 계절상 육로행이 곤란하자 해로를 강행할 것이라고 예측하며, 조선이 자국의 의지에 저항하면 주저하지 않고 힘을 사용할 것으로 내다봤다.[16] 청 특사는 1890년 11월 서울에 도착했다. 데니와 르장드르는 고종에게 청 특사 영접시 고종이 출영하지 말 것을 권고했고, 원세개는 고종에게 출영을 강요했다. 결국 고종은 서대문 밖 경기 감영의 청 막사에 도착하여 청 사신을 영접했고 남별궁에서 청사를 배웅했다.[17] 허드는 고종이 청 특사에 대한 영접 장면을 공개하지 않으려고 천막으로 의식장을 차단했으며, 그 결과 어떤 외국인도 그 의식을 구경하지 못했다고 인지했다.[18]

허드는 이 의식에 대해 큰 의미를 부여하지 않은 것으로 보여진다. 그는 본국정부에 이 의식은 동양인들 사이에서 행해지는 동양적인 의식이라며 서구적 기준으로 판단해서는 곤란하다고 보고했다. 그는 이 동양의 의식과 저 스페인의 의식 사이에 극단적인 차이가 있는 것은 아니라고 파악했다. 또 청 황제에 대한 조선인의 감정은 정치적 예속의 의미가 아닌 종교적 존경의 의미로서 가톨릭 신도가 교황을 대하는 감정과 유

---

15 『청계중일한관계사료』5, No.1564. 광서 16년 8월 30일, pp.2827~2828.

16 K-A-R Ⅱ, No.89. 1890년 11월 19일, p.34.

17 K-A-R Ⅱ, No.86. 1890년 11월 17일, p.30; 이양자, 『조선에서의 원세개』(신지서원, 2002), p.87.

18 K-A-R Ⅱ, No.89. 1890년 11월 19일, p.34.

사하다고 지적했다.[19] 그는 청 특사에 대한 조선 왕실의 의식을 주종의식보다는 종교의식 정도로 간주했다. 그러므로 그는 이 의식을 통해 조선이 독립국이라는 사실이 훼손된 것은 아니라고 판단한 것을 알 수 있다.

청은 수시로 파병을 운운하며 조선을 위협하곤 했으며, 1891년에는 조선 북부의 국경지대에 다수의 군대를 배치했다. 고종은 청에 대한 경계가 매우 커서 민영준에게 왕실의 피난처에 대한 특별한 관리를 지시했다. 허드는 고종이 북한산성을 수리하게 한 뒤 군대를 주둔시켰으며, 뉴욕에 6만 불의 무기를 주문했다는 사실을 인지했다.[20] 이 무렵 허드는 청의 진의를 탐색하려 한 것으로 여겨진다. 그에 따라 그는 알렌에게 공사 업무를 맡기고 1891년 4월 하순 청을 방문했다.[21] 허드는 천진에 가서 이홍장과 2차례 회견했다. 그는 이홍장에게 조선인은 청에 대해 호의적 감정을 가지고 있다고 언급했다. 그에 대해 이홍장은 허드에게 조선은 과거 청의 제후국이었음을 강조한 뒤, 조선을 독립국으로 취급하는 열강의 입장은 지지하지만 고종의 청으로부터의 해방 기도나 독립 주장에 대해서는 개입할 것이라고 통보했다. 이홍장은 두 번째 면담에서 원세개가 솔직하고 개방적이지만 나이가 어려 경솔하다고 지적하며, 허드에게 원세개에 대해 조언을 해줄 것을 요청했다. 한편 이홍장은 허드가 조선 왕실의 의식때 미군을 입경시킨 조치는 심각한 문제라고 지적하며, 그 같은 행동이 계속될 경우 일본이 친진조약을 빌미로 파병할 것이라며 자제를 요청했다. 그에 대해 허드는 미국정부의 지시대로 행동한 것이라고 응대했다.[22] 허드는 청을 방문한 지 2개월 뒤인 6월 하순 조선에 귀임

19 K-A-R Ⅱ, No.89. 1890년 11월 19일, p.34.
20 K-A-R Ⅱ, No.168. 1891년 6월 3일, p.250.
21 『미안 1』, No.878. 1891년 4월 24일, p.577.
22 K-A-R Ⅱ, No.175. 1891년 6월 22일, p.41.

한 뒤 본국정부에 면담 결과를 보고했다.[23] 그는 이홍장과의 회견에서 어느 정도 영향을 받은 것으로 여겨진다. 그 뒤 허드는 군사적 조치 등 청을 자극할 만한 행동을 자제했다. 그는 본국정부에 청인은 조선인을 유머로 대우하며, 형의 역할을 하고 있다고 보고했다. 아울러 조선인은 조선의 독립을 신봉하며, 청인을 사랑하지만 예속관념은 없다고 보고했다.[24] 그는 지속적으로 조·청간의 우호를 강조했으며, 1892년 6월 하순에 재차 청을 방문했다.[25]

허드가 노골적인 반청행위를 자제하는 방향으로 선회한 데는 이홍장과의 회견을 통해 청의 강경한 대조선정책을 인지했고, 또 미국정부의 대조선정책에 영향을 받은 것으로 여겨진다. 이 무렵 미국은 조선이 청·일에 비해 전략적, 경제적 이익이 크지 않다는 이유로 조선문제에 대해 소극적인 입장으로 선회했다. 특히 블레인James G. Blaine 국무장관이 국무성을 떠난 뒤에 미국정부의 입장에는 큰 변화가 있었다. 미국정부는 군함 파견을 자제하는 등 조선에 대한 불개입정책을 강화했다.[26]

2) 조·일관계 인식

허드는 일본의 대조선정책을 주시했다. 그는 부임한지 한 달 뒤 일본이 조선에서 타국보다 큰 무역이익을 올리고 있으며, 조선정부를 예우한

---

23 『미안 1』, No.898. 1891년 6월 21일, p.590.

24 K-A-R Ⅱ, No.345. 1892년 12월 18일, p.282.

25 『미안 1』, No.1008. 1892년 6월 27일, p.674.

26 박일근, 「조선의 대외관계」, 『한국사』39(국사편찬위원회, 1999), p.64.

다고 인식했다.[27] 또 그는 일본은 러·청이 조선을 종속시키고, 열강이 동남부 항구를 점유하는 것을 자국에 대한 위협으로 간주한다고 파악했다. 그는 일본이 조선의 개항에 큰 관심이 있으며 조선의 독립에 호의적이라고 평가했다.[28] 그는 부임 초에는 일본이 조선의 독립을 지지한다고 인식한 것을 보여준다.

일본은 1889년 10월 조선이 함경도지방의 방곡령 실시를 통보하자 강력히 이의를 제기했다.[29] 그 뒤 수년 동안 방곡령문제가 조·일간의 현안으로 등장했다. 1890년 여름에는 일본인이 제주도에 상륙하여 주민을 구타하고 재물을 약탈하는 사건이 발생했으며, 1891년 3월에는 제주도민들이 일본 어민의 제주어업 침탈에 항거하여 일제히 봉기했다.[30] 고종은 어업협정을 개정하고자 르장드르를 변무사로 임명하여 일본에 파견, 조일통상장정 및 어채장정의 개정을 논의하게 했다.[31] 르장드르는 일본 외무대신에게 조·일 어민간의 분쟁을 회피하고자 조선 연해의 북위 34도 이남에서 1883년의 조일통어장정 시행을 일시 정지하자고 제의했다.[32] 조·일간에 분쟁이 지속되던 중 1890년 일본의 총리대신 야마가타 아리토모는 조선을 '이익선'으로 규정하는 등 조선 진출을 주창했다.

허드는 점차 일본의 대조선정책의 심각성을 인식한 것으로 여겨진다. 그는 일본은 조선에 대한 관심이 매우 크며, 그 연장선상에서 방곡령사건과 제주어업분쟁이 조·일간의 최대 현안으로 부상한 것으로 파악했

27 K-A-R Ⅱ, No.29. 1890년 7월 10일, p.20.

28 K-A-R Ⅱ, No.89. 1890년 11월 19일, p.34.

29 『구한국외교문서 일안 2』(고려대학교 아세아문제연구소, 1967), 이하 『일안 2』로 약칭, No.1509. 1889년 10월 11일, p.7.

30 강만생, 「한말 일본의 제주어업 침탈과 도민의 대응」, 『제주도연구』3(제주도연구회, 1986), p.133.

31 『일안 2』, No.1971. 1891년 10월 9일, p.242.

32 『일본외교문서』25권, No.162. 1892년 7월 8일, p.218.

다. 그 무렵 일본 신문은 조·러비밀협정설을 대대적으로 보도했다. 그는 일본은 러시아의 조선 장악을 직접적 위협으로 간주한다고 추측했다. 그는 조·러비밀협정설을 신뢰하지는 않았지만 러시아의 한반도 진출 가능성은 인정했다. 다만 러시아는 시베리아횡단철도가 완공되기 전까지는 청·일과 대적하지는 않을 것으로 내다봤다. 그는 자국정부에 조선은 주도권을 갖고 러시아와 협정을 체결하거나 열강 중에서 중립화를 보장하는 리그를 창출하려는 희망을 가지고 있다고 보고했다.[33] 그는 조선이 청·일을 경계하여 러시아와의 동맹 체결, 혹은 한반도중립화를 추구한다고 판단한 것을 보여준다.

허드는 1년 뒤인 1891년 11월 한반도 여행을 통해 일본인이 급증하는 현상을 목격하고 경악했다. 그는 원산과 부산에 거류하는 외국인 중 일본인이 압도적 다수인 데 비해 청인은 소수라고 파악했다.[34] 그 무렵 부산은 외교관들 사이에서 일본의 대조선 침략 교두보로 인식되고 있었다. 허드는 1891년 5월 서울에서 창설된 일어학교가 성공적으로 운영되고 있다고 파악했다. 그는 일본어는 조선어와 유사하며, 영어가 5년의 학습기간이 소요되는 데 비해 일본어는 1년 만에 학습이 가능하다고 이해했다. 그는 본국정부에 일어학교는 일본의 영향력을 확대하는 수단이라고 보고했다.[35]

허드는 점차 일본이 조선에 대해 공격적인 정책을 전개한다고 추정했다. 그는 일본에서는 대조선정책을 둘러싸고 영일동맹론자들과 러일동맹론자들이 논쟁 중이지만 일반적으로는 공격적이고 독립적인 정책을 선호하며, 그 연장선상에서 현재의 조선주재 일본공사가 정력적으로

---

33 K-A-R Ⅱ, No.209. 1891년 10월 8일, p.276.

34 『프랑스문서』5, 1891년 12월 4일, p.136; 『프랑스문서』6, 1893년 1월 8일, p.9.

35 K-A-R Ⅱ, No.9. 1892년 11월 5일, p.348.

일하지 않는다는 비판여론이 일고 있다고 이해했다. 또 일본의 독자적 외교론자들이 조선에 전권공사를 파견하여 고종에게 경의를 표시함으로써 타국에 비해 큰 영향력을 행사해야 한다고 주창하는 것을 인지했다.[36]

한편 일본정부는 가지야마 공사를 교체하고 1893년 1월 오이시를 조선에 변리공사로 파견했다.[37] 오이시는 조선의 재정 궁핍을 거론하며 조선의 붕괴를 공공연히 운운하던 인물이었다.[38] 그는 자유당 간부로서 김옥균과 친한 오오쿠마 시게노부의 추천으로 공사직을 맡았다. 그로 인해 조선의 외교가에서는 일본이 조선내의 혁명을 선동하려 한다고 우려했다. 오이시는 서구에 대항하여 청·일이 제휴해야 한다는 '동양평화론'을 주창했지만 실상은 대청전쟁론자였다. 그러므로 그의 동양평화론은 일본맹주론으로서 청일전쟁을 합리화하는 것이었다.[39] 허드는 일본의 여론은 조선에 대한 공격정책을 지지한다고 인식했다. 또 그는 일본에는 항상 두 개의 당파가 존재하다고 파악했다. 즉 청과의 평화에 호의적인 당파는 일본정부가 추구해온 정책을 지지하며 이홍장-이토의 협상으로 대표되고, 다른 당파는 그것에 반대하여 조선에 대한 독립적, 공격적 정책을 지지하고 있으며 점차 입지를 얻고 있다고 파악했다. 허드는 서울에 온 오이시는 후자의 정책을 서울에 제출했다고 이해했다. 그는 김옥균의 반란기도를 우려하는 조선인들은, 오이시를 김옥균의 친구로 인식하여 경계하고 있으며, 고종의 경우는 2~3번 측근을 미공사관에 보내 정보를 얻으려 한다고 인지했다. 그 밖에 허드는 일본인이 조선인을

---

36 K-A-R Ⅱ, No.101. 1892년 9월 12일, p.241.

37 『일안 2』, No.2186. 1893년 1월 25일, p.335.

38 한철호, 「개화기 역대 주한일본공사의 경력과 조선 인식」, 『한국사상사학』25, p.293.

39 강동진, 『일본근대사』(한길사, 1985), p.147.

대하는 태도가 더욱 공격적으로 변하고 있으며, 몇 년 전부터는 사소한 경우에도 구타를 일삼는다고 파악했다.[40] 한편 그는 일본이 청에 대해 조선에서 서구인 추방을 제의했으나 거부당했으며, 대원군에게도 같은 제의를 한 바 있다고 파악했다. 또 허드는 오이시가 『일본의 2대 정책』이라는 저서에서 대원군을 조선의 유일한 정치인으로 평가한 데 비해, 권세가 민영준에 대해서는 우둔하다고 멸시한 것을 소개했다.[41] 허드의 언급대로 오이시는 대원군에 호의적인 반면 민영준에 대해서는 회의적인 입장을 표출하는 등 조선의 체제를 부정적으로 평가했다. 허드는 일본이 반체제인사를 옹호하는 오이시를 공사로 파견한 것을 목격하고 일본의 대조선정책이 공세적으로 전환한 것을 인식한 것이다.

일본은 1880년대 중반부터 해군력을 증강하는 등 청과의 전쟁을 단계적으로 준비했으며 1893년경에는 전쟁준비를 완료한 상태였다.[42] 일본 지도층은 러시아의 시베리아횡단철도 완공을 경계하여 청과의 제휴를 추구하기도 했지만 청을 적수로 여기지 않을 정도로 청의 군사력을 무시했다. 일본은 조선의 혼란을 틈타 침략의 기회를 엿봤으며, 일본 육군 참모차장인 가와가미 소로꾸는 침략준비차 조·청 방문을 시도했다.[43] 오이시는 2월 통리교섭통상사무아문 독판 조병직을 면담하며 순치보거 관계의 조·일은 우호적이어야 한다고 운운하며 방곡령문제의 신속한 타결을 촉구했다.[44] 그 결과 조·일은 최고 긴장상태에 접어들었다. 허드는 일본이 요구한 배상 액수가 터무니없는 것으로 단정했다. 그

40 K-A-R Ⅱ, No.345. 1892년 12월 18일, p.282.

41 K-A-R Ⅱ, No.364. 1893년 2월 10일, p.251.

42 등원창(엄수현 역), 『일본군사사』(시사일본어사, 1994), p.98.

43 安岡昭男, 「日淸戰爭前の 大陸政策」, 『일본외교사연구-일청전쟁·일노전쟁-』(有斐閣), pp.29~30.

44 『일안 2』, No.2222. 1893년 2월 25일, p.348; 『일본외교문서』26권, No.139. 1893년 2월 2일, p.310.

는 일본정부가 가지야마를 소환한 것은 열정 부족으로 판단했기 때문으로 이해했다. 또 허드는 조선정부가 도쿄에서 협상하기를 원하며 오이시를 일본으로 소환시키려 노력 중이라고 파악했다.[45] 오이시는 방곡령 협상에 진전이 없자 동양평화론을 개진하며 원세개에게 접근했다.[46] 오이시는 1893년 5월 4일 통리교섭통상사무아문에 최후 서한을 보냈으며, 같은 날 가와가미와 함께 고종을 알현하여 방곡령문제의 담판을 기도했다. 오이시는 제복이 아닌 평복을 착용하고 알현하는 결례를 범함으로써 고종의 분노를 야기했다. 고종은 오이시에게 그 문제는 외부 소관이므로 응대하기가 곤란하다고 언급했다. 오이시는 일본정부는 외부가 아니라 고종에게 직접 제출할 것을 지시했다며, 14일 내에 일본의 요구를 수용하지 않으면 공사관을 철수할 것이라고 협박했다. 고종은 통역사가 방곡령문제를 밀어넣은 것에 대해 매우 분개하여 통역사의 처형을 지시했지만 곧 투옥으로 변경했다. 오이시는 고종에게 독판에 대해 훈령을 내리도록 건의하여 긍정적 회답을 얻어냈다. 허드는 고종이 마지못해 일본측 문서를 수령했다고 파악했다.[47] 한편 영국은 러시아의 시베리아횡단철도 완공을 경계하여 1893년 5월 청·일의 제휴를 중재했으며, 일본은 청의 조선개입 강화를 묵인했다.[48] 결국 방곡령은 이홍장의 중재로 110,000불의 거액을 지불하고 해결됐다. 허드는 조선인들이 과도한 배상에 대해 크게 분노했다고 파악했다.[49]

허드는 방곡령사건의 해결과정을 통해 일본의 대한정책이 강경한 방

45 K-A-R Ⅱ, No.376. 1893년 3월 27일, p.284; 같은 책, No.385. 1893년 4월 6일, p.285.

46 『일본외교문서』26권, No.161. 1893년 5월 5일, p.382; 같은 책, No.162. 1893년 5월 5일, p.383.

47 K-A-R Ⅱ, No.396. 1893년 5월 6일, p.285.

48 『프랑스문서』6, 1893년 9월 6일, p.106.

49 『일안 2』, No.2300. 1893년 5월 19일, p.398; K-A-R Ⅱ, No.399. 1893년 5월 20일, p.287.

향으로 변화하고 있음을 인식한 것으로 보여진다. 허드가 공사직을 그만 둔지 한 달도 되지 않아 미공사관은 본국정부에 일본의 대조선정책이 조선병합으로 치닫고 있다고 보고했다. 즉 일본이 겉으로는 조선을 독립국으로 인정하지만 실제로는 청의 종속국으로 취급하고 있으며, 청일전쟁 뒤에 조선의 병합을 추구한다고 보고했다.[50] 허드는 본국정부에 나름대로의 한반도정세 분석결과를 보고했다. 그는 청은 조선의 독립을 희망하지 않으며 조선에 대해 격려는커녕 조선의 활력을 잠식한다고 인식했다. 반면 러시아는 조선의 독립을 강력히 지지하고 있으며, 향후 독립보장그룹에 가입할 것으로 내다봤다. 그는 영국은 청과 반러동맹을 형성하고 있으며, 독일은 청의 호의를 얻으려 하며 프랑스는 입장이 불분명하다고 파악했다.[51] 그는 청의 속방화정책에 맞서 조선의 독립을 강력히 지지하는 국가는 러시아이며, 영·독은 청을 지지하며 프랑스는 조선에 무관심하다고 판단했다. 허드는 조선의 독립을 지지했으므로 러시아공사와 빈번히 접촉하는 등 긴밀히 협의했다.[52]

1891년 6월 고종은 미공사관측에 조선중립화에 협조해줄 것을 요청했다.[53] 그렇지만 미공사관은 중립화 의제에 직면할 때마다 그것을 르장드르, 그레이트하우스에 떠넘기곤 했다.[54] 이 무렵 미국정부는 대조선정

---

50 K-A-R Ⅱ, No.48. 1893년 7월 29일, p.326.

51 K-A-R Ⅱ, No.89. 1890년 11월 19일, p.34.

52 K-A-R Ⅱ, No.364. 1893년 2월 10일, p.251.

53 정부는 거문도사건을 계기로 한반도가 청·일·러·영의 각축장이 되자 진지하게 중립화를 검토하기 시작했다. 외무독판 김윤식은 영국이 거문도를 강점하자 독일총영사에게 조선은 강대국의 외침으로부터 스스로를 보호할 수 없는 약소국이므로 묄렌도르프가 제기한 것처럼 조선을 벨기에와 같은 중립국으로 만들고자 한다고 피력하였다. 이후 김윤식은 공식적으로 중립화에 대한 의사표시를 하였고, 또 조약 제1조에 의거하여 거중조정을 희망했다. 박희호, 『구한말 한반도중립화론 연구』(동국대학교 사학과 박사학위논문, 1997), pp.66~69.

54 K-A-R Ⅱ, No.168. 1891년 6월 3일, p.250.

책의 방향이 정치적 중립성을 유지하며 이익을 추구하는 것이었으므로, 조·청·일 외교에 철저한 불개입정책을 유지했다.[55]

허드는 청·일은 조선을 점진적으로 병합하려 한다고 판단했다. 그는 청·일의 한반도정책으로 조선의 독립이 위기를 맞았다고 인식했고, 조선이 독립을 수호하려고 서구 열강을 상대로 중립화를 추진하고 있다고 인식했다. 그는 서구 열강 중 영·독은 조선의 독립에 부정적인 반면 미·러는 조선의 독립을 지지하고 있으며 프랑스는 조선에 대한 입장이 애매모호하다고 인식했다. 결국 그는 한반도를 둘러싸고 있는 청·일의 한반도정책과 서구 열강의 소극성으로 인해 조선의 중립화는 곤란하다고 인식한 것으로 보인다. 그러한 인식의 결과, 미공사관은 조선의 중립화 요청을 거부한 것으로 보여진다.

2. 조선국정 인식

1) 조선의 진보 인식

허드는 조선의 상황을 예의 주시했다. 그는 먼저 조선이 구미 국가들과는 다른 정부, 다른 사회제도를 가지고 있다고 인식했다. 그는 그러한 제도하에서 조선의 인민들은 게으른 귀족가문들을 부양하기 위하여 능력 이상으로 많은 세금을 내도록 억압을 받았으며, 그 결과 노동의욕이 감퇴했다고 파악했다. 그는 조선사회가 불합리한 제도의 문제점을 가지

---

55 김원모, 『개화기 한미 교섭관계사』(단국대학교 출판부, 2003), p.225.

고 있다고 인식했다. 그렇지만 그는 조선은 자원의 국가이며, 또 조선인들이 지혜롭고 진보적이어서 기회가 주어진다면 부유해질 것으로 전망했다. 그는 조선이 중요해질 것이라 확신했으므로 조선의 발전에 기여하기를 희망했다. 그는 조선에는 개혁을 희망하는 진보파가 있고, 고종이 진보파의 수장이라고 인식했다. 그는 고종이 외국인에게 친절하며 훌륭한 의지도 있지만 그의 행로를 막는 장벽이 있음을 간파했다. 그는 만일 미국이 고종을 지원한다면 조선은 강화되고 미국의 대조선 영향력이 증대될 것으로 내다봤다.[56] 허드는 조선의 풍부한 자원, 조선인의 근면성, 고종의 개혁의지를 호평하며 조선의 발전 가능성을 높이 평가한 것을 보여준다. 그는 조선이 발전하지 못하는 것은 청의 압력에 있다고 인식하여 미국의 지원을 추구했다.

허드는 그 뒤에도 조선의 발전 가능성을 의심하지 않았다. 그는 다음과 같이 본국정부에 조선의 상황을 상세히 보고했다.

조선은 가난한 국가로 묘사된다. 하지만 조선은 가난한 국가가 아니고 부유하며, 개발되지 않았다는 의미에서 가난한 것이다. 캘리포니아도 굉장한 자원이 개발되기 전까지 가난한 주로 상정됐었다. 유럽에도 자연자원이 조선과 동등하지 않은 국가들이 다수 존재한다. 조선은 매우 풍요로운 토지에서 다양한 생산물을 생산할 능력이 있다. 생산물의 질은 전문가를 흥분하게 한다. 청인의 의견으로는 조선 쌀은 청의 최고 쌀보다 좋으며, 그 밖에 귀리, 콩 등의 곡물들이 많이 생산된다. 좋은 기후, 토지로 인해 농부들은 1년에 2번 이상 추수가 가능하다. 또 조선은 광물자원이 풍부하는 등 유익한 국가이다. 조선은 단지 부를 증진시킬 계몽적 경영과 함께 행동의 자유를 필요로 한다. 조선의 잠재력을 후퇴시키는 큰 요인은 청으로부터 받는 대우다. 고종과 그의 당

---

56 K-A-R Ⅱ, No.29. 1890년 7월 10일, p.20; K-A-R Ⅱ, No.78. 1890년 10월 30일, p.28.

파는 개혁, 개발을 필수로 인식한다. 과거 조·청관계가 어떠했더라도 1882년 조미조약 서명은 새로운 출발점을 만들었다. 조선은 청에 의해 제지되는 한 번영할 수 없다. 조선은 청의 압력이 제거되어야 개혁과 진보의 기회를 가질 것이다.[57]

　원세개가 조선은 빈국으로서 관세수입 외의 가용자원이 없다고 주장한 것에 비해 허드는 조선이 개발할 가치가 있으며 조선의 발전 가능성을 낙관했다. 허드는 과거 미국이 개항시킨 바 있던 일본이 개선된 것을 지적하면서 조선의 개선 가능성을 강조했다. 그는 조선이 발전하지 못하는 것은 청의 간섭 외에도 조선정부가 고빙한 외국인 고문에 문제가 있다고 판단했다. 즉 그는 묄렌도르프가 거친 모험으로 조선을 인도했다고 비판하는 한편 데니와 르장드르에 대해서는 유능하다고 언급함으로써 미국인 고문들이 조선의 발전에 기여할 것이라 확신했다.[58] 다른 외교사절들도 조선정부가 고빙한 외국인 고문들은 많은 봉급에 비해 별다른 기여를 하지 못했다고 평가하여[59] 허드와 비슷한 견해를 피력했다.
　이 무렵 유럽인과 미국인들은 조선이 빈국으로서 자립이 불가능하며 지킬 가치도 없다고 단정했으며, 청·일에 거주하는 외국인도 같은 의견을 제시했다. 허드 스스로도 조선에 도착했을 때 같은 미혹에 빠졌었다고 고백했다. 그렇지만 그는 한반도에 오래 머물수록 그 의견이 오류라는 것을 확신했다. 그는 재차 조선의 풍부한 자원과 조선인의 근면성, 고종의 개혁의지를 강조했다. 그는 조선의 물질자원 외에도 조선인의 능력을 그 증거로 추가했다. 그는 본국정부에 "조선인은 육체적으로 강하고

57　K-A-R Ⅱ, No.75. 1890년 10월 21일, pp.24~25.
58　K-A-R Ⅱ, No.78. 1890년 10월 30일, p.28.
59　김현숙, 「한말 조선정부의 고문관정책」, 『역사와 현실』33(1999), p.253.

멋져서 일본인과 남부의 청인보다 크다. 조선인은 본인에게 조선인이 어떤 황인종보다 지혜롭고 근면하다고 얘기하곤 한다. 조선인은 청인의 인내심과 함께 일본인의 신속함을 소지한다"라고 보고했다. 또 그는 "조선인은 오랫동안 교육을 받은 결과, 진정한 애국심을 소유한다. 오늘날 조선인을 이 지경으로 만든 사악한 귀족제도로부터 큰 결점과 실패가 양산됐다. 단지 조선의 물질적, 도덕적 자원을 지적하고 싶다. 그것들은 호의적 영향과 지도하에 조선을 많은 국가들 중에서 더 높은 지위로 인도할 것이다"라고 지적했다. 또 그는 고종이 청의 영향권 내에 있는 사람들에 둘러싸여 있지만 청과의 구관례를 내켜하지 않으며, 새해에는 더 강력한 자신감을 가지고 독립적 행동을 개시할 것으로 내다봤다.[60] 이 같은 허드의 긍정적 조선 인식은 비슷한 시기 한반도에 주재하던 영국, 프랑스 등 유럽 외교사절의 부정적 조선 인식과는 대조를 이룬다.

이상과 같이 허드는 조선인이 수준 높은 교육을 받은 결과, 지적이며 육체적으로는 일본인과 중국인을 능가한다고 호평했다. 또 조선은 물질적, 도덕적 자원을 소유하므로 서구 열강의 호의적 지도를 받는다면 더 높은 지위의 국가로 상승할 것으로 예측했다. 그는 조선의 풍부한 자원, 조선인의 근면성, 청에 대한 고종의 자주의지를 높이 평가했다. 그 때문에 그는 고종의 동향을 예의 주시한 것으로 보여진다. 그가 통리교섭통상사무아문 독판 민종묵에게 조선정부의 화폐 발행고 및 세출, 세입을 문의한 것은[61] 조선의 국정에 대한 관심을 보여준다.

---

60 K-A-R Ⅱ, No.89. 1890년 11월 19일, p.34.

61 『미안 1』, No.832. 1891년 1월 27일, p.549.

2) 조선의 혁명 가능성 인식

허드는 조선 근무기간이 장기화하자 조선 인식에 변화를 보였다. 그는 특히 조선의 사법제도와 인사제도 운영에서의 불공정은 반란의 위험성을 높인다고 판단했다. 그 무렵 과거제도의 경우 급제를 위하여 뇌물, 청탁이 오가는 등 문란이 극에 달해 영의정 심순택은 부정행위가 만연함을 개탄하는 상황이었다.[62] 그런 가운데 민씨척족은 점차 친청으로 세력화됐으며, 전횡과 부정을 저질러도 중앙정계에는 견제할 세력이 없었다.[63] 민씨척족 중에서도 매관매직의 주역으로 지목받던 인물은 민영준이었다. 그는 1887년 평안감사, 1890년 선혜청 당상, 1891년 내무부독판, 총위사 등의 요직을 역임했으며 세도가의 권력을 행사했다.[64] 국가기강의 이완은 지방관의 부정을 만연시켰다. 관리들은 민인 중에서 저축한 사람이 있으면 친족의 것을 대신 납부하게 하는 등 수탈을 자행했다. 도적은 중앙과 지방을 막론하고 기승을 부려 심지어 수도 안에서도 물건을 약탈할 정도였다.[65]

허드는 요직을 독점하고 있는 민씨척족이 민인의 증오대상이라고 단정했다. 특히 민영준이 입찰자에게 고가를 요구하며, 빈번한 인사를 자행하는 등 매관매직의 주역이라고 인식했다. 그리고 고종은 민씨척족에 권력행사를 허가하는 등 국사에 무관심한 편이라고 보았다. 또 농민은 생계유지 이상의 모든 수입이 사법당국의 착취 대상임을 알고 있으므로 생산활동에 정력을 발휘하지 않는다고 파악했다. 또 강도는 고립된 귀족을 공격하며, 군인은 질서유지는커녕 무질서의 요인이라고 인식했다.

---

62 『고종실록』권27, 고종 27년 12월 9일; 『고종실록』권29, 고종 29년 3월 14일.

63 연갑수, 앞의 책, p.133.

64 연갑수, 앞의 책, pp.127~128.

65 『고종실록』권27, 고종 27년 10월 2일; 『고종실록』권28, 고종 28년 12월 24일.

허드는 민인들이 생필품 가격의 상승으로 불만을 가지고 있으며, 민인들 사이에서 왕조종식설이 유포되고 있음을 인지했다. 그는 본국정부에 기존 질서를 전복할 반란의 가능성을 지적했으며, 1884년에도 비슷한 일이 있었다고 보고했다. 그는 반란의 지도자로서 대원군을 주목했다. 그는 대원군을 지혜롭고, 과감한 인물로 평가했다. 즉 그는 조선인들이 대원군을 명확한 판단력과 불굴의 용기로 청·일에 불복하여 국난을 극복할 만한 진정한 애국자로 간주하고 있다고 파악했다. 그는 또 다른 반란의 지도자로서 체일망명자 김옥균을 주시하면서, 그의 귀국이 반란의 신호탄이 될 것으로 내다봤다. 허드는 고종의 측근인 한규설은 김옥균이 일본에서 원정대를 편성했다고 판단하고, 외국공사에게 저지책을 문의했다는 사실을 인지했다.[66] 허드는 과거제도 문란과 매관매직 등으로 조선의 관료제가 제대로 작동하지 못하고 있다고 판단했다. 그는 조신을 빈곤하게 만드는 폐단의 근원은 매관매직에 있다고 보았으며, 그 책임은 민영준에게 있다고 인식했다. 허드는 고종이 민씨척족의 권력 농단을 방치하는 등 국정운영에 무관심하다고 판단했다. 허드는 반체제기운을 인지했으며 반체제세력은 대원군, 망명자를 중심으로 결속할 가능성이 있다고 분석했다.

1889년 조선정부의 내외채총액은 약 13만 냥 정도였고, 그에 따라 정부는 외채 도입을 추진했다.[67] 그 무렵 민씨척족과 대원군간의 투쟁이 격렬하게 전개됐으며, 그 과정에서 민씨척족은 1892년 6월 대원군이 거주하는 운현궁의 폭파를 기도했다. 그런 가운데 1892년 여름 우의정 조병세는 고종에게 현재의 조선은 국가가 아니라고 지적하면서 국정운영에

---

66 K-A-R Ⅱ, No.220. 1891년 12월 3일, p.296.
67 김정기, 「조선정부의 청차관 도입」, 『한국사론』3, (1976), p.453.

대한 고언을 했다. 조병세가 건의한 핵심적 사항은 형벌 적용의 해이, 감사 및 어사의 지방관 평정의 불공정, 관리봉급 지불의 연체, 물가 앙등으로 인한 민심의 동요 등이었다.[68] 허드는 본국정부에 조선의 국고가 비었으며, 관리에 대한 봉급이 지불되지 않는다는 조병세의 주장은 과장된 것이 아니라고 보고했다.

　관리들은 그들의 필요를 충족하고자 모든 임시수단에 호소한다. 그들은 일단 사악한 방법에 들어서면 필요가 충족될 때까지 인민 억압행위를 중단하지 않는다. 공직은 최고 입찰자에게 팔려나가며, 곧 새 구매자에게 인도된다. 고위층의 불법, 강탈은 처벌되지 않는다. 정부 수중에 돈이 없으므로 관리봉급 지불, 부채 청산은 어렵다. 궁중의 의식과 무용한 환상에 거액이 낭비된다. 불만이 고조되고 있으며 소요의 발생이 멀지 않은 것 같다. 조선의 모든 권력과 부를 장악하고 있는 민씨척족은 증오의 대상이다. 유능한 혁명지도자가 있다면 쉽게 집단을 모을 것이다. 최근 대원군을 제외하고는 그 역할을 담당할 사람은 없다. 대원군은 의지와 강한 힘의 소유자이지만 고령과 육체적 허약이 그의 의지를 떨어뜨렸다. 최근에 그를 저격하려는 시도가 있었다. 대원군의 외국인 감정은 얘기하기가 곤란하다. 그는 과거 천주교도를 박해했지만 시대는 변했다. 조선은 많은 국가와 조약을 체결하는 등 개방되어 있으므로 외국인을 적대하지는 않을 것이다. 그는 은퇴생활을 하고 있지만 진정한 조선인으로서 애국자이며 국가에 헌신한다.[69]

이상과 같이 허드는 1년 뒤에도 조선의 부정부패가 개선되지 않았다고 인식했다. 그는 고종은 개혁을 수행할 능력과 용기가 부족하다고 인식했다. 그는 민씨척족이 조선사회 폐단의 근원으로서 증오의 대상이라

---

68 『고종실록』권29, 고종 29년 윤6월 5일.
69 K-A-R Ⅱ, No.327. 1892년 11월 10일, p.303.

고 단정하며 혁명의 발발 가능성을 내다봤다. 그는 대원군은 고령으로 지도자 역할이 어렵다고 인식했다. 허드는 혁명은 현재의 체제를 개선시킬 것이라 인정했다. 그렇지만 그는 조선의 불안정이 만성적인 것으로서 자연스레 경과할 것으로 예측했다. 그런 가운데 프랑스 외교사절 프랑댕은 허드에게 고종을 찾아가서 조선의 상황을 설명하자고 제의했다. 그러나 허드는 고종이 최근 상황에 무지하기는커녕 잘 인지하고 있다고 응대했다. 그는 고종은 필요한 개혁을 수행할 능력, 용기, 강인함을 결여하고 있다고 인식했다. 그렇지만 그는 조선인들이 고종을 존경하므로 민씨 척족이 추방되더라도 고종은 수장의 지위를 유지할 것으로 내다봤다.[70] 이 무렵 서구인들은 고종에 대해 결단력이 부족하다고 지적했는데, 허드도 인식을 같이한 것을 보여준다.

이상과 같이 허드는 고종이 계속해서 조선의 최고 권력자 지위를 유지할 것으로 예측했다. 그러므로 그는 고종을 가장 중요한 교섭 파트너로 간주한 것으로 보이며, 그에 따라 국정상황에 대한 충고를 자제한 것으로 여겨진다. 또 그는 그러한 입장의 연장선상에서 고종의 정치적 반대세력에 대해서는 호의를 보이지 않았다. 갑신정변에 연루된 바 있었던 서광범은 정변 실패 뒤에 미국으로 건너가 5년여를 체류했다. 그는 미국 시민으로 자처하며 허드에게 편지를 보내 조선을 방문할 의사를 피력했다. 허드는 통리교섭통상사무아문 독판을 방문하여 그에 대한 의견을 타진했으며, 독판으로부터 서광범은 나쁜 인물이라는 통보를 받았다. 허드는 서광범을 몽고인종이라며 미국시민으로 인정하지 않았다. 그는 본국정부에 조선의 친구인 미국은 반체제인사의 평화저해 음모를 보호

---

70 K-A-R Ⅱ, No.327, 1892년 11월 10일, p.303.

하지 말아야 한다고 주장하며 서광범의 귀국을 저지할 것을 건의했다.[71]

이 무렵 조선은 중앙과 지방을 막론하고 도적이 치성했으며 함경도 회령, 종성 등지에서는 민란이 발생했다.[72] 외교가에서는 공직 매매는 극도의 불만을 야기하여 조선이 혁명전야의 상태에 접어들었다고 인식했다.[73] 그런 가운데 1893년 2월 동학교도는 광화문에서 교조신원과 동학의 인정을 요구하며 시위를 벌었다. 동학교도는 시위가 실패로 돌아가자 미국인 학당 문전에 '패천悖天' 등 기독교를 배척하는 방문을 게시하며 선교사들에게 귀국을 요구했다. 그에 맞서 허드는 조선정부에 항의했다.[74] 동학교도는 3월 '척왜양斥倭洋'을 외치며 보은에서 집회를 개최했다. 정부는 어윤중을 선무사로 파견하여 집회를 해산하게 했다. 유럽식 훈련을 받은 정부군은 개틀링 소총을 소지하고 출동했다. 외국인들은 동학교도의 적대적 깃발을 보고 위기를 인지했다. 허드는 동아시아 경험 중에서 신기한 국면을 보고 있다고 인식했다. 그는 동학교도가 일본인과 서구인 타도를 외친다는 것을 인지했음에도 불구하고 동학 그 자체는 위험하지 않다고 판단했다. 그는 동학교도는 조용하며 평화적인 사람들로서 교조신원과 포교 자유 허가에 만족할 것이라 추측했다. 한편 그는 동학운동의 와중에서 정치당파가 등장하여 불만층과 극빈층을 규합하여 정부를 곤경에 빠뜨릴 것으로 내다봤다.[75] 그는 반정부기운을 인지했으므로 동학운동이 정치적 성격으로 전환할 가능성을 예측한 것이다.

71 K-A-R Ⅱ, No.27. 1890년 7월 9일, p.224.

72 『고종실록』권29, 고종 29년 10월 29일, 고종 29년 12월 22일.

73 『프랑스문서』6, 1893년 5월 22일, p.70.

74 『미안 1』, No.1071. 1893년 4월 4일, p.718; 박맹수, 「동학 교조신원운동」, 『한국사』39(국사편찬위원회, 1999), pp.293~296.

75 K-A-R Ⅱ, No.398. 1893년 5월 16일, p.317.

3. 조선문제 개입

1) 조선지원 추진

미국 국무성은 조선주재 미공사에게 상업 특권의 획득을 위하여 노력할 것과, 조·미 무역의 증대방안을 연구하여 보고하도록 지시했다.[76] 허드가 조선문제에 적극 개입한 것은 미국의 무역확대와 연관이 있었다고 여겨진다. 조선에는 다른 서구 국가에 비해 많은 미국인들이 거주했다. 미국인들은 대부분 선교사, 군인, 학교 교사, 고종의 외교고문들이었으며 그밖에 타운센드W. D. Townsend상회, 광산기사들이 체류 중이었다. 허드는 본국정부에 미국은 조선에서 명확한 이익이 있다고 강조하면서, 미국인의 손으로 조선의 광산 등을 개발할 경우 미국은 더 많은 이익을 거둘 것이라고 보고했다.[77]

허드는 고종과 조선인들이 미국에 커다란 호의를 가지고 있다고 판단했다. 그는 조선의 개발 가능성을 높이 평가했으므로 조선의 대외무역을 큰 관심을 가지고 주시했다. 그는 본국정부에 당장은 조선에서 미국의 이익이 적지만 과거 미국이 일본을 개방시켜 일본을 가장 큰 소비자로 했듯이 조선을 개방시켜 이익을 증대할 것을 역설했다.[78] 한편 그는 미국을 대표하는 공사의 의무는 미국의 친구인 조선의 행로에 장애를 제거하는 것이라 확신했다. 그는 본국정부에 미국이 처음으로 조선을 세계의 일원으로 편입시켰는데도 조선을 고립상태에서 나오게 한 뒤에

---

76 K-A-R Ⅰ, No.3. 1883년 3월 9일, p.24.

77 K-A-R Ⅱ, No.237. 1892년 1월 24일, p.195.

78 K-A-R Ⅱ, No.29. 1890년 7월 10일, p.20.

도움의 손길을 거부하는 것은 인색한 것이라는 의견을 개진했다.[79]

역대 미공사들은 미국의 군사력을 과시하는 방법으로 영향력을 확대했다. 허드 역시 조선에 대한 군사적 지원을 추구했다. 허드는 고종이 청과의 구관례를 타파하기 위하여 함대지원을 요청하자 적극 수용했다. 그는 플랑시에게 접근했지만 거부당했다. 프랑스 외상이 플랑시에게 조·청관계에 어떤 방식으로든 개입하지 말 것을 지시했기 때문이었다.[80] 고종은 허드에게 국가의식 때 소요가 우려된다며 미국인을 보호할 미군의 상륙을 요구했다. 그는 고종의 요청을 수용하여 50여 명의 미해병대를 서울에 입경시켰고 3척의 군함을 제물포에 입항시켰다.[81] 원세개는 허드에게 미군 입경에 대해 문의서한을 보냈다. 허드는 미군의 입경은 무질서를 진압하려는 것이 아니라 조선에 우호적인 미국이 황실에 대한 존경을 표명한 것이라고 통보했다.[82] 허드는 과감한 군사지원으로 조선 정부에 대해 막강한 영향력을 행사했다.

고종은 자신의 생일 때 허드가 늦게 왕궁에 도착했는데도 영사들을 대기하게 하고 그를 특별히 접견하는 배려를 베풀었다.[83] 한편 미국에서는 1893년 3월 대통령선거에서 민주당의 클리블랜드Cleveland가 당선되었다. 허드는 미대선 뒤에 사직하고 고종에게 그동안의 후의에 깊은 감사를 표명했다. 고종은 클리블랜드 대통령에게 친서를 보내 허드의 업적을 치하했다.[84]

---

79 K-A-R Ⅱ, No.78. 1890년 10월 30일, p.28.

80 『프랑스문서』4, 1890년 10월 20일, pp.212~213.

81 『프랑스문서』4, 1890년 10월 16일, p.207.

82 K-A-R Ⅱ, 1890년 10월 11일, p.55.

83 K-A-R Ⅱ, No.101. 1892년 9월 12일, p.241; 같은 책, No.482. 1893년 11월 12일, p.135; 같은 책, No.197. 1891년 8월 31일, p.130.

84 K-A-R Ⅱ, No.1110. 1893년 6월 26일, p.744;『미안 1』, No.1114. 1893년 6월 29일, p.745.

미해군성은 1892년 여름 서울을 방문한 해군장교의 보고를 받고, 조선 해안에 미함대가 정박할 필요가 없다고 결정했다. 이에 따라 해군성은 허드 공사의 항의에도 불구하고 조선에 미국군함을 거의 파견하지 않았다.[85] 고종은 미군함이 조선 해역에 오지 않자 허드에게 실망감을 표출했다. 허드는 미정부는 조선에 깊은 관심을 가지고 있다고 화답했다.[86] 고종은 영국함대의 방한을 환영했다. 허드는 고종이 함대 방문에 중요성을 부여한다고 인식했으므로, 미국은 영국과의 비교로 조선의 친구자리를 상실할 것을 우려했다.[87] 그 때문에 그는 조선에 대한 영향력을 유지하고자 미군함의 방한을 추진한 것으로 보여진다. 그는 통리교섭통상사무아문 독판 민종묵에게 미군함 앨리언스Alliance호의 함장 테일러Taylor가 미국에서도 기예가 고명하다고 소개하면서 고종 면담을 성사시켰다. 그 뒤에도 미군함 함장과 장교 3인의 고종 면담을 성사시켰으며,[88] 조선정부에 인천 월미도에서 미군함의 포사격연습을 요청하여 허가를 얻었다.[89]

허드는 노골적인 반청을 자제하기로 한 뒤에는 조선에 대한 경제적 접근을 강화했다. 그는 조선정부에 부국을 위해서는 무역개방과 자원개발이 필요하다고 촉구했다. 그는 1891년 10월 23일 미군함 앨리언스호를 타고 제물포를 출발한 뒤 11월 22일 귀경할 때까지 원산, 부산, 평양 등 조선의 항구지방을 방문했다.[90] 그가 주로 개항장을 들른 것은 미

85 박일근, 앞의 책, p.64.

86 K-A-R Ⅱ, No.197. 1891년 8월 31일, p.130; 같은 책, No.413. 1893년 6월 28일, p.134.

87 K-A-R Ⅱ, No.374. 1893년 3월 22일, p.244; 『고종실록』권28, 고종 28년 10월 1일.

88 『미안 1』, No.876. 1891년 4월 21일, p.575; 같은 책, No.877. 1891년 4월 23일, p.576; 같은 책, No.1022. 1892년 10월 13일, p. 681.

89 『미안 1』, No.1019. 1892년 9월 29일, p.680; 같은 책, No.1104. 1893년 6월 9일, p.738.

90 『미안 1』, No.931. 1891년 10월 20일, p. 616; 같은 책, No.932. 1891년 10월 21일, p.617.

국정부의 지시로 무역 중심지를 탐사하려 했고, 또 미국선교사들을 위한 부지를 선정하려 했기 때문이었다. 그는 평안감사 등 지방 관리로부터 극진한 환대를 받았다. 미군함도 9발의 예포를 쏘는 등 조선의 무역감독관들을 환대했다. 허드는 평양을 집중점검한 뒤 고종을 알현했다.[91] 그는 고종에게 평양을 무역항으로 개방할 것을 건의했으며, 탄광 개발을 촉구했고, 장차 방한할 미군에게 무역선박을 제작하게 할 것을 제안했다. 그는 조선정부가 개방의 이점을 인정한 것으로 확신하고, 조선정부에 평양을 외국무역에 개방할 경우 많은 이익이 있을 것이라 권고했다.[92]

허드는 조선의 해외무역을 지원했다. 그는 통리교섭통상사무아문 독판 민종묵에게 1893년 10월 미국 시카고에서 개최하는 콜럼비아 세계박람회에 조선위원의 파견을 요청했으며, 시카고의 박물관 건물 낙성식에도 참가할 것을 요청했다.[93] 허드는 조선정부가 내무부참의 정경원을 박람회 사무대원으로 파견하자 크게 치하하며, 본국정부에 조선정부의 세계박람회에 대한 관심을 보고할 것이라 통보했다.[94] 그 뒤 허드는 세계박람회 및 시카고 등지의 사진을 고종에게 감상용으로 봉정했다.[95] 허드는 이승수를 면담하고 신속히 방미하여 조·미우호에 기여하기를 요청했다. 아울러 허드는 통리교섭통상사무아문 독판 조병직에게 박정양의 조선 잔류로 인한 워싱턴의 공백에 유감을 표명하고 전권공사 파견을 요

---

91 『미안 1』, No.936. 1891년 11월 23일, p. 619; 『프랑스문서』5, 1891년 12월 4일, p.134.

92 K–A–R Ⅱ, No.237. 1892년 1월 24일, p.195; 『미안 1』, No.242. 1892년 2월 22일, p.197.

93 『미안 1』, No.879. 1891년 5월 2일, p.577; 같은 책, No.982. 1892년 4월 16일, p.655.

94 『미안 1』, No.1062. 1893년 3월 16일, p.709; 같은 책, No.1070. 1893년 3월 24일, p.717. 정경원의 콜럼비아박람회 활동에 대해서는 이민식, 「19세기 콜롬비아 박람기에 비친 정경원의 대미외교와 문화활동」, 『한국사상과 문화』3(한국사상문화학회, 1999) 참고.

95 『미안 1』, No.1039. 1892년 11월 17일, p.694; 같은 책, No.902. 1891년 7월 11일.

청했다.[96]

끝으로 허드는 조선의 근대 교육을 지원했다. 고종은 서구문물을 수용하고자 1886년 왕립학교인 육영공원을 설립했다. 허드는 미국인이 지도하는 육영공원에 큰 관심을 가졌다. 그는 조선에 대학을 설립하려는 미국인 교사의 활동을 긍정적으로 평가했으며 후술하듯이 벙커 D.A. Bunker 의 계약갱신을 도와주는 등 교육활동을 전폭적으로 지지한 것으로 여겨진다.

2) 미국 이권 수호

허드가 조선문제에 적극 개입한 중요한 이유는 미국의 무역확대와 연관이 있었다고 여겨진다. 그는 조선에서 미국제 수입품은 3% 정도로서 미국인들의 상업이익이 적다고 인식했다. 그는 영국제 수입품이 57%에 달하는 것은 영국이 제물포에 영사관을 설치한 덕분이라고 판단했다. 그러므로 그는 본국정부에 동아시아인들은 영사관의 존재에 민감하다고 지적하면서, 미국이 개항장에 영사관을 설치하려는 의지가 미약하다고 주장했다.[97] 그는 조선에 대한 무역이익의 증대방안으로 개항장에 미국영사관을 설치해야 한다고 강조한 것을 보여준다.

허드가 조선문제에 적극 개입한 또 다른 이유는 미국인의 이권 보호와 연관이 있었다고 여겨진다. 조선의 광산은 금·은·석탄의 매장량이 풍부하다는 평가를 받고 있었다. 조선정부는 허드의 소개로 워싱턴 소

---

96 『미안 1』, No.1069, 1893년 3월 24일, p.715.

97 K-A-R Ⅱ, No.237, 1892년 1월 24일, p.195.

재 콜럼비아대학의 광산학교에 유학생을 파견하여 교육을 받게 했고, 귀국한 유학생은 평양에 가서 광산채굴 기계를 조립, 작동시켰다.[98]

허드는 모오스의 이권활동을 적극 지원했다. 모오스는 뉴욕의 미국 무역회사 회장으로서 1886년 조선을 방문한 뒤 오랫동안 사업상 접촉하는 과정에서 조선인들로부터 신용을 얻었다. 그는 뉴욕에서 조선의 상업대리인으로 활동하면서 조·미간 상업이익을 모색했으며, 1892년 5월 광업 및 철도부설 교섭차 서울에 도착했다. 조선정부는 모든 외국인들이 철도건설을 기대하는 가운데 모오스와 경인철도부설권을 계약했다.[99] 그러나 얼마 뒤 조선정부는 민인의 소요를 이유로 모오스에 대한 계약을 보류했다. 허드는 조선정부에 대해 강력히 이의를 제기했다. 즉 그는 통리교섭통상사무아문 독판 민종묵에게 계약보류에 대한 강한 유감을 표명하며 1만원$_元$의 손해배상을 요구했다. 한편으로 허드는 조선정부에 모오스를 미·영·청·일에 상회를 갖고 있는 대상인이라며 적극 변호했다. 그는 모오스가 본래 조선에 올 생각이 없었지만 조선정부의 간곡한 요청으로 자신의 상업을 전폐하고 조선을 방문한 것이며, 미·일에서 조선 관리들에게 급전을 대출한 것도 여러 번이라 강변했다.[100] 그 결과 모오스는 1895~1896년 사이 운산금광채굴권 및 경의철도부설권을 획득했다. 그 밖에 허드는 조선정부에 요코하마 소재 프레저 상사와 인천 소재 타운센드 상회의 물건값 상환을 독촉했다.[101]

허드는 조선정부에 고빙된 미국인의 이익을 챙겼다. 조선정부는 1889

98 K-A-R Ⅱ, No.242. 1892년 2월 22일, p.197.

99 K-A-R Ⅱ, No.20. 1895년 8월 15일, p.188; 같은 책, No.146. 1895년 9월 18일, p.292.

100 『미안 1』, No.993. 1892년 5월 8일, p.663.

101 『미안 1』, No.917. 1891년 8월 17일, p.605; 같은 책, No.921. 1891년 9월 2일, p.607. 프레저는 1883년 조선을 방문한 바 있으며 데니와도 교류했다. 내부부는 1889년 프레저에게 기채권과 자원 개발권을 허여했다. 김현숙, 앞의 글, p.194.

년 9월 의무태만을 사유로 계약만료 전에 연무공원의 미군사교관 2명을 해고했다. 그는 미군사교관의 해고에 대해 강력히 항의하며 독판 민종묵에게 재고를 요청했다.[102] 한편 조선정부는 육영공원에 대한 관심을 많이 상실하였으므로 1명만 재계약을 하려 했다. 앞서 언급했듯이 허드는 일어학교가 일본의 영향력을 확대하는 수단이라고 인식했으므로 영어학교인 육영공원에 지대한 관심을 보인 바 있었다. 그는 조선정부에 영향력을 발휘하여 벙커, 헐버트Homer B. Hulbert가 3년 계약을 갱신하는 데 성공했다. 허드는 본국정부에 조선정부의 고문인 르장드르, 그레이트하우스는 모두 미국인이라 지적하며, 미국의 대조선 영향력을 보유할 필요가 있다고 건의했다.[103]

한편 허드는 미국인들의 선교활동을 보호했다. 이 무렵 프랑스는 공격적인 선교를 감행했다. 플랑시는 경상도에서 프랑스 신부가 피습을 당하자 포함외교를 전개했다. 그에 비해 허드는 조선인들의 정서를 중요시했으며 프랑스처럼 공격적으로 자국의 종교를 강요하지 않았다. 허드는 미국인들이 북방지역에 대한 선교활동을 개시하자 신중한 선교를 당부했다.[104] 허드는 프랑스측의 공격적인 선교에 부정적이었다. 그 때문에 그는 조선정부에 프랑스인들이 조약을 위반했다고 통보하곤 했다. 그는 조선 관리들에게 조약에 따르면 선교사들이 내부에서 포교활동을 할 수 없으며 소요가 일어날 경우 프랑스에 책임을 전가해야 한다고 지속적으로 상기시켰다. 그 때문에 프랑스는 선교에 큰 어려움을 겪어야 했다. 프랑스측은 그 같은 허드의 행동은 선교사들에 호의적이지 않은 고종의

---

102 『미안 1』, No.772. 1890년 6월 18일, p.508; 같은 책, No.784. 1890년 8월 6일, p.516.

103 K-A-R Ⅱ, No.222. 1891년 12월 17일, p.173; 같은 책, No.197. 1891년 8월 31일, p.130.

104 K-A-R Ⅱ, No.141. 1891년 4월 2일, p.226.

비위를 맞추려 했기 때문으로 파악했다.[105] 허드는 프랑스 선교사들은
조선인 개종자들에게 관리들에 대한 저항을 고무한 결과 반감을 사고
있다고 보았다. 그는 조선인들이 미국의 개신교에 주저하다가 가톨릭이
아니라는 것을 알자 수용한다고 추측했다. 그는 프랑댕이 강경하게 선
교 확대를 시도하자고 제의했지만 동의하지 않았다. 그는 본국정부에 미
국인들은 조선에서 선교하는 데 아무런 장애가 없다고 보고했다.[106]

105 『프랑스문서』5, 1891년 12월 4일, p.136.
106 K-A-R Ⅱ, No.357. 1893년 5월 16일, p.231.

3장

조선의
미국 접근

1. 조선의 미국 인식

개항 이전 조선인들은 미국을 오랑캐의 나라라고 인식하여 한사코 교섭을 기피했다. 그러나 미국과 수교할 무렵 조선인들의 미국에 대한 인식은 크게 달라졌다. 개화파가 운영하던 『한성순보』는 1884년 2월 17일자 기사에서 미국이 주변국 중에서 가장 부강하다고 소개했다. 『한성순보』는 미국의 정치에 대해 전제정치를 반대하는 개명한 국민이 공화제를 채택하여 대통령을 선출하고 있다고 소개했다. 『한성순보』는 미국의 삼권분립구조에 대해 상세히 설명하면서, 대통령이 내각을 통솔하며 대통령이 독재할 경우 상·하원에 의해 면직, 처벌된다고 기술했다. 의회에 대해서는 국가의 법률을 의정하며 상·하원으로 구성된다고 설명했다. 아울러 정치와 법률은 국민의 의사로 의결되며 국가의 대권은 국민회의에 귀속된다고 지적했다. 사법제도에 대해서는 사법관이 사법권을 담당한다고 소개했다. 전반적으로 『한성순보』는 미국의 정치는 국민이 주권을 확실하게 행사하여 국민의 의사대로 국정이 운영되고 있다고 강조했다. 그리고 미국인들은 대학교, 중학교, 초등학교, 공사립학교의 교육을 이수하여 문맹률이 낮다고 지적했다. 또 미국인들이 종교의 자유를 누리고 있다고 소개하면서 백인은 야소교를 신봉한다고 서술했다.

한편 『한성순보』는 미국의 군사력을 높이 평가하면서, 육군 상비병은 2만 5천 명에 불과하지만 비상시에는 18세에서 45세 사이의 의용군 650만 명을 모집한다고 소개했다. 아울러 미국은 많은 군함을 소유한 해군 강국이라고 평가했다. 미국이 부강한 이유에 대해서도 상세하게 소개했다. 먼저 세입은 해관세, 주세, 연초세가 대다수이고, 세출은 육해군비와 국채상환 이자가 대부분이라고 설명했다. 또 농업, 제조업, 산업의 발달로 무역이 증가하고 있다고 지적했고, 전선, 우편, 철도, 운수, 관개사업도 높은 수준이라고 평가했다. 아울러 미국이 경제발전으로 인구가 지속적으로 증가하고 있으며 국민의 재산도 증가하고 있다고 기술했다. 그리고 미국은 보호세 징수, 운수의 편의, 택지율 획정 등으로 건국한 지 100여년 만에 세계에서 가장 부강한 국가로 부상했다고 칭송했다.[1] 전반적으로 『한성순보』는 미국에 대한 이미지를 '공평', '부강', '개명'으로 표현하면서, 미국이 부강하지만 타국의 토지를 탐내지 않는 국가라고 강조했다.[2]

고종의 미국 인식도 개화파와 유사했다. 고종은 미국이 부강하며 영토에 야심이 없다고 인식했다. 고종은 딘스모어 미국공사에게 미국인들은 자신과 조선인들에게 친절하다고 치하하는 동시에 미국정부는 다른 열강보다 평판이 좋다고 언급했다. 또 고종은 미국대통령이 위대하고도 정직한 인물이라 생각한다고 피력하면서, 딘스모어가 준 서한이 실제 미국대통령의 서명인지를 문의했다. 그에 대해 딘스모어는 미국인은 평화애호적이고, 외국 영토에 탐욕이 없기 때문에 타국의 특별한 존경을 받는 것 같다고 응답했다.[3]

고종은 미국을 세계에서 가장 신뢰할 수 있는 국가로 인식했으므로 미국에 강력히 접근했다. 고종의 호의적인 대미 인식은 조선정부가 미국의 군사교관을 고빙하게 되는 배경이 된 것으로 보인다. 고종은 미국의 선거에도 큰 관심을 보였다. 고종은 1888년 미국의 대통령선거 결과를 인지하자 조·미간의 화친이 계속될 수 있다는 기대를 가졌다.[4] 고종은 1889년 여름 귀국한 미국주재 전권대신 박정양을 불러 미국의 부강

1 『한성순보』, 1884년 2월 17일.
2 개화파의 미국 인식에 대해서는 유영익, 「개화기의 대미인식」, 『한국인의 대미인식』(민음사, 1994) 참조.
3 K-A-R Ⅱ, No.9, 1887년 4월 13일, p.121.
4 K-A-R Ⅱ, No.169, 1888년 12월 31일, p.169.

에 대해 심층적인 질문을 했다. 박정양은 고종에게 미국의 상비 육군은 3만 명에 불과하지만 군사력은 막강하다고 보고했다. 그는 미국의 군사력이 강한 것은 민병이 각 지방에 있고 군사학교가 잘 정비되어 있으며, 국가에 변란이 있을 때마다 천만 명의 정병을 동원시킬 수 있기 때문이라고 보고했다.[5]

고종은 열강 함대의 방한에 큰 의미를 부여했다. 열강 함대의 방한을 조선에 대한 관심으로 간주했기 때문이었다. 1888년 12월 경 고종은 딘스모어에게 미국장군의 최근 여정에 대해 큰 관심을 표명했다.[6] 이후 고종은 몇 달 동안 미국 함대가 조선 해역에 오지 않자 허드 미국공사에게 그 이유를 질의했다. 또 고종은 신문을 통해 미국정부가 함대를 조선 해역으로 항해하도록 명령했다는 것을 인지하자. 허드에게 미군함이 얼마나 많이 오고, 어디로 가는지를 물었다.[7] 고종은 1893년 3월 영국 함장을 접견하는 등 영국함대의 방한을 환영했으며 신설한 해군사관학교에 영국 해군장교를 고빙했다. 고종은 허드에게 미함대가 지난 2년간 한반도를 방문하지 않은 것에 강력한 유감을 표명했다.[8] 그 뒤에도 고종은 허드에게 자신은 항시 미국을 긴급사태에 의지할 친구로 간주하며, 재차 미해군이 조선에 오지 않은 것에 유감을 표명했다. 이에 대해 허드는 미정부는 조선에 깊은 관심을 가지고 있다고 화답했다. 고종은 심심한 감사를 표명하면서도 두 세 번이나 조선 해안에 미해군이 출동해야 할 필요성을 피력했다.[9]

---

5 『고종실록』권25, 고종 25년 7월 24일.

6 K-A-R Ⅱ, No.169. 1888년 12월 31일, p.169.

7 K-A-R Ⅱ, No.197. 1891년 8월 31일, p.130.

8 K-A-R Ⅱ, No.374. 1893년 3월 22일, p.244;『고종실록』권28, 고종 28년 10월 1일.

9 K-A-R Ⅱ, No.413. 1893년 6월 28일, p.134.

2. 고종의 대미 접근

1) 미국인 접촉

고종은 영·독이 조선에 영사관만을 설치한 것에 대해 심한 불만을 가졌고, 그에 따라 영·독 영사단을 차별 대우했다. 이에 반해 미국은 주재 공사를 파견하여 고종의 신임을 얻었다.[10] 고종은 미공사를 환대했으며 자주 불러 대화를 나눴다. 고종은 특히 미국정부의 보빙사 환대에 감격했다. 그러므로 고종은 초대 조선주재 미국공사인 푸트를 접견했을 때 통역사 외 모든 배석자의 퇴장을 지시하는 등 어떤 외국인에게도 베풀지 않던 알현을 허락했다.[11] 고종은 미대통령의 서한을 우호적 감정을 가지고 즐겁게 읽었으며, 푸트에게 미대통령의 우호에 감사의 뜻을 전달할 것을 요청했다.[12] 포크 공사는 고종에게 미정부는 조선을 독립주권국으로 존중하며, 또 조선이 세계 국가들 간에서 독립적 지위가 확보되기를 희망한다고 통보했다.[13] 조선어를 구사할 줄 아는 포크는 어느 외국 사절보다 조선인과 쉽게 통신이 가능했으므로 고종은 공사직에서 물러난 포크에게 고문직을 요청했다.[14] 그러나 포크는 미국이 연루되지 않은 조·청·일문제에 개입하려 하지 않았다.[15] 고종은 그 뒤에도 미공사관에 포크가 언제 방한할지 여부를 문의하며 빠른 방한을 희망했다.[16] 고종

10 『프랑스문서』5, 1892년 10월 1일, p.205.

11 K-A-R Ⅰ, No.32. 1883년 10월 19일, p.53.

12 K-A-R Ⅰ, No.66. 1884년 4월 26일, p.73.

13 K-A-R Ⅰ, No.59. 1885년 8월 18일, p.78.

14 K-A-R Ⅰ, No.255. 1885년 11월 25일, p.137.

15 K-A-R Ⅰ, No.265. 1885년 12월 29일, p.141.

16 K-A-R Ⅱ, No.52. 1887년 1월 24일, p.62.

은 미국정부가 포크를 해군무관직에서 면직하자 딘스모어에게 포크의 출국을 만류하라고 요청했다.[17] 고종은 딘스모어를 수시로 접견하면서 긴밀한 관계를 맺으려 했다. 고종은 알렌이 조선에 선의를 가진 지성인으로서 조·미간의 이익을 증진시킬 것으로 확신했다. 그에 따라 고종은 딘스모어에게 알렌을 조선주재 미국공사관의 서기관에 임명하도록 미 국무성에 전보할 것을 요청했다.[18] 고종은 1889년 딘스모어 퇴직설이 유포되자 박정양에게 그 진상을 문의했다.[19] 1890년 딘스모어가 조선을 떠나자 유감을 표명했다. 고종은 데니가 사직하자 딘스모어를 고문으로 고빙하려 했다. 그에 대해 베이야드T.F. Bayard 미 국무장관은 거부의사를 표명했다. 그럼에도 불구하고 고종은 재차 허드 공사에게 딘스모어의 방한을 요청했다. 이상과 같이 고종은 데니의 후임으로 딘스모어를 고빙하려 했지만 미 국무성의 반대로 실현되지 못했다. 미 국무성의 거부의에도 불구하고 고종은 계속 요청했다. 또 고종은 딘스모어의 사직에 유감을 표명하며 귀환을 요청했다.[20] 고종은 건청궁, 광성전 등의 장소에서 허드를 접견했다.[21]

고종은 미국인들에게 특별대우를 했다. 미국인들과 유럽인들은 황실의 사찰 행차 때 고종에게 경의를 표하고자 거리에 장식을 한채 도열했다. 고종은 미공사관에는 5~6명의 고관을 파견하여 감사를 표명한 반면 다른 유럽공사관에는 단지 통역사만을 보냈다.[22] 고종은 허드가 사직

---

17 K-A-R Ⅱ, No.29. 1887년 6월 20일, p.81.

18 K-A-R Ⅱ, No.219. 1890년 1월 14일, p.171.

19 『고종실록』권25, 고종 25년 7월 24일.

20 K-A-R Ⅱ, No.12. 1890년 6월 3일, p.52.

21 『고종실록』권28, 고종 28년 11월 6일; 『고종실록』권29, 고종 29년 9월 22일.

22 K-A-R Ⅱ, No.101. 1892년 9월 12일, p.241; 같은 책, No.482. 1893년 11월 12일, p.135; 같은 책, No.197. 1891년 8월 31일, p.130.

하자 클리블랜드 대통령에게 친서를 보내 허드의 업적을 치하했다.[23]

고종은 미국인을 적극 고빙하려 했다. 고종은 청 관리의 언어를 구사할 줄 아는 미국인을 고문으로 고빙해 외부의 2인자에 임명하고자 했다.[24] 고종은 그 적임자를 슈펠트로 인식한 것으로 보인다. 보빙사 홍영식은 귀국한 뒤 고종에게 슈펠트가 고문 자격으로 조선을 방문할 것이라고 보고했다. 고종은 슈펠트를 고빙하려는 열망이 매우 컸다. 고종은 내한할 슈펠트로 하여금 군대설립을 지원하게 할 계획이었다.[25] 한편 고종은 조선을 미국인으로 가득 채우려 결정하고 1년을 기다렸으며, 다른 국가들의 고빙 압력을 물리쳤다.[26] 그 결과 정부 고문과 군사교관직 등 핵심 요직에는 대부분 미국인이 등용됐다.[27] 미국인 고문인 데니, 그레이트하우스, 르장드르 등은 대부분 내무부협판직을 겸임했다.[28]

고종은 미국인에게 벼슬을 주는 특전을 베풀었다. 고종은 미국인 총세무사 메릴Merill의 업적을 치하하며 호조참판직을 제수했으며,[29] 육영공원 교사 벙커에게도 많은 업적을 남겼다고 칭송하며 호조참의직을 제수했다. 또 미국인 모오스가 뉴욕의 조선 상무에 크게 기여했다고 지적하며 통정대부의 품계를 제수했다.[30] 고종의 후의로 조선에는 다른 서구인들에 비해 많은 숫자의 미국인들이 거주했다. 미국인들의 직업은 대부분 선교사, 군인, 학교 교사, 고종의 외교고문들이었으며, 그밖에 타운센

---

23 K-A-R Ⅱ, No.1110. 1893년 6월 26일, p.744; 『미안 1』, No.1114. 1893년 6월 29일, p.745.

24 K-A-R Ⅰ, No.32. 1883년 10월 19일, p.53.

25 K-A-R Ⅰ, No.105. 1884년 9월 3일, p.54.

26 K-A-R Ⅰ, No.110. 1884년 9월 17일, p.56.

27 김현숙, 「한말 조선정부의 고문관정책」, 『역사와 현실』33(1999), p.230.

28 『프랑스문서』5, 1891년 1월 26일, pp.10~12.

29 K-A-R Ⅱ, No.219. 1890년 1월 14일, p.171.

30 『고종실록』권29, 고종 29년 3월 24일.

드상회 직원, 광산기사들이 체류했다.[31]

고종은 미국인의 이익을 존중했다. 고종은 통리교섭통상사무아문의 수장인 독판의 임기를 1년 이상 보장하지 않았다.[32] 고종은 조선의 최고 외교기관인 통리교섭통상사무아문을 제쳐두고 내무부로 하여금 외교를 주관하게 했다. 미공사관은 외교 수장인 통리교섭통상사무아문 독판은 원세개의 지휘를 받아 독자적 힘이 없다고 인식했다. 그러므로 미공사관은 중요 교섭사안에 대해서는 독판을 제치고 국왕과 교섭했다. 미국공사관은 미국의 타운센드회사가 조선의 중과세로 피해를 입자 고종에게 조선 관리의 부당한 간섭으로 미상회가 실패위기에 처했다고 호소했다. 고종은 조선과 유일하게 거래하는 미국회사가 손실을 보고 있다는 전언에 경악하며, 독판에게 미국인과의 무역에 대한 간섭을 중지할 것을 지시했다. 그 결과 타운센드상회는 조선의 어느 장소에서든지 어떤 종류의 물건이라도 판매할 수 있게 됐으며, 그를 침범하는 조선인은 처벌받았다.[33]

2) 주미공사관 설립

1886년 여름 원세개의 폐위음모는 고종에게 큰 충격을 안겨주었다. 고종은 그 사건 뒤 데니와 구미 국가들에 전권공사 파견을 논의했다.[34] 고종은 딘스모어와 데니의 요청에 따라 이홍장과 원세개의 반대에도 불

---

31 K-A-R Ⅱ, No.237. 1892년 1월 24일, p.195; 『미안 1』, No.878. 1891년 4월 24일, p.577.

32 전미란, 「통리교섭통상사무아문에 관한 연구」, 『이대사원』24·25(이대사학회, 1990), p.227.

33 K-A-R Ⅱ, No.490. 1893년 11월 28일, p.202.

34 K-A-R Ⅱ, No.71. 1887년 11월 11일, p.106.

구하고 미국에 전권공사를 파견하기로 결정했다.[35] 고종은 폐위음모사
건을 계기로 청의 내정간섭의 심각성을 재인식하고, 구미 각국에 전권
공사를 파견하기로 결정한 것이다. 고종은 각국에 공사를 파견함으로써
조선이 청에 예속되지 않았으며, 대등하게 외국과 협상할 권리가 있음을
천명하려고 했다. 고종은 1887년 6월 도승지 박정양을 주미공사에 임명
했다.[36]

고종은 청 황제에게 공사 파견을 승인받으려 하지 않았다. 고종은 원
세개의 반대에도 불구하고 파사에 확고부동한 태도를 보였다.[37] 고종은
박정양의 미국파견에 큰 관심을 보였다. 고종은 청이 공사 파견을 방해
할 것을 우려하여 매일 딘스모어에게 파사에 대해 상의했다.[38] 고종은 청
의 집요한 반대공작에도 불구하고 파사에 강한 의지를 보였다.

고종은 미대통령에 보낸 국서에서 조선이 미국과 첫 번째 조약을 체
결한 것은 조·미간의 우호관계를 증명하는 것이라 지적하며, 조·미간의
상업관계를 강화하고자 박정양을 미국의 전권공사에 임명했으니 그를
신임하고 자주 면담해줄 것을 요청했다.[39] 고종은 주미공사를 통해 미국
정부와의 직접 외교를 추구한 것이다. 조병식은 딘스모어에게 국서를 전
달하면서 박정양의 도미를 주선해줄 것을 요청했다.[40] 청은 조선공사의
활동을 제약하기 위하여 조선정부에 '영약삼단'을 준수할 것을 요구했
다. 삼단은 대외적으로 조선공사에 대한 청국공사의 우월권을 인정하는

---

35 『프랑스문서』3, 1889년 1월 10일, pp.3~6.

36 『고종실록』권24, 고종 24년 6월 7일; 같은 책, 고종 24년 6월 29일.

37 K-A-R Ⅱ, No.53. 1887년 9월 30일, p.101.

38 K-A-R Ⅱ, No.53. 1887년 9월 30일, p.101.

39 K-A-R Ⅱ, No.59. 1887년 12월 27일, p.113.

40 『미안 1』, No.457. 1887년 9월 16일, p.316.

것인 동시에 조선의 외교상 자주권을 심히 제약하는 것이었다.[41] 그렇지만 주미공사 박정양은 청 공사를 배제하고 미국대통령에게 신임장을 제출했다. 그에 맞서 원세개는 조선정부에 박정양의 소환을 요구했다.[42] 고종은 부득이하게 1889년 9월 박정양을 귀국시켰지만 그에게 승정원 도승지, 홍문관 부제학을 제수했다.[43]

고종은 박정양이 귀국한 뒤 이채연을 주미공사서리로 임명했지만 청을 의식하여 대미외교를 자제했다. 그에 따라 통리교섭통상사무아문은 뉴욕 프레저Everett Frazar, 필라델피아 총영사 데이비스Robert H. Davis와 영사의 직무를 폐지하고 공사에게 영사직을 겸직하게 하려 했다.[44] 통리교섭통상아문교섭 독판 민종묵은 이채연에게 뉴욕, 필라델피아 영사직무의 겸직을 명령했다. 민종묵은 모오스를 명민하다고 평가하며 뉴욕상무원으로 임명했으며, 이채연에게 그 사실을 미 국무성에 신고할 것을 지시했다.[45]

그 뒤 고종은 대미외교의 강화를 기도하여 1891년 11월 워싱턴에 2만 5천 불을 들여 공사관을 신축했다. 이채연은 서리공사직을 의욕적으로 수행했는데, 통리교섭통상사무아문 독판 교체 사실을 미 국무성과 뉴욕 상무위원에 전달했으며, 통리교섭통상아문교섭에는 미 국무성과 왕복한 공문의 번역문을 보냈다. 1892년 11월 미국대통령선거의 결과 북당(공화당)의 해리슨은 남당(민주당)의 클리블랜드를 제치고 당선됐다. 이채연은 조선주재 미국공사였던 딘스모어가 남당 추천의 국회의원에 당

41 '영약삼단'에 대해서는 송병기, 「소위 「삼단」에 대하여 – 근대 한청관계사의 한 연구 –」, 『사학지』 제6집(단국대학교 사학회, 1972), pp.101~102 참조.

42 『프랑스문서』4, 1890년 1월 6일, pp.3~5.

43 『프랑스문서』3, 1889년 12월 17일, pp.301~303.

44 『고종실록』권28, 고종 28년 6월 6일.

45 『미안 1』, No.902. 1891년 7월 11일, p.594; 같은 책, No.904. 1891년 7월 11일, p.595.

선되자 축하전보를 보냈다. 한편 각국정부는 1893년 봄에 개최예정인 시카고의 콜럼비아박람회에 대비하여 미국정부와 체약하여 파원송물을 추진했다. 이채연은 통리교섭통상아문교섭 독판 조병직에게 다른 국가는 미국 외부와 교섭하고 있는데 오직 조선정부만 하등의 지령도 없다며 조속한 지침을 호소했다.[46]

정부는 박정양이 귀국하자 한동안 정임공사를 파견치 못했다. 정부는 1893년 3월에 가서야 사복시정 이승수를 주미공사서리에 임명한 뒤 워싱턴에서 상무를 처리할 것을 지시했다. 그러나 조선정부는 청이 신임장에 대해 간섭하자 이승수에게 변리공사직을 부여하지 않았다.[47] 고종은 미국에 공사 파견으로 탈청을 추구했다.

3. 대미 접근의 의미

1) 탈청 활용

고종은 미국을 이용해 청을 견제하려 했으므로 미국에 강력히 접근했다. 조선인들은 서구 국가들과의 조약에 크게 고무됐으며, 조선의 독립을 지키려고 단결을 강화했다. 조선인들 사이에서 진보의 신호들은 뚜렷했고, 미공사관은 가까운 장래에 조선의 개선과 진보를 예측했다.[48]

---

46 『미안 1』, No.1040. 1892년 11월 17일, p.696.

47 『미안 1』, 1893년 3월 16일, p.710; 같은 책, No.1062. 1893년 3월 16일, p.709; K-A-R Ⅱ, No.541. 1894년 3월 19일, p.116.

48 K-A-R Ⅰ, No.297. 1886년 4월 23일, p.147.

조선의 진보인사와 반청파는 대부분 데니를 신뢰했다.[49] 한편 통리교섭
통상사무아문에는 원세개의 첩자가 많았다.[50] 조선정부의 관료들은 고
종을 제쳐두고 청 대표인 원세개에 굴복했다. 그에 따라 통리교섭통상
사무아문은 고종과 의정부보다는 원세개에게 주요 사안을 보고했다.[51]
고종은 진보적 개혁들을 수행하고자 소장파 관료를 측근으로 활용했
다. 먼저 김학우는 미국회사와 증기선 구입을 교섭했고, 김가진은 고종
과 데니의 통신원으로서 근무했으며, 조존두는 축산실무자로서 5~6개
의 진보적 계획을 추진했다. 전양묵은 미국인 교사가 내한할 무렵 학교
를 창설했으며, 미공사관의 통역사 역할을 했다. 고종은 특히 전양묵을
서구 문명에 대한 지식이 많다는 이유로 중용했으며, 그에게 서구적 방
식으로 수행할 주요 사업을 맡겼다. 측근들은 고종과 정부의 사업에 참
여했으며 청의 권위를 인정하지 않으려 했다. 청은 조선의 진보를 견제
했으므로 진보인사들을 견제했다. 청은 조선을 완전히 통제하려 획책했
다. 고종의 독립활동을 억제하려 획책한 원세개는 고종에게 조러밀약의
사본을 입수했다고 주장하며 조선 관료 중에서 20명의 진보인사 명단을
작성한 뒤, 공직에서 추방할 것을 요구했다. 그로 인해 측근 4명은 체포
됐고, 고종의 당파는 약화됐다. 조선인들은 청이 고종과 왕비를 제거하
려 한다고 경계했다.[52] 한편 미국인 데니, 메릴 그리고 5~6명의 외국 사
절은 조러밀약의 사본은 위조문서라고 비판했으며, 그 중 데니는 청의
조선병합 기도를 확신했다.[53]

---

49 K-A-R I, No.13. 1886년 10월 14일, p.154.
50 이양자, 『조선에서의 원세개』(신지서원, 2002), p.182.
51 K-A-R I, No.272. 1886년 1월 18일, p.87.
52 K-A-R I, No.3. 1886년 9월 8일, p.149.
53 K-A-R I, No.13. 1886년 10월 14일, p.154.

조선정부는 1888년 11월 데니와 원세개가 크게 충돌한 사건 이후 청군의 침공을 우려했다. 미국에 적극적으로 접근하여 군사교관인 다이에게 조선방어계획안을 작성하게 했다.[54]

허드는 조선에는 진보파가 있다고 단정했으며, 고종은 개혁을 희망하는 진보파의 수장이라고 인식했다. 허드는 만일 미국이 고종을 지원한다면 조선은 강화되고 미국의 대조선 영향력은 증대될 것으로 내다봤다.[55] 허드는 과감한 군사지원으로 탈청을 추구하는 고종에 대해 막강한 영향력을 행사했다. 고종은 허드에게 자신은 언제나 미국을 긴급상황에 의지할 진정한 친구로 간주한다고 통보했다. 고종은 이종건을 허드에게 보내 감사를 표명하는 한편 미군의 원정비용을 지불하겠다고 제의했다. 허드는 미국이 고종에게 우호적이라는 생각은 올바른 것이라 응대했다.[56]

한편 고종은 1890년 청 특사의 방한을 저지하지 못하자 다른 수단을 강구했다. 고종은 허드에게 조선에 대표를 파견한 열강들이 해군함대의 강력한 시위로 자신을 지지해준다면 과거의 그릇된 관행을 단절하고, 더 이상 청 특사에게 예를 표하지 않겠다고 언급했다.[57]

고종은 청 특사의 방한을 계기로 대원군 지도의 쿠데타를 우려했다. 고종은 허드에게 국가의식 때 사악한 의도를 가진 자들의 소요가 우려된다며 미국인을 보호할 미군의 상륙을 요구했다.[58]

54 『프랑스문서』3, 1889년 2월 23일, pp.49~55.

55 K-A-R Ⅱ, No.29. 1890년 7월 10일, p.20; K-A-R Ⅱ, No.78. 1890년 10월 30일, p.28.

56 K-A-R Ⅱ, No.13. 1890년 6월 7일, p.124.

57 『프랑스문서』4, 1890년 8월 20일, pp.191~192.

58 『프랑스문서』4, 1890년 10월 16일, p.207.

2) 외교자문 활용

고종은 미국을 외교적 교섭 등에 자문을 구하고자 했다. 고종은 미국 정부가 공평한 정책을 펴고 있다고 인식했으므로 항상 미정부의 자문과 지원을 기대했다. 또 고종은 영·독이 조약 협의차 대표를 파견할 예정이라며 영·독과의 협상에 자문해줄 것을 요청했다. 또 고종은 미국정부가 러·프가 조선과 조약을 협상하도록 촉구할 것을 요청했다. 이에 대해 미공사관은 그 조약들은 조선정부를 강화시킬 것으로 확신했다. 그에 대해 미공사는 미정부는 러프에 협상을 촉구했다고 응대했다.[59] 고종은 영국의 특사 파크스가 도착하자 푸트에게 통상조약 비준서 교환 이전에 영국과 체결한 조약을 수정하는 것이 가능한지를 문의했다.[60]

한편 영국은 1885년 러시아를 견제하고자 거문도를 강점했다. 영국은 청을 러시아 견제에 이용하려고 청의 조선지배 기도를 지지하는 동시에, 조선에서 거문도 점령 지지파를 확보하려고 노력했다. 하지만 고종은 거문도 할양 재가를 거부했다.[61] 천진을 방문한 데니도 직예총독 이홍장에게 조선과 거문도협정을 체결하려는 영국의 시도는 무익한 것이며, 조선은 그 계획에 응하지 않을 것이라고 통보했다.[62] 고종은 영국에 거문도 철수를 강력히 요구하는 한편 서울주재 열강 대표부에 회람서를 보내 협조를 요청했다.[63] 또 고종은 포크에게 조미통상조약 제1조의 거중조정 조항을 근거로 중재를 부탁했다.[64] 그러나 베이야드 국무장관은

59 K-A-R I, No.32. 1883년 10월 19일, p.53.

60 K-A-R I, No.66. 1884년 4월 26일, p.73.

61 K-A-R I, No.272. 1886년 1월 18일, p.87.

62 K-A-R I, No.13. 1886년 10월 14일, p.154.

63 박종효 편역, 『러시아 국립문서보관소 소장 한국관련문서 요약집』(한국국제교류재단, 2002), 이하 『러시아문서』으로 약칭, 1887년 7월 13일, p.211.

64 K-A-R I, No.189. 1885년 6월 29일, p.80.

조선문제에 대한 불개입 입장을 강화하며 거중조정을 거부하라는 지침을 보냈다. 이후에도 미 국무성은 조선문제에 대한 불개입방침을 고수했다. 미국은 청일전쟁 발발 때 고종이 중재를 요청했을 때도 거중조정을 거부했다.[65]

한편 고종은 거문도사건을 계기로 한반도가 청·일·러·영의 각축장이 되자 진지하게 중립화를 검토하기 시작했다. 조선의 중립화는 제 열강의 보증으로 가능했다.[66] 통리교섭통상사무아문 독판 김윤식은 영국이 거문도를 강점하자 독일 총영사에게 조선은 강대국의 외침으로부터 스스로를 보호할 수 없는 약소국이므로 묄렌도르프가 제기한 것과 같이 조선을 벨기에와 같은 중립국으로 만들고자 한다고 피력하였다. 김윤식은 1885년 공식적으로 중립화에 대한 의사표시를 하였고, 또 조약 제1조에 의거하여 거중조정을 희망했다.[67] 데니는 이홍장에게 조선의 중립화를 러시아에 제의할 것을 요청했다. 이에 대해 이홍장은 북경주재 러시아공사에 중립화를 제의한 바, 러시아가 그 제안을 호의적으로 검토했다고 언급하며 협정체결을 기대해도 좋다고 응답했다.[68]

러시아는 1891년 3월 시베리아횡단철도 공사를 착공했으며, 5월 일본에서는 러시아 황태자를 피격한 사건이 발생했다. 그 때 조선에서는 러일전쟁설이 유포됐고, 많은 조선인들은 한반도가 전장화할 것을 우려하여 도시를 떠났다. 그 무렵 고종은 6월 미국공사에게 미국정부가 주도하여 스위스의 분할을 방지하는 조약을 조선에도 적용하도록 해줄 것을 요청했다. 고종은 미·러·일이 그 같은 협정의 체결에 있어 선두에 서고,

---

65 김원모, 『개화기 한미 교섭관계사』(단국대학교 출판부, 2003), p.224.

66 K-A-R Ⅰ, No.192. 1885년 7월 5일, pp.82~83.

67 박희호, 『구한말 한반도중립화론 연구』(동국대 사학과 박사학위논문, 1997), pp.66~69.

68 K-A-R Ⅰ, No.13. 1886년 10월 14일, p.154.

그 다음에는 이태리, 프랑스, 독일, 영국, 청이 참여할 것을 기대했다.[69] 고종은 열강 중에서 중립화를 보장하는 리그를 창출하려는 희망을 가졌다.[70] 고종은 청·일을 경계하여 한반도중립화를 추구한 것이다.

고종은 일본에 체류하고 있던 망명자들을 경계했다. 고종은 망명자의 동향을 예의 주시했으며 조선으로의 송환을 기도했다. 고종은 김옥균의 지시로 많은 무기와 탄약을 소지한 일본 원정대가 시모노세키를 출발, 조선으로 향했다는 정보를 입수하자 포크에게 관료를 보내 일본에 전보를 쳐서 진상을 탐문할 것을 요청했다. 그에 대해 포크는 서울의 일본 대표에게 자문을 구할 것을 제의했다.[71] 1894년 4월에는 상해 거류지에서 홍종우가 김옥균을 저격한 사건이 발생했다. 이때 고종은 실John M. B. Sill 미국공사에게 상해 총영사에 중재를 부탁할 것을 요청했다. 같은 시기 고종은 자객을 보내 박영효 제거를 시도했지만, 일본 외무성은 경찰을 조선공사관에 들여보내 자객을 체포하게 했다. 이에 격분한 고종은 일본에서 공사관 철수를 검토하며 알렌에게 지원을 요청했지만 허사였다.[72]

한편 일본정부는 가지야마 공사를 교체하고 1893년 1월 오이시를 조선에 변리공사로 파견했다.[73] 김옥균의 반란기도를 우려한 고종은 오이시를 김옥균의 친구로 인식하여 경계했으므로 2~3번 측근을 미공사관에 보내 정보를 얻으려 했다.[74]

69 K-A-R Ⅱ, No.168. 1891년 6월 3일, p.250.

70 K-A-R Ⅱ, No.209. 1891년 10월 8일, p.276.

71 K-A-R Ⅰ, No.265. 1885년 12월 29일, p.141.

72 K-A-R Ⅱ, No.55. 1894년 4월 6일, p.323.

73 『일안 2』, No.2186. 1893년 1월 25일, p.335.

74 K-A-R Ⅱ, No.345. 1892년 12월 18일, p.282.

3) 군사력 증강 활용

고종은 미국을 군사강국으로 인식했다. 미국무장관은 1883년 미 국무성을 방문한 보빙사에게 미군사교관 파견의 필요성을 충고했다.[75] 고종은 미국의 군사교관을 고빙하여 조선군을 훈련할 것을 희망했으며, 조선의 군사장교 중 2인자 지위를 부여할 것을 약속했다.[76] 홍영식이 귀국한 뒤에 고종은 미공사에게 4,000명의 조선군 조직을 지원해줄 것을 의뢰했다.[77] 그 뒤에도 고종은 미군사교관의 고빙을 열망했다.[78] 미 국무성은 미국인 고문을 조선내 발언권과 영향력 행사의 수단으로 인식했으므로 재차 국방성에 군사교관 파견건을 제출했다.[79] 고종은 미국의 오랜 지연으로 점차 인내의 한계를 드러냈다. 고종은 1884년 11월 14일 푸트를 불러 미국의 약속 불이행에 당황했음을 표명했다. 이에 푸트는 본국 정부에 고종은 영국, 독일에 비슷한 서비스를 요청할 것이고, 그 경우 미국정부는 자신이 오랫동안 노력하여 구축한 조선에서의 발언권과 영향력을 잃을 것이라 내다봤다.[80] 고종은 1885년 5월에도 푸트를 불러 미국인 고문의 여행경비를 지불하고자 미국정부에 전달할 돈을 수령할 것을 독촉했다.[81] 고종은 1886년에 들어서도 거의 매일 미군사교관의 내한 여부를 문의했다. 그동안에 쉬페에르 일본주재 러시아공사는 조선정부와 러군사교관을 고빙시키려는 협상을 개시했다. 그러나 협상은 미군사교

---

75 K-A-R Ⅰ, No.61. 1885년 12월 1일, p.82.

76 K-A-R Ⅰ, No.32. 1883년 10월 19일, p.53.

77 K-A-R Ⅰ, No.105. 1884년 9월 3일, p.54.

78 K-A-R Ⅰ, No.110. 1884년 9월 17일, p.56.

79 K-A-R Ⅰ, No.14. 1884년 11월 6일, p.57.

80 K-A-R Ⅰ, No.124. 1884년 11월 15일, pp.56~57.

81 K-A-R Ⅰ, No.171. 1885년 5월 15일, pp.57~58.

관을 고빙하려는 고종의 의지로 좌절됐다. 그 과정에서 고종은 미국 의회가 몇 차례 휴회한 것을 인지했다.[82] 고종은 포크에게 1886년 10월 미정부의 태도를 문의하는 한편 미정부가 교관을 파견하지 않을 경우 포크가 개인적으로 유능한 미교관을 확보하여 조선군을 지도해 줄 것을 요청했다.[83]

한편 고종은 미국으로부터 무기를 구입했다. 고종은 푸트와 상의하여 브리치로딩 소총 등의 무기를 구입했다.[84] 고종은 1885년에 들어서도 서구의 군사전술을 도입하는 등 군사력 증강을 위해 노력했다. 고종은 16,000불을 주고 요코하마 소재의 미국회사로부터 6개의 신식 개틀링 소총과 75,000발의 탄약을 주문했고, 화약, 뇌관, 탄알, 재장전 기계를 주문했다. 주문한 것들은 조선군 소유의 3,000자루의 레밍턴 소총과 1,000자루의 피바디마티니 소총과 함께 사용 중인 포탄을 재장전하는 데 사용되었다. 고종은 20,000개의 탄약통을 추가로 주문했으며 화약 구매도 검토했다. 그 결과 4,000명으로 구성된 4개 연대의 수도경비대는 서구 방식으로 조직됐다. 수도경비대는 오랜 타킷 훈련으로 근대적 소총 발사에는 익숙했지만 공격전술, 소대훈련, 무기전범 같은 훈련이 불충분했다. 조선장교들이 서구식 군대에 필요한 지식이 없었기 때문이었다.[85] 마침내 조선정부는 1888년 5월 미국 군사교관을 고빙했다.[86]

1887년 9월경 일본 선박 6척이 제주도에 상륙하여 주민을 구타하고 물자를 약탈하는 사건이 발생했다.[87] 일본인의 약탈은 거문도사건과 더

82 K-A-R Ⅰ, No.9. 1886년 10월 3일, pp.62~63.
83 K-A-R Ⅰ, No.10. 1886년 10월 6일, pp.63~64.
84 K-A-R Ⅰ, No.105. 1884년 9월 3일, p.54.
85 K-A-R Ⅰ, No.224. 1885년 9월 2일, p.130.
86 K-A-R Ⅱ, No.68. 1888년 6월 13일, p.168.
87 『고종실록』권24, 고종 24년 8월 17일.

불어 외국의 침략에 대비하여 해안지방을 방어할 필요성을 증대시켰다. 고종은 미국을 통해 국방을 강화하고자 했다. 고종은 미군사교관을 통해 조선생도를 훈련시키는 한편 미군장교로부터 조선의 방어책을 문의했다. 그 중 한 명이 미국공사관의 서기관이자 미군대령인 찰리롱C. Chaille' Long이었다. 찰리롱은 1887년 10월 30일 내한했다. 찰리롱은 장교답게 부임한지 불과 한 달 밖에 되지 않은 12월 초순경 군사요새지인 북한산성의 방문을 시도했다.[88] 찰리롱은 1888년 9월에는 제주도를 방문했다. 고종은 찰리롱을 접견하고 제주도 관측 결과를 제출해줄 것을 요청하고, 제주도 방어책에 대한 자문을 구했다. 그 뒤에도 고종은 긴급히 요청하여 찰리롱과 3시간여 대화하면서 해안방어책을 문의했다. 찰리롱은 재정적 견지에서 비싼 요새구축과 중화기를 구입하는 것보다는 훌륭한 보병조직에 의존할 것과 무기로는 같은 구경을 가진 총을 선택할 것을 충고했다. 해안방어에 대해서는 저렴한 수뢰기구의 설치를 조언했고, 미교관의 자문을 받을 것을 요청했다. 고종은 크게 만족하여 찰리롱에게 감사를 표명했다.[89] 그 뒤에도 고종은 수뢰에 대한 관심을 보이며 수뢰기구를 창설하려 했고, 그 연장선상에서 수뢰설계도의 명세서를 얻기를 기대했다. 그에 따라 미국무장관 블레인은 해군성 장관에게 의뢰했으며, 해군 장관은 조선정부와 수뢰제작회사와의 통신을 제의했다.[90] 고종은 청이 1891년 조선 북부의 국경지대에 다수의 군대를 배치하자 왕실의 피난처인 북한산성을 수리하게 하는 동시에 군대를 재주둔시켰으며, 뉴욕에 6만 불의 무기를 주문했다.[91]

---

88 『미안 1』, No.472. 1887년 11월 1일, p.326; 같은 책, No.487. 1887년 12월 9일, p.334.

89 K-A-R Ⅱ, No.169. 1888년 12월 31일, p.169.

90 K-A-R Ⅱ, No.111. 1889년 5월 1일, p.171.

91 K-A-R Ⅱ, No.168. 1891년 6월 3일, p.250.

4) 근대화 활용

고종은 미국인을 활용해 근대화를 추구했다. 미국 실업가 모오스는 고종의 신임을 받은 미국인이었다. 고종은 모오스를 뉴욕주재 상무대변위원에 임명했다.[92] 모오스는 뉴욕에서 조선의 상업대리인으로 활동하면서 조·미간 상업이익을 모색했다. 그는 1892년 5월 광업 및 철도부설 교섭차 서울에 도착했다. 조선정부는 모든 외국인들이 철도건설을 기대하는 가운데 모오스와 경인철도부설권을 계약했다.[93]

1893년 10월 미국 시카고에서는 세계박람회 개최가 예정되어 있었다. 고종은 내무부참의 정경원을 박람회 사무대원으로 파견했고[94], 주미공사 박정양이 귀국하자 사복시정 이승수를 변리공사에 임명한 뒤 워싱턴에 주차하며 상무를 처리할 것을 지시했다.[95]

고종은 서구문물을 적극적으로 수용하고자 했으므로 영어학교의 설립에 많은 관심을 표명했다. 고종은 1884년 미공사에게 3명의 미국 교사를 고빙할 것을 의뢰했다.[96] 그에 따라 내무부는 1886년 왕립학교인 육영공원을 설립하고 벙커, 헐버트, 길모어 등 3인의 미국인을 고빙했다. 그 중 벙커는 육영공원을 주도적으로 운영했다. 육영공원의 학생 수는 25~30명이었고, 평균 연령은 23~24세이었다. 육영공원은 고종이 지명한 귀족가문의 지혜로운 학생들로 구성되어 있으며, 학생들은 놀라운 기억력에 명확한 영어발음을 구사했다. 교장인 독판 민종묵이 학교의

---

92 『미안 1』, No.1039. 1892년 11월 17일, p.694; 같은 책, No.902. 1891년 7월 11일.

93 K-A-R Ⅱ, No.20. 1895년 8월 15일, p.188; 같은 책, No.146. 1895년 9월 18일, p.292.

94 『미안 1』, No.1062. 1893년 3월 16일, p.709; 같은 책, No.1070. 1893년 3월 24일, p.717. 정경원의 콜럼비아박람회 활동에 대해서는 이민식, 「19세기 콜롬비아 박람기에 비친 정경원의 대미외교와 문화활동」, 『한국사상과 문화』3(한국사상문화학회, 1999) 참고.

95 『미안 1』, 1893년 3월 16일, p.710; 같은 책, No.1062. 1893년 3월 16일, p.709.

96 K-A-R Ⅰ, No.109. 1884년 9월 10일, p.55.

발전에 거의 관심이 없던 것에 비해 고종은 육영공원에 큰 관심을 가졌고, 또 의욕을 가진 인물로 교장을 교체하려 했다. 그에 대해 벙커는 육영공원이 성공할 것이라는 희망을 가졌으며, 영어회화를 강조하면서 정치, 경제, 국제법 등 모든 교육을 영어로 행했다. 벙커는 학생들을 훌륭한 통역사로 육성하고자 교육하는 한편 조선에 대학을 설립하려 했다.[97]

탈청을 기도한 고종은 미국에 의지했지만 미정부는 조선문제에 적극적인 관심이 없었다. 그러므로 미국인의 후원하에 시행한 실험은 대부분 실패하거나 부분적으로 성공을 거뒀을 뿐이었다. 일부 조선인들은 서구적 방식의 발전단계를 경험했던 일본이야말로 조선을 도울 최고 상대라 주장했다. 1888년부터 1890년까지 주일공사직을 역임했던 김가진은 조선은 일본을 모방해야 한다고 제창했다.[98] 고종은 계속해서 미국을 최고의 친구로 간주했지만 미국인의 성과가 부진하자 점차 일본으로 선회했다.[99] 프랑스 외교사절은 고종이 일본과의 우호관계를 추구하는 것에 대해 일본이 탐욕적이라는 것을 망각한 것 같다고 논평했다.[100]

---

97 K-A-R Ⅱ, No.222. 1891년 12월 17일, p.173.

98 K-A-R Ⅱ, No.483. 1893년 11월 20일, p.289.

99 K-A-R Ⅱ, No.483. 1893년 11월 20일, p.289.

100 『프랑스문서』5, 1891년 11월 20일, pp.127~128.

제 2부

프랑스와 조선

4장

프랑스외교관의
조선사회 인식

1. 조선사회 인식

1) 국왕 인식

프랑스외교관은 왕실 세력을 고종과 대원군, 그리고 외척으로 구분하여 접근했다. 그 중에서도 핵심 세력은 고종과 대원군으로 인식했다. 먼저 프랑스외교관의 고종 인식을 검토하기로 한다.

청은 1882년에 발발한 임오군란을 계기로 의례적인 조공국이었던 조선을 근대적인 속방으로 편입하기 위해 획책했다. 고종은 청의 내정간섭을 탈피하고자 러시아에 접근하여 청의 공격시 조선정부를 지원한다는 밀약을 타진하기도 했다. 고종은 1887년 4월 원세개의 폐위음모와 대원군 국정감독설을 인지하자 본격적으로 파사를 검토했다.[1] 고종은 청의 반대에도 불구하고 미국에 전권공사를 파견하기로 결심했다.[2] 고종은 1887년 심상학을 프랑스, 러시아, 영국, 독일, 이태리 등 5개국의 전권공사에, 박정양을 주미공사에 임명했다.[3]

고종은 1889년 2월 청군의 침공설을 탐지하자 병조판서 민영환을 프랑스공사관에 보내 군사지원을 요청했다.[4] 그 후에도 고종은 탈청 노력을 중단하지 않았다. 고종은 열강의 지원으로 청에 저항하고자 하는 의지를 표명했다. 고종은 허드Augustine Heard 미국공사에게 조선에 대표를 파견한 열강들이 해군 함대의 강력한 시위를 통해 자신을 지지해준다면

---

1 송병기, 「소위 「삼단」에 대하여-근대 한청관계사의 한 연구-」, 『사학지』제6집(단국대학교 사학회, 1972), pp.96~97.

2 『프랑스문서』3, 1889년 1월 10일, p.5.

3 『고종실록』24권, 고종 24년 6월 29일.

4 민영환의 대불 교섭에 대해서는 우철구, 「청일전쟁을 전후한 프랑스와 한국」, 『한불수교 100년사』(한국사연구협의회, 1986), p.147 참고.

청에 대한 종주국 관행을 단절하겠다고 통보했다. 그에 대해 플랑시는 고종과 각별한 관계에 있는 민영환, 한규설, 이종건 등 세 장군 외에는 어느 누구도 청과의 마찰을 원하지 않았고, 종래의 조공국 관습을 유지하기를 희망한다고 인식했다. 플랑시는 극단적으로 고종 혼자 조선의 독립을 추구하고 있다고 평가할 정도였다.[5] 이상과 같이 플랑시는 조선의 정국을 주도하는 세력을 고종과 고위 관료들로 구분했으며, 고종과 고위 관료들이 국정운영에 있어 극심한 견해차를 보이고 있다고 인식했다. 특히 청에 대한 외교 방안에 대해서는 거의 상반된 입장을 드러내고 있다고 단정했다.

고종은 청을 신뢰하지 않았으며, 청의 내정간섭에 분노했다. 그에 비해 통리교섭통상사무아문 관리들은 대부분 청을 지지했다. 고종은 청의 내정간섭을 노골적으로 지지하는 친청파를 기피했다. 고종은 통리교섭통상사무아문을 제쳐두고 내무부로 하여금 외교를 주관하게 했다. 내무부 관리들은 대부분 고종의 핵심 측근들로 반청적인 입장을 보였던 인물들이 많았다.[6] 플랑시는 고종은 신하의 의견을 무시한다고 인식했다. 플랑시는 특히 통리교섭통상사무아문 독판은 궁궐 출입을 거의 하지 못해 국왕에 아무런 영향력을 행사하지 못한다고 파악했고, 그에 따라 독판은 정보와 정책에 무지하다고 평가했다.[7] 플랑시는 구체적으로 독판인 조병직을 거론하며 아무런 영향력이 없다고 인식했다.[8] 그 후에도 플랑시의 시각은 바뀌지 않았으며, 다음의 보고는 그 같은 인식을 잘 보여준다.

---

5 『프랑스문서』4, 1890년 8월 20일, pp.191~192; 『프랑스문서』4, 1890년 11월 16일, pp.239~243.

6 내무부에 대해서는 연갑수, 『고종대 정치변동 연구』(일지사, 2008) 참조.

7 『프랑스문서』2, 1888년 12월 6일, pp.150~154.

8 『프랑스문서』3, 1889년 1월 27일, p.8.

국왕은 직대 추진이 습관이다. 국왕은 대외정책을 주사를 통해 결정하고 외부대신을 무시한다. 통리교섭통상사무아문은 북경의 총리아문을 본받아 만들어졌다. 그런데 중국이 최고 계급인 왕자가 주관하는 데 비해, 통리교섭통상사무아문 독판의 지위는 2~3품이어서 대신들, 정승들의 밑에 있다. 그러므로 독판은 왕궁 출입이 제한적이며 문서로 국왕에게 설명할 뿐이다. 이는 국왕이 스스로 외교단과의 빈번한 관계를 가지는 자유를 확보하고, 독판에게는 아주 적은 영향력을 주려는 의도이다.[9]

플랑시는 통리교섭통상사무아문은 청의 총리아문을 모델로 했지만 실제 권력은 청에 비해 매우 미약하다고 인식했다. 즉 그는 고종이 외교를 주관한 결과 통리교섭통상사무아문은 유명무실한 기구에 불과하다고 평가했다.

프랑스외교관은 고종이 조선의 외교를 주도하고 인식했으므로 고종의 동향을 예의 주시했다. 프랑댕은 고종이 서구에 대해 많은 관심을 보이고 있다고 추측했다. 프랑댕은 고종이 유럽에 대해 배우는 것을 좋아하여 만나는 이들마다 유럽에서 일어나는 일에 대해 빠짐없이 물어본다고 인식했다. 또 고종이 서구의 무기인 속사기관총, 속사 소총을 궁궐에 배치했으며, 외국인들을 고빙하여 자문을 구하고 있다는 사실을 인지했다.[10] 플랑시는 고종이 서구에 대해 관심을 보이는 배경은 조선의 독립이라는 문제와 깊은 연관이 있다고 해석했다. 플랑시는 고종이 열강으로부터 조선이 독립국임을 재인식되기를 열망하고 있으며, 그 실례로서 고종이 구미 각국에 공사관을 개설한 사실을 예시했다.[11] 고종은 외교

9 『프랑스문서』3, 1889년 7월 10일, pp.157~159.

10 『프랑스문서』6, 1893년 5월 22일, pp.70~71.

11 『프랑스문서』4, 1890년 11월 16일, pp.239~243.

사절들이 매년 증가하는 것에 만족해했다. 이 시기 조선에 외교관을 파견한 국가는 미국, 영국, 프랑스, 러시아, 독일, 일본이었다. 그 중에서도 미·프·러·일 대표는 다른 열강과는 달리 조선에 공사급의 외교관을 파견하여 고종을 만족시켰다. 그 과정에서 서울주재 외교사절단은 두 파로 분화됐다. 미·러·일 대표는 조선의 자주권을 지지한 반면 영·독 대표는 청의 우월권을 지지하면서 원세개편에 가담했다. 플랑시는 고종은 전자 그룹을 지지한다고 단정했다. 실제 조선정부는 신임장을 제출한 미·러·프·일 대표들을 먼저 알현하게 했고, 청국주재 공사에 예속된 영·독 대표들을 그 다음으로 알현하게 했다.[12] 프랑스외교관은 고종이 조선의 독립을 인정하는 국가들을 예우한다고 강조했다. 한편 영국은 1893년경 러·프를 견제하려고 청·일의 합의를 주선했으며, 그 결과 일본은 청의 종주권을 묵인했다. 프랑댕은 고종이 영·청·일을 견제하려고 미·러·프에 의지하려 하며, 프랑스 대표가 최소한 대리공사로 승격되기를 기대한다고 파악했다.[13]

한편으로 프랑스외교관은 고종이 서구에 접근한 것은 국내적 지지기반이 미약하기 때문이라고 인식한 것으로 보여진다. 즉 플랑시는 고종이 친청적인 대신들을 멀리했으며 그간 육성해온 군인들도 믿지 않았다고 판단했다. 플랑시는 고종은 임오군란과 갑신정변의 발발이 군인들의 불만과 연관이 있다고 판단하고 군인 대우에 각별히 신경을 썼으며 2달간 봉급을 지급하지 못하자 군인들의 동향을 경계했다고 추측했다.[14] 프랑스외교관은 고종이 서구 열강의 군사력에 의지한다고 단정했다. 고종은 1890년 서울 상인이 소요를 일으키자 허드 미공사에게 미해병대의 서울

---

12 『프랑스문서』2, 1888년 9월 12일, pp.66~67.

13 『프랑스문서』6, 1893년 7월 23일, pp.96~98.

14 『프랑스문서』3, 1889년 10월 9일, p.202; 『프랑스문서』3, 1889년 10월 9일, p.201.

입성을 요청했다.[15] 플랑시는 미해병대 파견은 서울의 소요에 대비하기 위한 것으로서 미공사가 기만당한 것으로 평가했다.[16] 플랑시는 고종이 궁궐 점령 음모건으로 외국 군함의 지원을 요청할 것으로 내다보고, 본 국정부에 5,000명의 조선군이 못하는 서울의 치안 업무를 프랑스가 대신할 필요가 없다고 보고했다.[17]

프랑스외교관은 고종의 정치력에 대해 회의적인 결론을 내렸다. 플랑시는 현재 조선은 역대 이래 가장 부패했고, 국고의 고갈로 국가는 쇠퇴해간다고 인식했다.[18] 로셰는 고종이 총명하지만 소심하고 활력이 부족하다고 파악했다. 또 고종이 조정에 대해 적대심을 가져 외척의 관리인사 개입을 방치했으며, 청에 나약한 모습을 보인다고 평가했다.[19] 프랑댕은 고종이 미신을 신봉하여 궁궐 개축에 개항장 해관수입 5만 불을 투자한 결과 조정의 신용이 바닥에 떨어졌다고 규정했다.[20] 프랑댕은 조선의 조정에는 음모가 가득하고, 관직은 가장 많은 돈을 내는 이가 차지하는데도 고종은 이를 시정하기에 역부족이라 단정했다. 그는 조선이 유혈혁명의 전야와 같은 상태에 처해 있다고 인식했다. 그는 궁궐은 비생산적인 행사에 시간을 낭비하고 놀음에 빠져 있다고 지적하며, 세자에게 외국어를 교육 시키는 것이 조선에 유익할 것이라 내다봤다.[21] 프랑스외교관은 고종이 결단력이 부족하여 외척을 기용했다고 인식했다.

---

15 『프랑스문서』4, 1890년 6월 7일, pp.162~163.
16 『프랑스문서』4, 1890년 6월 11일, pp.166~167.
17 『프랑스문서』4, 1890년 9월 23일, pp.202~203.
18 『프랑스문서』4, 1890년 3월 3일, p.94.
19 『프랑스문서』5, 1891년 10월 20일, p.120.
20 『프랑스문서』5, 1892년 7월 25일, pp.192~193.
21 『프랑스문서』6, 1893년 5월 22일, pp.70~71.

2) 지배층 인식

프랑스교관은 조선 정국의 주요 변수로서 대원군의 동향을 지목했다. 플랑시는 대원군을 고종에 대한 최대의 견제세력으로 간주했다. 플랑시는 대원군이 권력회복차 청 대표인 원세개와 결탁했고, 그 결과 원세개와 최고의 관계를 유지한다고 판단했다.[22] 플랑시는 대원군은 이홍장에게 청 지지를 약속하고 귀국했으므로 권한은 없지만 영향력이 막강하다고 인식했다. 그러므로 그는 고종이 대원군과 원세개의 친교를 경계한다고 추측했다.[23] 로셰는 대원군은 고종에 대해 정보의 부족, 결단력과 권력의지의 결여를 지적하는 등 고종의 국정운영 방식을 비판하고 있음을 간파했다. 프랑스외교관은 대원군이 민씨척족에 적대적인 태도를 보이는 한편 부패관리 처단을 주장함으로써 백성의 사랑을 받고 있다고 파악했다.[24]

한편 청 신문은 광서제의 즉위 뒤에 청 조정이 한반도에 대한 원정을 단행하여 고종을 유배 보내고, 북경 총리아문의 관리를 총독으로 파견할 것이라 보도했다. 조선인들은 이 보도를 인지했고, 특히 조선관리들은 큰 충격을 받았다. 조선인들은 조만간 청군이 서울을 점령하고, 고종을 제주도로 유배 보낼 것이고, 대원군이 정권을 장악할 것이라고 예측했다.[25] 병조판서 민영환은 프랑스에 군사지원을 요청했지만 대원군의 압력으로 더 이상의 교섭을 포기했다.[26] 플랑시는 고종이 대원군에게 접

---

22 『프랑스문서』2, 1888년 8월 12일, pp.54~58; 『프랑스문서』3, 1889년 2월 28일, pp.64~66.

23 『프랑스문서』3, 1889년 2월 8일, pp.31~33; 원세개의 대조선 간섭에 대해서는 이양자, 『조선에서의 원세개』(신지서원, 2002) 참조.

24 『프랑스문서』5, 1891년 11월 20일, pp.131~133.

25 『프랑스문서』3, 1889년 2월 10일, pp.34~38.

26 『프랑스문서』3, 1889년 3월 10일, pp.67~68.

근함이 안전하다고 판단하여 대원군을 궁궐에 초대했다고 파악했다.[27]

한편 플랑시는 대원군의 대서구 태도가 변화하고 있다고 인식했다. 즉 플랑시는 대원군을 면담한 뒤 외국인 반대의 선동자였던 대원군이 개화로 전향하고 있다고 판단했다. 플랑시는 조선인들은 대원군이 재집권할 경우 조약 파기, 유럽인 추방, 기독교도 학살 등을 단행할 것으로 예측하고 있지만, 자기가 볼 때 대원군은 하인의 기독교를 용인하는 등 변화했다고 확신했다. 그는 대원군의 대서구 태도가 변화한 증거로서 양탄자, 팔목시계, 장식품 등 서구 물건을 소지한 것을 예시했다.[28]

프랑스외교관은 양반과 관리들의 동향에도 주목했다. 플랑시는 양반층은 조공국 지위에 만족하고 있다고 인식했고,[29] 로셰도 양반과 관리들은 명 전통에 큰 애착을 보이며 청을 지지한다고 인식했다.[30] 한편으로 프랑스외교관은 양반과 관리들은 대부분 서구에 대해 반감을 보인다고 단정했다. 프랑스외교관은 조선 관리들은 기독교에 반감을 보이며, 장교도 천주교도에 대해 매우 적대적이라고 인식했다.[31] 플랑시는 조선의 관리들은 청을 지지하는 입장이라고 지적하면서 내무부독판 민응식이 '수백 년간 청은 조선의 후원국이었다. 조선은 세력이 미약해서 저항이 불가능하다'는 상소를 올렸다는 사실을 예시했다. 플랑시는 조선 관리들은 서구의 간섭보다는 청의 억압이 낫다는 입장이므로 고종이 대청태도에서 양보하지 않을 경우 측근들에게 외면당할 것으로 내다봤다.[32] 플랑시는 조선왕국의 야만성을 가리는 데 기여한 문명은 모두 중국에서 비

27 『프랑스문서』3, 1889년 4월 30일, pp.87~90.

28 『프랑스문서』3, 1889년 2월 8일, pp.31~33.

29 『프랑스문서』4, 1890년 1월 24일, p.43.

30 『프랑스문서』5, 1891년 10월 20일, p.120.

31 『프랑스문서』5, 1891년 3월 7일, p.24; 『프랑스문서』4, 1890년 4월 3일, p.122.

32 『프랑스문서』4, 1890년 1월 24일, pp.41~43.

롯됐다고 인식했다. 플랑시는 고위 관료들은 청 제국을 존경한다고 지적하고 조·청간의 분열을 논하는 것은 무의미하다고 단정했다.[33] 플랑시는 조선 관료들은 대부분 청의 후견자 역할을 지지하여 고종에게 청의 은혜와 관용을 상기시키는 한편 외국인들이 조선과 청을 절교하게 하여 조선을 불행하게 만들 것이라고 설득했다고 파악했다. 플랑시는 결국 성격이 유약한 고종은 관료들의 설득에 굴복하여 사대주의자들의 손을 들어주었다고 평가했다.[34]

프랑스외교관은 양반과 관리들은 정치에서 소외됐으며, 왕실에 비판적인 입장이라고 평가했다. 로셰는 양반과 관리들은 매관매직에 불만이 많으며 고종이 외척의 인사개입을 방치하는 것에 대해 비판적이라고 인식했다. 로셰는 매관매직은 민에게 고통을 주어 소요의 원인으로 작용하고 있다고 파악했다.[35] 프랑댕도 외척의 매직으로 관리 교체가 빈번함을 지적했다. 이어 그는 불만집단은 기회가 주어지면 대원군을 중심으로 단결할 것이며, 봉기할 경우 외척은 학살될 가능성이 크다고 예측했다.[36]

프랑스외교관은 1874년에 간행된 달레ch, Dallet의 『한국천주교회사 Histoire de L' Eglise de Coree』를 통해 조선의 관습을 파악했다.[37] 『한국천주교회사』는 조선에 부임하는 프랑스외교관들에게는 필독서였던 것으로 보인다. 프랑스외교관들은 본국정부에 조선 사정을 보고할 때 이 책의 내용과 비교하곤 했다. 『한국천주교회사』는 조선의 양반과 관리들에 대해

---

33 『프랑스문서』4, 1890년 3월 3일, pp.94~95.

34 『프랑스문서』4, 1890년 11월 16일, pp.239~243.

35 『프랑스문서』5, 1891년 10월 20일, p.120; 외척의 정치 개입에 대해서는 연갑수, 『고종대 정치변동 연구』(일지사, 2008),p.133 참고.

36 『프랑스문서』5, 1892년 7월 25일, pp.192~193.

37 『프랑스문서』3, 1889년 6월 27일, p.113.

특권계급으로서 폭군행세를 하며 불법감금과 재산 강탈을 일삼고 있다고 서술하는 등 매우 부정적인 평가를 내린 바 있었다.[38]

프랑스외교관들도 양반과 관리들에 대해 『한국천주교회사』와 비슷한 평가를 내렸다. 프랑스외교관들은 양반과 관리들의 부패가 극심하다고 인식했다.[39] 플랑시는 탐관오리 중 고위층은 서로 내통하며 불법을 자행하여 민중을 수탈하고 있다고 파악했다. 그는 서울에서 제물포 사이 지역은 대낮도 불안하다고 주장하며, 도적들이 처벌받지 않는 것은 아문이나 포도청 관리들과 결탁했기 때문으로 보았다. 또 그는 사기죄를 저지른 최고위층도 국왕의 비서로 근무 중이며, 관리들은 절도를 일삼으며 빌린 돈을 갚지 않는다고 인식했다.[40] 플랑시는 일부 부패한 감사는 부민을 수탈하며 북청 남병사도 수탈을 자행해 민란을 야기했다고 파악했다. 그는 탐관오리들은 경미한 처벌인 유배형에 그치며, 뇌물을 바치면 관직 복귀가 가능하다고 개탄했다.[41]

플랑시는 조선인들을 빈곤하게 하는 원인을 관리들의 불필요한 지출 때문으로 인식했다. 그는 관리들이 손에 넣은 모든 돈은 자발적이든 강제적이든 피지배층에게서 나온 것이라고 강조했다. 플랑시는 중산계급은 부자들을 모방하여 고급스러운 취미를 즐기는 등 낭비가 심하다고 인식했다. 그 때문에 내무부가 규정을 정해 최고위 관료만이 외국 비단을 사용하도록 했다고 파악했다.[42]

---

38 샤를르 달레(안응렬·최석우 역), 『한국천주교회사 (상)』(분도출판사, 1979), p.166.

39 『프랑스문서』5, 1891년 10월 20일, p.125.

40 『프랑스문서』4, 1890년 4월 14일, pp.132~135.

41 『프랑스문서』2, 1888년 12월 4일, p.147.

42 『프랑스문서』3, 1889년 11월 6일, p.246.

3) 피지배층 인식

『한국천주교회사』는 동양의 풍속을 부패하다고 규정했으며, 조선의 풍속도 예외는 아니라고 기술했다.[43] 또 이 책은 조선인은 윤리교육의 부재로 인해 반미개 상태에 있다고 단정하는 등[44] 동양 멸시에 바탕을 둔 오리엔탈리즘적 시각을 노골적으로 표출했다. 이 무렵 서구인은 백인종의 서구 세계를 문명으로, 타인종의 비서구 세계를 야만으로 규정했다.[45] 프랑스외교관들은 세계를 문명과 야만으로 인식했으며 조선을 야만국으로 분류하며 노비제도를 야만적인 관습으로 지목했다. 이들은 일본인 등 아시아의 황인종은 지나치게 예민하여 소동을 벌이곤 한다고 힐난하는 등[46] 인종차별주의적 오리엔탈리즘을 드러냈다.

프랑댕은 동양인들이 위선적이라는 것, 특히 조선인들이 위선적이라는 것은 잘 알려져 있다며『한국천주교회사』와 같은 시각을 드러냈다.[47] 1889년 2월경 조선인들은 청군 파병설을 입수하자 경악했다. 그런 가운데 조선인들은 원세개가 청황제의 혼인날인 2월 26일 조선 관료를 초대하자 갑신정변을 연상하며 한층 경계했다. 그 무렵 조선에서는 "이씨왕조는 500년만인 1892년에 종식될 것인데, 그 전인 1889년에 청 장군이 조선에 군대를 진주하여 청국인을 왕으로 세우고 국왕을 제주도에 유배 보낼 것이다"라는 내용의『정감록』이 유행했다. 그 과정에서 조선인들은 피난을 준비했으며, 고종은 궁궐 주변에 군대를 대기시켰다. 그에 대해 플랑시는 무식하고 미신적인 조선인들은『정감록』을 신봉할 것이

43『한국천주교회사 (상)』, p.183.

44『한국천주교회사 (상)』, p.230.

45 이경원, 「문명과 야만의 이분법」,『외국문학』제47호(1996), p.184.

46『프랑스문서』6, 1893년 4월 25일, pp.54~55.

47『프랑스문서』6, 1893년 6월 21일, p.81;『프랑스문서』3, 1889년 6월 27일, p.113.

라 조소했다.[48] 플랑시는 조선인은 국가 사정에 무지하기는 하지만 1888년 외신이 조러통상조약을 보호령 설정으로 보도하자 큰 반응을 보였다고 평가했다.[49]

플랑시는 서울은 효과적인 경찰이 존재하지 않고 도둑이 들끓어 외국인들은 안전하지 못하다고 평가했다.[50] 그것은 같은 시기 미국공사 딘스모어의 긍정적인 조선 평가와는 정반대였다. 프랑스외교관들이 조선에 대해 강한 반감을 보인 것은 과거 조선정부가 가한 천주교 탄압과 연관이 있다고 보여진다. 프랑스외교관은 조선인들이 천주교 선교에 대해 항거할 때마다 군함을 파견하여 정부와 주민들을 위협하곤 했다.[51] 이 같은 프랑스외교관의 태도는 미국외교관들이 신중한 태도로 조선에 접근한 것과는 큰 대조를 이뤘다. 프랑댕은 조선을 멸시했으므로 조선인에 대해 강경한 입장을 선호했다. 그는 조선정부가 프랑스에 대한 채무 변제를 지연시키자 군함을 파견하여 국왕의 배를 차압, 판매하게 할 것이라고 경고했다.[52] 그 뒤에도 프랑댕은 조선의 채무문제에 대해 강경한 태도로 일관했다. 그는 통리교섭통상사무아문 독판이 파리할인은행에서 빌린 돈을 갚자 조선인들에게 강경책은 반감이 아니라 프랑스의 위신을 제고시킨다고 평가했다.[53]

프랑스외교관은 조선의 전통관습에 대해서도 비판적이었다. 플랑시는 노비제도는 세계에서 몇 국가밖에 없다고 지적하며 조선의 노비제도를 비난했다. 그는 본국정부에 "유럽도 아프리카에서 노예무역에 주력하

---

48 『프랑스문서』3, 1889년 2월 28일, pp.64~66.

49 『프랑스문서』2, 1888년 12월 6일, pp.150~154.

50 『프랑스문서』3, 1889년 10월 22일, p.232.

51 『프랑스문서』5, 1891년 3월 10일, p.27.

52 『프랑스문서』6, 1893년 6월 21일, p.81.

53 『프랑스문서』6, 1893년 9월 1일, p.104.

고 있으므로 주의할 가치가 있다. 남자노예들은 대부분 도망가서 일반
가정에서는 여자노예들밖에 없다. 여자와 여자아이들은 가뭄 때 대규모
로 노예상인에 의해 거래된다. 노비는 심한 노역을 해야 하고 부당한 대
우에도 주인을 고소할 권리가 없다. 주인은 노비를 판매하며, 노비는 자
유의 희망이 없다. 이 제도는 인간을 동물과 동일시하는 것으로서, 동물
보다 조금 나은 노비에게 신경을 쓸 이유는 없다. 가장 지식인이라고 존
경받는 이들도 이 논리에서 벗어나지 못한다. 기생들은 관리의 명령으로
지방관아의 노비가 되며, 지방관아의 노비는 다 비참하다. 야만적인 관
습으로 없어져야 한다. 여러 보고서에 의하면 한반도는 아직 야만적이어
서 의외의 사건이 발생하지 않으면 현재의 관습을 버리고 문명화의 길을
걷게 되리라고 예상하기 어렵다. 또 여자는 일반적으로 열등한 인간으로
서 이름도 없다."고 보고했다.[54] 플랑시는 조선여자에 대해 『한국천주교
회사』와 인식을 같이 했지만,[55] 노비에 대해서는 『한국천주교회사』보다
더 부정적인 견해를 보였다. 『한국천주교회사』는 노비에 대해 신공을 납
부하고 거주의 자유를 얻는다고 지적하면서 사회경제적 처지가 가난한
양민보다 낫다고 평가했다.[56] 그에 비해 플랑시는 노비를 동물에 비교하
는 등 야만의 상징으로 묘사했다. 이 시기 조선에서 노비가 자취를 감추
고 있던 상황이었음에도 불구하고, 그는 조선 멸시적 시각에서 그 비참
함을 과장한 것으로 보여진다.

프랑스외교관은 조선서민이 수탈 등으로 인해 정부에 극심한 불만을
가지고 있다고 파악했다. 플랑시는 조선인들은 비교대상이 없으므로 국

---

54 『프랑스문서』4, 1890년 3월 14일, pp.100~103.

55 『한국천주교회사 (상)』, p.183.

56 『한국천주교회사 (상)』, p.180.

왕을 비판하지 않는다고 추측했다.[57] 로셰는 조선은 가난으로 불만세력의 수가 많아 언제든지 반란이 일어날 수 있으며, 반란은 식량이 곤궁한 봄에 발생하는 경향이라고 인식했다.[58] 프랑댕도 "식료품 가격이 천정부지로 상승했으며, 조선인들은 돈을 숨긴다. 민씨척족의 매직으로 관리교체가 빈번하며, 불만집단은 그 규모가 엄청나다"고 이해했다.[59] 그는 조선서민을 무지하다고 매도하기는 했지만, 한편으로는 정치에 불만을 갖는다고 지적함으로써 서민의 정치의식이 높았음을 인정했다.

프랑스외교관들은 조선서민의 청·일에 대한 태도를 친청반일으로 파악했다. 프랑스외교관은 조선서민은 조공국 지위에 만족한다고 인식했다.[60] 서울 상인은 1890년 청·일 상인의 서울 영업에 항의하며 철시를 감행했다.[61] 플랑시는 조선서민은 사대국에 대한 존중으로 청인들에 대한 적대감이 심하지 않은 데 반해 일본인들에 대해서는 증오감이 강하다고 인식했다.[62]

프랑스외교관들은 조선서민은 개항 이후 서구에 대한 태도에 변화를 보였다고 인정했다. 플랑시는 1888년 6월 서울에서 외국인들이 어린이들을 매매하기 위하여 납치하고 있다는 소문이 유포되어 소요사태가 일어났음을 지적하며 조선서민의 반서구 경향을 우려했다.[63] 그러나 플랑시는 1890년 2월에는 본국정부에 "천주교에 대한 심각한 탄압은 거의

---

57 『프랑스문서』4, 1890년 3월 3일, p.94.

58 『프랑스문서』5, 1891년 11월 20일, pp.131~133.

59 『프랑스문서』5, 1892년 7월 25일, pp.192~193.

60 『프랑스문서』4, 1890년 1월 24일, p.43.

61 서울 상인의 철시에 대해서는 김정기, 「1890년 서울 상인의 철시동맹파업과 시위투쟁」, 『한국사연구』67(한국사연구회, 1989) 참조.

62 『프랑스문서』4, 1890년 2월 7일, pp.65~68.

63 『프랑스문서』2, 1888년 6월 23일, pp.12~15; 『러시아문서』, 1888년 6월 22일, p.235.

없다. 대탄압의 기억은 나날이 희미해지고 있으며 천주교에 대한 적대심도 사라져 점점 관용적으로 변모중이다. 프랑스가 희망하는 개혁도 점진적으로 실현되고 있다."고 보고했다.[64] 한편으로 프랑스외교관들은 조선서민은 서구인을 대하는 태도가 일정하지 않음을 인정했다. 즉 프랑댕은 "평안도에서는 선교사가 성경을 배포했고, 개종을 권유하는 선전을 했다. 새로운 이론을 알지 못하는 마을 사람들은 그들에게 돌을 던졌다. 금산지방에서 군중들이 유럽 사람을 제거하라고 구호를 외치며 프랑스 신부를 폭행했다"고 보고했다.[65] 그에 반해 프랑스외교관은 함경도 함흥에서는 민중이 프랑스 선교사와 신도들은 공격하지 않았다고 파악했다.[66]

한편 동학교도는 1893년 2월 광화문에서 교조신원과 동학의 인정을 요구하며 시위를 벌였다. 동학교도는 3월 '척왜양'을 외치며 보은에서 집회를 개최했고, 정부는 어윤중을 선무사로 파견하여 집회를 해산시켰다. 동학교도는 시위가 실패로 돌아가자 선교사들에게 귀국을 요구하는 격문을 게시했다. 프랑스외교관은 동학교도의 서구 태도에 대해서도 일률적으로 평가하지는 않았다. 프랑댕은 본국정부에 동학의 격문에 대해 "조약에는 교회를 짓거나 종교를 전파하는 것을 허가하지 않는다고 되어 있다. 일본과 유럽의 도둑들이 나라의 심장부에 들어왔다. 선, 의, 신의, 인륜, 효, 우애, 정절은 사라졌다. 수도는 야만인들의 소굴이 되었고, 강산이 동물들의 소굴이 되었다"라 소개하며 동학교도는 천주교 지도자들이 유교를 믿지 않는 반면, 천주교 신앙을 강요하며 물질적 이익만

---

64 『프랑스문서』4, 1890년 2월 27일, p.91.

65 『프랑스문서』6, 1893년 1월 15일, pp.13~15.

66 『프랑스문서』5, 1892년 4월 22일, p.164.

추구한다는 이유로 귀국을 요구한다고 보고했다.[67] 프랑댕은 동학교도는 일부 개신교 선교사들에게 복수를 하겠다는 의도로서, 천주교는 공격대상이 아니라고 파악했다.[68] 반면에 르페브르는 동학교도는 천주교도를 공격한다고 보고했다.[69]

2. 조선개혁 인식

1) 고종의 개혁추진 인식

조선정부는 개항 이후 서구문물을 도입했다. 조선정부는 1883년 서울에 전환국을 신설하여 신식 화폐의 주조를 시도했으며, 박문국을 설치하고 『한성순보』를 발간했다. 조선정부는 1884년 우정국을 창설했으며, 1887년에는 미국 기술자의 지원을 받아 경복궁에 전등을 가설했다. 또 조선정부는 기기국을 설치하여 신식무기 제조를 주관하게 했으며 기기창을 확장하여 신식무기의 대량 생산을 추진했다. 고종은 1885년에는 서구의 군사전술을 도입하는 등 군사력 증강을 도모했다. 그에 따라 조선정부는 수도경비대를 서구 방식으로 조직했으며, 미국회사로부터 총탄, 탄약 등을 구입했다.[70] 또 조선정부는 1886년 서구식 학교인 육영공원을 개교했으며, 1888년에는 서구식 군사학교인 연무공원을 설립했

---

67 『프랑스문서』6, 1893년 4월 25일, pp.58~61.

68 『프랑스문서』6, 1893년 4월 25일, pp.54~55.

69 『프랑스문서』6, 1894년 8월 30일, pp.196~198.

70 K-A-R I, No.224, 1885년 9월 2일, p.130.

다. 연무공원은 미국인 군사교관이 교육을 담당했고, 미국, 일본, 독일, 러시아의 무기 등의 신식무기로 생도들을 가르쳤다.[71]

플랑시는 '은둔의 나라' 조선은 개국하자마자 개혁을 추진했다고 평가하는 등 조선의 개혁을 인정했다. 그는 주요 개혁사업으로서 화폐를 제조하는 조폐국, 우표를 제조하는 우정국, 비단을 생산하는 뽕나무 공장, 종이를 생산하는 조지서 등의 창설, 신문의 창간, 상선의 건립, 군수물자의 구입, 유럽식 건물의 건설 등을 열거했다.[72] 플랑시는 해관의 개혁도 언급했다. 그는 하트Robert Hart의 해관 개혁으로 수입은 증가했지만 조·청의 업무를 통합한 결과 조·청간의 종속관계는 더욱 강화됐다고 평가했다.[73] 한편 고종은 미국 모오스Morse 상사에서 내탕금 5만 7천 불을 지급하고 6만 베크급 발전기를 구입했다. 프랑댕은 발전기는 궁궐을 밝히는 데 사용하는 것이 아니라 방어용이라 추측했다. 그는 주변에서 전깃줄을 궁궐 담장 주변에 설치하면 백성들의 소요가 발생해도 궁궐은 안전할 것이라고 권고한 때문이라고 주장하며 조선다운 일이라 조롱했다.[74]

2) 개혁실패의 국내적 요인 분석

프랑스외교관은 조선은 파산하여 진보는 찾아볼 수 없다고 지적하는

---

71 『프랑스문서』5, 1891년 12월 4일, p.135.

72 『프랑스문서』3, 1889년 5월 12일, pp.99~102.

73 『프랑스문서』3, 1889년 11월 13일, pp.250~251.

74 『프랑스문서』6, 1893년 8월 20일, p.103.

등[75] 조선정부의 개혁을 실패로 규정했다. 프랑스외교관은 조선의 개혁이 좌절된 이유를 다각도로 분석했다. 첫째, 프랑스외교관이 최우선으로 지적한 실패요인은 재정문제였다. 플랑시는 조선재정은 관리와 군인들의 봉급도 몇 개월 이상 체불할 정도로 열악하여 고빙한 외국인을 해고할 지경이라고 지적했다. 그는 외국인 해고로 전신국과 전기공급은 조선인이 담당하게 되어 곧 그 기능이 마비될 것으로 보았다.[76] 플랑시는 국고 고갈로 지방 관리에게 봉급을 지급하지 못하는 현실을 지적했다.[77] 플랑시는 조선정부가 3곳의 항구에서 나오는 관세수입을 고려하지 않은 채 가장 값비싼 개혁을 추진했다고 평가했다.[78] 프랑댕도 국고의 고갈로 외국인 관리에 줄 봉급은 1년째 지불하지 못하고 있으며, 통리교섭통상사무아문의 예산 7천 불도 지급하지 않았다고 파악했다.[79]

둘째, 프랑스외교관은 조선 지배층의 반서구 태도를 지적했다. 프랑스외교관은 조선은 유럽문화를 수용하기로 결의했지만 기독교에 대한 편견이 잔존한다고 단정했다.[80] 프랑스외교관은 고관들의 외채 도입 반대를 지적했다. 고종은 1889년 5월 청·일·영에 대한 부채 상환과 재정위기를 타개하고자 프랑스에 차관제공을 요청했다. 프랑스는 조선은 청에 비해 무역이 부진했으므로 조선의 차관요청을 거절했다.[81] 프랑스가 조선에 대한 투자를 포기한 것은 경제성이 없다고 판단했기 때문이었다.[82]

---

75 『프랑스문서』3, 1889년 4월 3일, p.77.

76 『프랑스문서』3, 1889년 10월 9일, pp.201~202.

77 『프랑스문서』4, 1890년 1월 30일, p.56.

78 『프랑스문서』3, 1889년 5월 12일, pp.99~102.

79 『프랑스문서』5, 1892년 7월 25일, pp.192~193.

80 『프랑스문서』2, 1888년 4월 6일, pp.3~5.

81 우철구, 앞의 글, p.162.

82 우철구, 앞의 글, p.141.

프랑스정부는 차관기금 마련의 곤란, 조선정부의 상환보증 능력에 대한 저평가 등으로 차관제공에 난색을 표했다. 그렇지만 차관교섭이 무산된 또 다른 요인은 조정 대신들이 차관도입을 매국으로 규정하며 강력히 반대했기 때문이었다.[83] 프랑스외교관은 개혁반대 사례로서 홍문관 교리 임원상의 상소를 예시했다. 임원상은 1889년 11월 8개항으로 된 상소를 올렸다. 그 핵심 내용은 첫째, 왕궁에 시작된 유럽 양식 건물의 축조 포기, 둘째, 전기 사용으로 인해 발생하는 지출의 포기, 셋째, 전통적인 신에게 기도하는 것의 중지, 넷째, 정직한 인물로 지방수령 선택, 다섯째, 구행정 규칙으로의 복귀, 여섯째, 과거제의 공정한 시행, 일곱째, 동전에 1전의 가치 부여, 여덟째, 조선군에 대한 미국식 훈련의 중지 등이었다. 이에 대해 영의정 심순택이 사직을 표명하자 고종은 의금부에 지시하여 임원상을 숙천부로 유배 보냈다.[84] 플랑시는 임원상을 외국인에게 적대적인 반개혁 인사로 지목하며 그 주장을 나름대로 분석했다. 플랑시는 1, 2, 3항은 재정문제로 절약을 주장한 것이며, 4항은 무질서를 지적한 것이고, 5항은 7~8년 전부터 외국인의 영향으로 만들어진 문과 사무국을 반대한 것이라 평가했다. 그는 6항에 대해 수험생들은 시험관들에게 돈을 주고 복사본을 구입하는 상황이라 실력있는 자가 탈락하고 무식한 자도 돈 있으면 급제한다며, 과거시험의 공정성은 도덕성만큼 조선에서 실현 불가능한 환상이라고 지적했다. 7항에 대해서는 필요한 것으로 인정했다. 8항에서 상소자는 조선군이 양복을 입고 서양의 군사기예를 배우는 것을 반대하고 전통방식으로 복귀할 것을 건의했다. 서국 국가와 교전할 때 조선군이 서구 군대 속으로 도망쳐 들어가도 구분할 수가

---

83 우철구, 앞의 글, p.149.

84 『고종실록』권26, 고종 26년 10월 7일; 같은 책, 고종 26년 10월 9일.

없게 될 것이라는 이유 때문이었다. 플랑시는 8항의 주장은 청의 병법을 높이 평가한 결과로 평가했다.[85] 프랑댕은 고종이 모오스의 경인철도부 설권 계약을 취소한 것도 반개혁파의 상소 때문으로 파악했다.[86] 고종은 1891년 7월 일본에서 화폐주조 기계를 도입했다. 그에 대해 고관들은 과거 전환국이 실패한 것을 지적하며 화폐개혁이 적자인 재정에 또 다른 부담을 줄 것이라 반대했다. 로셰는 고관들은 고종에게 화폐개혁을 시기상조라 건의했다고 파악했다. 로셰는 조선의 고관들은 개혁사업에 비판적인 데 반해, 고종은 조선의 미래를 위하여 개혁을 계속 추진하고 있다고 평가했다.[87] 프랑스외교관은 고종을 개혁의 주체로 인식한 것을 보여준다.

셋째, 프랑스외교관은 민의 개혁 반대를 들었다. 조선은 화폐를 주조하려고 일본에서 기계설비를 도입했는데, 이때 엽전 가치의 큰 폭 하락으로 업계에서는 혼란이 일어났다. 로셰는 그 때문에 민은 개혁에 비판적으로 선회하다고 인식했다.[88] 넷째, 프랑스외교관은 일련의 개혁이 치밀한 계획하에 시행되지 않았음을 지적했다. 프랑스외교관은 조선정부는 치밀한 연구의 결여로 불량한 물건을 구입했으며, 조선인들이 가장 구식의 무기를 구입했다고 지적했다.[89] 프랑스외교관은 전환국도 막대한 비용을 투입했지만 화폐주조에 실패했다고 평가했다.[90] 다섯째, 프랑스외교관은 개혁사업이 일관성을 결여했다고 지적했다. 로셰는 연무공원의 실패는 미교관의 책임보다는 학교 담당 조선 관리의 잘못된 행정

---

85 『프랑스문서』3, 1889년 11월 28일, pp.273~275.

86 『프랑스문서』5, 1892년 5월 12일, p.170.

87 『프랑스문서』5, 1891년 11월 20일, pp.127~128.

88 『프랑스문서』5, 1891년 11월 20일, pp.127~128.

89 『프랑스문서』3, 1889년 5월 12일, p.101; 우철구, 앞의 글, p.141.

90 『프랑스문서』5, 1891년 11월 20일, pp.127~128.

에 기인했다고 평가했다.[91]

여섯째, 프랑스외교관은 외교기구의 무력화를 지적했다. 플랑시는 "북경의 총리아문은 품계가 높은 8명의 정승 또는 수장, 6명의 서기관과 프랑스, 영국, 러시아, 미국 문제를 담당하는 4개 부서로 구성됐다. 후자의 부서에서는 독일, 벨기에, 스페인, 일본, 네덜란드, 포르투갈 공사 등과도 상대한다. 자신들의 업무를 완벽히 파악하는 장기 근무자 26명이 업무를 담당한다. 조선은 관리들의 수가 자주 바뀌며, 끊임없이 담당 업무가 바뀌며, 전문지식이 없는 관리들이 공문서를 작성한다. 외교단의 구성도 통지하지 않는다. 많은 이들이 1883년 창설 때부터 근무했지만 업무지식은 확대되지 않았다"고 평가했다.[92] 플랑시는 향후 조선의 개혁은 통리교섭통상사무아문 독판에게 더 중요한 권리를 부여하고 왕궁에 대한 자유출입의 권리를 주어야 하는데 실현 가능성은 희박하다는 결론을 내렸다.[93] 일곱째, 프랑스외교관은 국민들의 애국심 부족을 지적했다. 이 무렵 일본 국민제일은행의 제물포 지점장이 『조선을 부유하게 만드는 여러 가지 방법에 대한 고찰』이라는 책을 간행했다. 그 책에서 언급된 조선의 주요 개혁과제는 광산 개발, 은행권 발행, 금속화폐 주조, 세금 안내, 관리에 대한 고정 봉급의 지급, 도로 건설, 농업 장려 등이었다. 플랑시는 이 책을 보고 조선처럼 정부의 힘이 미약하며 국민들의 애국심이 부족한 국가에는 유럽식 개혁은 실현 불가능한 계획이라고 인식했다.[94]

프랑스외교관은 조선의 개혁이 좌절된 국내적 요인을 지배층의 반서

91 『프랑스문서』5, 1891년 12월 4일, p.135.
92 『프랑스문서』4, 1890년 4월 3일, pp.121~122.
93 『프랑스문서』3, 1889년 7월 10일, pp.157~158.
94 『프랑스문서』4, 1890년 1월 15일, p.19.

구 태도 및 개혁의지의 미흡, 중앙권력의 무기력, 무능한 서구인 고빙, 사업의 일관성 결여 등으로 지적했다.

3) 개혁실패의 국외적 요인 분석

프랑스외교관은 조선의 개혁실패는 외압이 크게 작용했다고 인식했다. 첫째, 프랑스외교관은 청의 개입을 지적했다. 플랑시는 미교관의 실패이유는 자국 교관을 파견하려는 청의 방해 때문이라고 인식했다.[95] 일본의 권고로 설립된 전환국은 확보하고 있던 은화를 하나도 유통시키지도 못하고 작업을 중지했다. 프랑스외교관은 청이 종주권을 확인하려는 의도에서 은화 유통을 중지시켰기 때문이라고 지적했다.[96] 플랑시는 "원세개는 고종의 권력을 확고히 하여 조·청간의 관계를 친밀하게 하여 조선정부의 호감을 청편으로 견인하여 러시아에 대적해야 했다. 만일 원세개가 조선정부의 행정과 군사개혁을 서두르고, 추가 개항과 통신망의 개선으로 조선정부의 재원을 증대시키는 데 전념했다면 조선을 쉽게 방어하는 데 기여했을 것이다. 그러나 원세개는 상반된 임무를 수행하는 데 전념하여 조선정부의 발전을 방해했고, 왕국을 약화시켰다"고 비판했다.[97]

둘째, 프랑스외교관은 일본에 적대적인 민심을 지적했다. 일본은 조선의 개항에 큰 관심을 보였으며 표면상 조선의 독립을 지지해왔다.[98]

---

95 우철구, 앞의 글, p.141.

96 『프랑스문서』6, 1893년 2월 7일, p.22.

97 『프랑스문서』2, 1888년 12월 6일, p.154.

98 K-A-RⅡ, No.89. 1890년 11월 19일, p.34.

그에 대해 조선정부는 일본에 대한 존중을 표명했으며, 일부 인사는 일본을 모방해야 한다고 주장했다. 특히 1888년부터 1890년까지 주일공사를 역임한 김가진은 서구적 방식의 발전단계를 경험했던 일본이야말로 조선을 도울 최고 상대라고 주창했다.[99] 김가진은 산업 전반의 상황을 볼 때 일본인이 유럽인들보다 낫다고 인식했다. 고종이 미국에 대한 적극적 접근을 중지한 것은 고빙 미국인의 직무태만과 김가진의 건의가 크게 작용했다. 고종은 일본과 우호관계를 맺으려 했으며, 그에 따라 일본인을 화폐주조 감독자로 고빙했다. 로셰는 고종이 미국인에게 약속한 고관직 제수를 이행하지 않는 것을 간파했다.[100] 프랑스외교관은 고종이 청의 후견에서 벗어나고자 일본과의 우호관계를 추구하고 있다고 인식했다. 그러면서 조선인들은 일본에 비우호적인 데 반해 고종은 일본이 탐욕적이라는 것을 망각한 것 같다고 논평했다.[101]

일본정부는 1894년 6월 동학농민군의 공격으로부터 자국인을 보호한다는 명목으로 한반도에 군대를 파견했다. 일본은 고종에게 조선의 개혁이 완수될 때까지 철군하지 않을 것을 통보했다. 통리교섭통상사무아문 독판은 일본의 요구를 완강히 거부했지만 결국 굴복했다.[102] 프랑스외교관은 일본의 개입으로 개시된 갑오개혁을 예의 주시했다. 르페브르는 군국기무처에 의한 갑오개혁에 대해 다음과 같이 논평했다.

조선정부는 일본공사와 협상하여 교정청을 설치하고 3명의 관리를 임명했다. 고종은 일본군의 경복궁 점령 이후 일본공사의 요청으로 군국기무처를

99 K-A-RⅡ, No.483. 1893년 11월 20일, p.289.
100 『프랑스문서』5, 1891년 12월 4일, p.135.
101 『프랑스문서』5, 1891년 11월 20일, pp.127~128.
102 『프랑스문서』6, 1894년 7월, p.173.

구성해야 했다. 개혁위원은 일본에 가장 우호적인 조선인들 가운데서 엄선됐으며 그 수는 17인으로 늘어났다. 대원군은 외국의 강요 그리고 실행도 불확실한 개혁에 협조하여 명예를 상실할 것을 우려했기 때문에 군국기무처에 불참을 천명했다. 새 정부에는 친일적 인사가 대거 포함된 반면 친청 인사들은 제외됐다. 군국기무처는 행정, 법률, 재정 분야의 개혁을 추진했다. 조선정부는 외국인 고문들을 고빙하여 정부 부처에서 근무하게 했다. 군국기무처 결정사항은 계획단계에 불과하다. 지방의 소요는 개혁에 대한 적대적인 민심을 뜻한다. 특히 재정 부족으로 개혁안을 이행시키지 못하고 있다.[103]

르페브르는 조선인들이 갑오개혁에 대해 적대적인 반응을 보이고 있다고 파악했다. 그 뒤에도 그는 "조선정부는 일본에서 300만 불의 차관을 도입했는데, 일본정부가 실질적 채권자이다. 항시 그랬듯이 조선정부는 빌린 돈을 불필요한 부분에 지출할 것이다. 차관상환은 불가능하고 일본은 이권을 요구할 것이다"라고 언급함으로써[104] 일본의 차관제공 의도를 간파했다. 그는 일본에 의한 개혁은 조선인의 신뢰를 얻지 못했다고 평가했다.[105]

한편 프랑스외교관은 조선 중시로 입장이 변화한 것으로 보인다. 로셰는 청·일에 의한 한반도 병합보다는 서구 국가에 의한 조선보호령 설정이 낫다고 판단했다.[106] 일본은 청과 청의 종주권을 인정하는 방향으로 조선문제에 합의했다. 일본정부는 1893년 1월 가지야마를 교체하고 오이시를 조선주재 변리공사로 임명했다.[107]

---

103 『프랑스문서』6, 1894년 11월 20일, pp.229~231.

104 『프랑스문서』7, 1895년 4월 27일, p.37.

105 『러시아문서』, 1895년 4월 4일, p.266.

106 『프랑스문서』5, 1891년 11월 20일, pp.127~128.

107 『일안 2』, No.2186. 1893년 1월 25일, p.335.

프랑스외교관은 이 무렵 청·영·일의 협조를 예의 주시했다. 프랑댕은 본국정부에 "프랑스는 인도차이나 점령 이래 극동에서 이해관계가 매우 커졌다. 조선이 극동 정치에서 핵심지역으로 부상하고 있는 상황하에서 청·영·일의 협조는 중요한 의미를 지닌다. 러·프는 유럽 분규시 조선에 전함을 대피시키고 석탄을 보급받을 수 있다. 조선은 해전시 프랑스 군함의 대피처이다."라며 조선에 대한 영향력을 강화할 것을 건의했다. 또 그는 프랑스는 조선에서 지대한 이익을 얻어 타국보다 선교회 보호가 유리하다. 프랑스는 조선에서의 성직을 프랑스에서처럼 하게 됐다."고 강조했다. 한편 그는 독일 영사가 프랑스 대표보다 서열이 높다고 주장하고 있음을 보고했다. 또 그는 일본은 변리공사에서 전권공사로 승격했고, 고종도 프랑스 대표의 지위승격을 요구한다고 지적했다. 그는 결론적으로 조선에 대한 프랑스의 영향력을 강화하려면 프랑스 정부위원의 직위를 주재 공사로 승격시켜야 한다고 건의했다.[108]

프랑스외교관은 조선 중시로 선회했으므로 조선의 국정을 주시한 것으로 여겨진다. 프랑댕은 왕실이 고빙한 외국인 중에는 유능한 이들도 있어 고종이 이들의 자문을 따른다면 좋을 것이라고 인식했다.[109] 프랑댕은 1894년 귀국하는 자리에서 고종에게 서구식 개혁을 건의했다. 즉 그는 "조선은 많은 자원을 보유한 국가이므로 단지 개발만 하면 됩니다. 백년 전에 유럽국들도 조선처럼 어려운 상황이었습니다. 대부분의 유럽국들은 통상과 산업을 발전시키고 행정을 재조직하고 광산과 지하자원 개발을 격려하고 생산물을 저렴한 가격으로 타국에 수출할 수 있도록 철도, 도로, 운하 등 편리한 교통시설을 만들어 부국과 번영을 이루었습

---

108 『프랑스문서』6, 1894년 2월 22일, pp.128~130.
109 『프랑스문서』6, 1893년 5월 22일, pp.70~71.

니다. 본인은 프랑스정부를 대표하여 조선이 유럽국들의 선례를 따라 전 세계의 열렬한 갈채를 받기를 기원한다"고 건의했다. 이어 그는 조선이 흉작시 프랑스의 식민지인 코친차이나의 쌀을 공급할 수 있다고 제의했다.[110]

---

110 『프랑스문서』6, 1894년 3월 12일, pp.138~139.

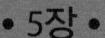
• 5장 •

프랑스 외교관의
조 · 청관계 인식

1. 청의 대조선정책 인식

1) 청의 대조선 입장 인식

이 무렵 러시아의 대조선정책의 기조는 조선을 독립국으로 인정하는 것이었다. 러시아는 1884년 조러통상조약 체결을 계기로 적극적인 대조선정책을 시행 했다. 조선은 임오군란 이후 청이 내정간섭을 강화하자 러시아에 접근했다. 이에 대항하여 영국이 1885년 거문도를 점령함으로써 한반도에서는 청·일·러·영에 의한 다극체제가 형성되었다. 러시아는 영국의 거문도 점령을 계기로 대조선정책을 재검토했다. 러시아정부는 1888년 특별회의에서 러시아가 조선 영토를 점령할 경우 영·청이 좌시하지 않을 것으로 판단했다. 따라서 러시아는 동아시아에서 육군이 증강될 때까지 현상유지정책을 지속하기로 했다. 러시아는 조선의 경제적, 군사적 가치가 청의 속방화정책을 반대하여 청과 대결할 정도로 크지는 않다고 판단했다. 그러므로 러시아는 조선에서 청의 이해관계를 존중하며, 영국과의 관계를 악화시키지 않는 방향으로 정책을 전개하기로 했다. 그러므로 러시아는 청의 대한종주권정책을 묵인했다.

한편 프랑스는 1886년 조선과 평등한 입장에서 조불통상조약을 체결함으로써 조선을 독립국으로 인정했다. 프랑스는 조선과 수교한 이후 한동안 조선과의 외교 업무를 러시아에 맡기다가 플랑시를 정부위원에 임명함으로써 조선과의 직접 외교를 전개했다. 플랑시는 1888년 6월 제물포를 거쳐 서울에 도착했다.[1] 프랑스 외무부는 플랑시에게 조선정부 및 열강 대표와 교섭할 때의 대응지침을 주었다. 그 핵심은 첫째, 프랑스

---

1 『프랑스문서』2, 1888년 6월 10일, p.6.

는 타 열강에 비해 동아시아에서 중요한 정치적 이해관계가 없으며, 둘째, 청·불외교는 조·불외교보다 더 중요하므로 청 대표와 우호관계를 유지할 것, 셋째, 조선이 프랑스에 지원을 요청할 경우 청에 반대해 조선 국왕의 자주적 입장을 지지하지 말 것 등이었다.[2] 이상에서 드러나듯이 프랑스정부는 청과의 외교를 조선과의 외교보다 중시했다. 플랑시는 프랑스정부의 지침에 따라 청의 대조선정책을 예의 주시했다. 플랑시가 부임할 무렵 조·청간에는 파사문제가 쟁점으로 부상했다. 파사문제란 조선이 구미 각국에 전권공사를 파견한 데 대해 청이 강력히 저지한 사안을 의미한다.

고종은 폐위음모사건을 계기로 청의 내정간섭의 심각성을 재인식하고, 구미 각국에 전권공사를 파견하기로 결정했다. 플랑시는 고종이 파사를 결정한 것은 외국인의 조언이 영향을 주었다고 인식했다. 플랑시는 고종이 각국에 공사를 파견함으로써 조선이 청에 예속되지 않았으며, 대등하게 외국과 협상할 권리가 있음을 천명하려고 했다고 파악했다.[3] 또 플랑시는 고종이 미공사와 데니의 요청에 따라 이홍장과 원세개의 반대에도 불구하고 미국에 전권공사를 파견하기로 결정했다고 판단했다.[4] 이를 통해 플랑시는 조선이 자주외교를 추진한 것은 외교사절과 외국인 고문의 역할이 크게 작용했다고 인식한 것을 알 수 있다.

고종은 1887년 심상학을 프랑스, 러시아, 영국, 독일, 이태리 등 5개국의 전권공사에, 박정양을 주미공사에 임명했다.[5] 청은 조선공사의 활동을 제약하기 위하여 조선정부에 '영약삼단'을 준수할 것을 요구했다. 플

2 『프랑스문서』2, 1888년 4월 6일, pp.3~5.
3 『프랑스문서』2, 1887년 8월 10일, pp.53~54.
4 『프랑스문서』3, 1889년 1월 10일, pp.3~6.
5 『고종실록』권24, 고종 24년 6월 29일.

랑시는 청이 이전에는 조선이 체약국에 대해 사절을 파견하는 것에 동의한 바 있었는데, 돌연 입장을 바꿔 그들이 동의했던 조약을 위배하고 있다고 판단했다. 플랑시는 청이 조선의 사절 파견에 반대하는 이유는 조선의 독립 주장을 경계했기 때문이라고 파악했다. 한편으로 플랑시는 청이 전권공사의 직함을 수정할 것을 요구하여 종주국 지위를 입증하려 획책한다고 파악했다.[6]

플랑시는 청은 조선정부의 자주외교의 이면에는 데니의 권고가 작용한 것으로 단정하고 있다고 인식했다.[7] 플랑시는 이홍장이 데니를 축출하려고 획책하여 데니가 조선정부로부터 지급받지 못한 봉급을 청이 보상하는 조건을 제시하여 데니를 퇴직시켰다고 파악했다.[8] 또 플랑시는 이홍장이 파사문제를 완전히 해결하려고 고종에게 주미공사 박정양과 홍콩에 체류하는 조신희의 소환을 간청했지만 성과를 보지는 못했다고 파악했다.[9]

다음으로 플랑시가 주목한 것은 조선에서 유포되는 청의 파병설이었다. 청군은 임오군란 이후 조선에 주둔하다가 천진조약을 계기로 1885년 7월 마산포에서 철수한 바 있었다.[10] 플랑시는 청국 공사관원들의 언동을 근거로 이 기사가 전혀 근거없는 것은 아니라고 인식했다. 플랑시는 청이 조공국을 차례차례로 상실하자 위기의식을 가지게 되었다고 파악했다. 플랑시는 본국정부에 청이 조선을 국가안전상 요지로 인식하고 병합을 추진하려 한다고 보고했다.[11] 플랑시는 청이 전통적인 조공관계

---

6 『프랑스문서』2, 1888년 7월 30일, pp.46~51.

7 『프랑스문서』2, 1888년 8월 12일, pp.54~58.

8 『프랑스문서』3, 1889년 2월 19일, pp.45~47.

9 『프랑스문서』3, 1889년 2월 19일, pp.45~47.

10 『승정원일기』, 고종 22년 5월 25일.

11 『프랑스문서』3, 1889년 2월 10일, pp.34~38.

를 넘어 조선을 병합하고자 한다고 판단한 것을 보여준다.

이 시기 청의 외교권을 장악하고 있던 인물은 직예총독 이홍장이었다. 이홍장이 파병설을 공식적으로 부인했음에도 불구하고 플랑시는 이를 믿지 않았다. 플랑시는 청의 집권층의 동향을 예의 주시했다. 영국 런던주재 청 공사인 유서분은 광서제에게 조공은 조·청관계의 미약을 증명한다고 주장하면서 보다 강력한 대조선개입을 건의했다. 유서분은 강력한 권한을 소유하고 강력한 군대의 지원을 받는 고위급의 청국 주차관을 서울에 배치할 것을 건의했다.[12]

플랑시는 유서분의 상소를 근거로 청 정부에서 대조선강경책이 거론되고 있다고 판단했다. 그러므로 플랑시는 청의 조선에 대한 태도를 예의 주시했다. 그 과정에서 플랑시는 청이 조선정부에 최후통첩을 했다는 첩보를 입수했다. 최후통첩의 내용은 조선 국왕은 아들에게 양위하고, 조선은 조약체결국들인 강대국에 대해 조선이 청국의 속방임을 공표해야 한다는 것이었다. 또 플랑시는 광서제가 청에 호감을 보여온 대원군을 조선의 지배자로 임명할 것이 확실하다는 첩보를 입수했다. 플랑시는 일련의 첩보를 통해 청의 시도는 조선을 보호국으로 편입시키려는 데 있다고 결론지었다.[13] 그러므로 플랑시는 청군의 동향을 예의 주시했다. 이후 청은 1889년 9월 8척의 함대를 한반도에 파견했다. 청 함대는 제물포를 경유하여 거문도, 부산, 원산, 두만강 등 한반도 전 해역을 항해했다. 플랑시는 청 함대가 한반도 주변을 항해한 주된 목적은 청제국의 깃발을 휘날리며 조선에 대해 시위하는 데 있다고 파악했다.[14]

플랑시는 청의 대조선 경제정책에 대해서도 예의 주시했다. 청 정부

12 『프랑스문서』3, 1889년 3월 31일, pp.74~75.
13 『프랑스문서』3, 1889년 4월 30일, pp.87~90.
14 『프랑스문서』3, 1889년 9월 22일, pp.189~190.

는 1889년 11월 조선 상품에 대한 관세를 절반으로 인하했다. 플랑시는 청의 조치에 대해 조선을 청의 한 지방과 동일시하기 위한 정치적인 결정이라고 판단했다.[15] 플랑시는 청의 관세정책을 조선에 대한 속방화정책의 일환으로 인식한 것을 보여준다. 한편 청은 조선이 외국으로부터 차관을 도입하는 것을 강력히 저지했다. 이홍장은 천진주재 조선통상사무독리에게 조선의 차관계획을 승인하지 않을 것이라고 통보하고, 일본의 차관도입도 반대했다.[16]

한편 조선정부는 1890년 5월 해관세 수입을 담보로 유럽과 차관을 교섭했다. 청은 유럽이 조선에 차관을 공여하는 것을 반대했다.[17] 청 총리아문은 조선은 청에 담보로 제공한 바 있던 해관수입을 담보로 타국과 차관을 교섭할 권한이 없다고 주장했다. 또 조선 해관의 관리들은 청관리들로서, 청 황실의 지시만을 따를 것이라고 천명했다. 이후 이홍장은 열강국에 주재 중인 청 대표들에게 청 정부는 조선의 차관에 반대한다는 공문을 발송했다.[18] 플랑시는 본국정부에 청의 주장에 대해 논리적으로 성립할 수 없는 것이라 보고했다. 플랑시는 과거 조선은 청으로부터 담보 없이 차관을 도입했고, 청 황실도 수차 조선 해관에 대해 권리가 없다고 언급한 바 있음을 지적했다. 또 조선 해관의 관리들은 조선정부의 외무아문으로부터만 명령을 받는다는 사실을 상기시켰다. 플랑시는 결국 조선은 차관도입에 실패했다며 보고하면서 청의 조선차관 반대는 종주권 강화에 있다고 강조했다.[19] 이후 청은 조선의 해관을 통제하고자

---

15 『프랑스문서』3, 1889년 12월 7일, p.292.
16 『프랑스문서』4, 1890년 3월 31일, pp.118~119; 같은 책, 1890년 4월 7일, pp.124~125.
17 『청계중일한관계사료』5(대북 중앙연구원근대사연구소, 1972), No.1548. 광서 16년 6월 28일, pp.2801~2803.
18 『청광서조중일교섭사료』11(고궁박물원, 1963), No.703. 광서 16년 3월 15일, p.30.
19 『프랑스문서』4, 1890년 7월 16일, pp.183~186.

조선에 차관을 제공하고자 했다.[20] 플랑시는 청의 목표는 조선에 차관을 제공하고 상환을 보증한 주요 부서를 장악하려는 데 있다고 파악했다. 그리고 청이 궁극적으로 조선정부가 청의 승인 없이 사업을 추진하는 것을 저지할 수 있게 됐다고 평가했다.[21]

조선정부는 유럽차관이 실패하자 1892년 8월 청에서 10만 냥의 차관을 도입했다.[22] 조선정부가 청에서 차관을 도입한 배경은 독일 상사에서 구입한 미곡운반 증기선대금을 지불하기 위해서였다. 그 무렵 독일 상사는 조선정부가 증기선대금을 지불하지 못하자 증기선을 압류했다.[23] 플랑시는 청 차관에 대해 청이 조선 재정문제에 교묘한 방법으로 개입했다고 인식했다. 그러면서 종주국이 조공국에 차관을 제공하는 것은 중요한 정치적 의미가 있다고 평가했다.[24] 그를 통해 플랑시는 청의 대조선 경제정책 역시 속방화정책의 일환으로 규정한 것을 보여준다.

플랑시는 청은 조선에 대한 종주권 행사에 가장 제동을 가할 국가로서 러시아를 경계한다고 인식했다. 러시아는 1891년 5월 완공을 목표로 시베리아횡단철도를 착공했다. 이에 청 언론은 러시아의 남진을 막고자 만주에 부대를 주둔시켜 조선군과 연합작전을 추진해야 한다고 주장했다.[25] 이홍장도 영국기자에게 "러시아가 조선을 침공할 경우 청은 개입할 것이다. 조선은 자립이 불가능하므로 독립 논의는 무용하다"고 언급했다. 플랑시는 이를 근거로 청의 대조선정책이 조만간 변경될 것으로 내

---

20 『청계중일한관계사료』5, No.1727. 광서 18년 9월 5일, p.3044.
21 『프랑스문서』5, 1891년 10월 20일, p.120.
22 김정기, 「조선정부의 청차관 도입」, 『한국사론』(1976), pp.468~473.
23 『프랑스문서』5, 1892년 11월 15일, p.233.
24 『프랑스문서』5, 1892년 12월 15일, p.230.
25 『프랑스문서』4, 1890년 12월 10일, pp.251~255.

142 서구 열강과 조선

다봤다.[26] 플랑시는 청이 러시아와 일전을 각오할 정도로 조선속방화에 대한 집착이 대단하다고 평가했다. 다음으로 플랑시는 청은 일본의 조선 진출을 견제하려고 조선에 차관을 제공했다고 파악했다.[27] 플랑시는 청이 조선에 대해 유화정책으로 전환한 것은 일본을 견제하려는 의도라고 추정했다.[28]

플랑시는 청의 대조선정책을 종주권 강화, 속방화, 보호국화, 병합 등으로 지지했지만 청의 대조선정책을 특정하지는 않았다. 그렇지만 플랑시는 청의 대조선정책이 전통적인 조공관계를 넘어서는 것으로 판단했고, 궁극적으로는 조선을 병합하고자 하는 데 있다고 인식했다.[29]

2) 원세개의 활동 인식

청 정부의 대조선정책을 조선 현지에서 실행한 인물은 원세개였다. 원세개는 1882년 임오군란 진압차 조선에 왔고, 갑신정변 진압에도 개입한 바 있었다. 청은 1885년 원세개에게 '주차조선총리교섭통상사의'라는 직함을 주어 조선에 파견했다. 원세개는 조선정부의 군사고문으로 행세하면서 조선의 군사문제에 적극 개입했다.[30] 조선정부는 군대 재건에 원세개의 자문을 구했고, 그에 따라 군제를 청식 친군체제로 통일했다. 청

---

26 『프랑스문서』3, 1889년 2월 25일, pp.61~63.

27 『프랑스문서』5, 1891년 10월 20일, p.120.

28 『프랑스문서』5, 1891년 12월 29일, p.145.

29 이 시기 청의 대조선정책에 대해서는 종주권 강화가 아니라 조선의 식민지를 목표로 한 과도기적 정책으로 보는 시각도 있다. 즉 청의 대조선정책은 유교의 상하우열질서에 기초한 '문화적 속방정책'에서 서양자본주의의 침략방식을 채택한 '식민지적 속방정책'으로 중심이 바뀌었다는 것이다. 김정기, 「청의 조선정책(1876-1894)」, p.67.

30 육군본부, 『한국군제사』근세조선후기편(1977), p.325.

식 친군체제는 지방병영으로까지 확대하여 친군서영·친군심영·친군남영·친군무남영·친군북영·친군진어영 등이 창설됐다.[31]

원세개는 조·청간의 외교통상문제를 다루는 것이 공식 임무였지만 청제의 유지, 총리아문·북양대신의 문빙, 서신을 빙자하여 대소 국정에 간여하지 않은 것이 없었다.[32] 조선을 청의 속국으로 편입시키고자 획책했다.[33] 이같이 그는 러·일의 위협을 구실로 조선에 대해 청에 의지하여야 한다고 강요했고, 그 결과 탈청정책을 추진한 고종과 대립했다. 원세개는 조선이 러시아에 접근하자 조선정부에 거짓으로 청군 파병설을 통보하여 조·러 접근을 차단했다. 이후 원세개는 고종을 폐위하고 대원군의 손자인 이준용을 국왕으로 추대하고자 획책했지만 민영익의 밀고로 실패했다.[34]

플랑시는 1887년경부터 원세개의 영향력이 약화되기 시작했다고 파악했다.[35] 플랑시는 원세개가 영향력을 회복하기 위하여 다양한 수법을 사용하고 있다고 추측했다. 먼저 플랑시는 원세개가 보수정치의 신봉자인 대원군과 제휴를 추진한다고 판단했다.[36] 다음으로 플랑시는 원세개가 청군의 파병을 모의하고 있다고 추정했다. 이 무렵 조선에서는 외국인들이 어린이들을 매매하기 위하여 납치하고 있다는 소문이 유포되었다. 플랑시는 조선의 소문과 청국의 천진과 북경에서 유포된 소문이 유사함에 주목했다. 플랑시는 원세개가 조선인이 서구인을 의심하는 것을

---

31 최병옥, 『개화기의 군사정책연구』(경인문화사, 2002), pp.233~234.

32 송병기, 「소위 「삼단」에 대하여−근대 한청관계사의 한 연구−」, 『사학지』제6집(단국대학교 사학회, 1972), p.94.

33 『고종실록』권23, 고종 23년 7월 29일.

34 이양자, 『조선에서의 원세개』(신지서원, 2002), pp.176~177.

35 『프랑스문서』2, 1888년 6월 23일, pp.12~15.

36 『프랑스문서』2, 1888년 8월 12일, pp.54~58.

이용하고 있다고 판단했다. 플랑시는 원세개가 조선인들이 어린이 납치설을 계기로 소요를 일으키기를 유도하고, 조선정부가 질서유지에 무력하다는 것을 드러내도록 하여 서울에 청군을 진주시키려 한다고 추측했다. 플랑시는 청군의 파병은 청의 영향력을 강화시켜 원세개의 영향력을 회복하려는 계략이라고 해석했다.[37] 이후에도 청군 파병설은 빈번히 유포되었다. 특히 청이 조선에 군대를 진주하여 고종을 제주도에 유배 보내고, 청국인을 왕으로 세울 것이라는 풍설이 유포되어 조선인들이 피난 소동을 벌이기도 했다.[38] 그 후에도 원세개는 지속적으로 청의 조선 파병을 추진했다. 그는 청의 파병을 용이하게 하기 위해 조선군의 복장을 청군과 동일하게 할 것을 조선정부에 제의했다.[39]

원세개는 조선정부가 구미 각국에 공사를 파견하는 것을 강력히 저지했다. 원세개는 이홍장에게 보내는 보고서에서 고종은 서정을 모두 폐하고 파사하는 것으로 일삼고 있다고 언급했다.[40] 영국 서리총영사 베버E. C. Baber와 독일 총영사 잡페E. Zappe는 원세개에게 조선의 공사 파견은 청의 체면을 크게 손상시키는 것이므로 이를 제지해야 한다고 조언했다. 이에 원세개는 한층 자신을 가지고 조선정부의 공사 파견을 강력히 저지했다.[41] 원세개는 주미공사 박정양과 홍콩에 체류하고 있던 유럽공사 조신희의 소환을 고종에게 간청했다.[42] 고종은 원세개의 강력한 요구로 주미공사 박정양을 귀국시켰다. 그럼에도 불구하고 원세개는 의정부에

37 『프랑스문서』2, 1888년 6월 23일, pp.12~15.
38 『프랑스문서』3, 1889년 2월 28일, pp.64~66.
39 『일본외교문서』(한국편)제5책, 기밀제52호, 1893년 7월 29일, 朝鮮國軍ノ淸國軍服制採用ニ付討議ノ旨情報ノ件, p.488.
40 송병기, 앞의 글, p.97.
41 이양자, 앞의 책, p.180.
42 『프랑스문서』3, 1889년 2월 19일, pp.45~47.

조회하여 박정양을 처벌할 것을 요구했고, 조선정부와 박정양의 처벌문제를 가지고 실랑이를 벌였다. 고종은 청의 처벌요구를 거부하고 박정양에게 통리교섭통상사무아문 독판직을 제수하려 했다. 원세개는 이에 항의했으나 소용이 없자 왕실행사에 불참했다.[43] 이후 고종은 박정양을 승정원 도승지, 홍문관 부제학에 제수했다. 원세개는 실권이 없는 독판을 제치고 영의정과 담판했지만 성과가 없었다.[44] 원세개가 영의정과 담판한 이유는 심순택, 김홍집, 김병시, 민응식 등의 대신들이 파사에 반대했기 때문으로 보여진다.[45] 고종은 원세개의 요구로 11월 박정양의 승정원 도승지, 홍문관 부제학직을 면직했지만 처벌은 하지 않았다.[46] 플랑시는 원세개가 조선의 구미공사 파견을 적극 저지하고 있다고 인식했고, 특히 홍콩에 체류하고 있는 조신희를 묶어두려 한다고 파악했다.[47] 플랑시는 원세개가 한동안 단절된 조·청 사이의 황실관계를 부활시키려고 고종에게 거액의 선물을 납부하는 등 현격한 변화를 보이고 있다고 파악했다.[48]

원세개의 조선내 활동을 가장 강력하게 견제한 인물은 데니였다. 데니는 1888년 8월 조·청관계에 대한 입장을 천명한 『청한론』을 배포했다. 데니는 『청한론』에서 청이 조선에 가한 모든 불법적 행동을 폭로하고, 고종이 무기력하고 무경험하다는 비난을 반박했다. 또 데니는 조선은 청에 예속된 적이 없었다고 주장했다. 그리고 조선이 청에 예속되었다면 열강은 조선과의 조약을 거부했을 것이라고 반박하면서, 열강은 조

---

43 『프랑스문서』3, 1889년 9월 27일, pp.197~198.

44 『프랑스문서』3, 1889년 12월 17일, pp.301~303.

45 송병기, 앞의 글, p.97.

46 송병기, 앞의 글, p.113.

47 송병기, 앞의 글, pp.111~112.

48 『프랑스문서』4, 1890년 1월 6일, pp.3~5.

약을 통해 조선을 독립국으로 인정한 것이라고 주장했다.[49]

플랑시는 본국정부에 『청한론』 중에서 2장이 가장 긴 부분으로서 원세개의 비정상적인 태도를 서술했다고 보고했다. 그리고 2장의 주된 내용은 원세개의 밀수 조장, 고종의 목숨을 상대로 한 음모의 선동, 내정 간섭, 고종과 관리에 대한 협박 등이라고 보고했다. 플랑시는 『청한론』이 원세개에 대한 분노가 상당 부분을 차지하는 등 외교문제를 폭로한 미국잡지를 읽는 느낌이라고 언급했다.[50] 플랑시는 원세개가 『청한론』을 보고 격앙된 반응을 보였으며 그에 따라 데니는 물론 데니의 후견인으로 판단한 미·러공사와의 접촉을 기피했다고 인지 했다.[51] 또 데니가 원세개가 궁중에 가마를 타고 출입하는 것을 제지하는 등 격렬히 충돌했다고 파악했다.[52]

플랑시는 원세개가 가장 경계한 인물로 데니를 지목했다. 원세개는 데니가 구미공사 파견에 깊이 개입했다고 판단했으므로 조선정부에 광서제 즉위 이전에 데니를 조선에서 내보낼 것을 요구했다.[53] 원세개는 조선정부에 대해 연체된 데니의 봉급을 청이 보상할 것이라는 조건으로 데니의 면직을 요구하여 이를 관철시켰다.[54] 데니는 1890년 4월 16일 조칙으로 면직됐다. 플랑시는 원세개가 르장드르의 고빙을 반대했던 이유도 조선독립을 지지한다고 인식했기 때문으로 풀이했다.[55] 한편 러시아

---

49 『청한론』의 성격에 대해서는 김현숙, 「구한말 고문관 데니(O.N.Denny)의 『청한론』 분석」, 『이화사학연구』 제23·24합집(이화사학연구소, 1997) 참조.

50 『프랑스문서』2, 1888년 8월 25일, pp.59~61.

51 『프랑스문서』2, 1888년 9월 18일, pp.69~71.

52 『프랑스문서』2, 1888년 11월 2일, pp.100~101.

53 『프랑스문서』3, 1889년 4월 30일, pp.87~90.

54 『프랑스문서』3, 1889년 2월 19일, pp.45~47.

55 『프랑스문서』4, 1890년 3월 27일, pp.116~117.

공사 베베르는 데니와 원세개의 대립에서 데니를 지지했고, 청 공사가 주최한 청 황후 축제에도 불참했다. 플랑시는 베베르가 청에 호의적이지 않고, 데니와 제휴한 것은 데니가 러시아의 이익을 대변했기 때문이라고 해석했다.[56] 그 뒤 청은 러시아정부에 베베르의 대청 적대행위에 대해 강력하게 항의했다. 플랑시는 그 결과 베베르가 청에 대한 강경한 태도를 누그러뜨렸다고 인식했다.[57]

한편 원세개는 외교사절단과의 관계를 재조정하려 기도했고, 1889년 2월 경부터 독자적 행보를 개시했다. 종래 원세개는 스스로를 타국의 외교사절과 영사들의 동료로 인식하여 미·러·일공사 다음의 직위를 차지했고, 외국 대표자회의에서 정치·통상 같은 주제를 가지고 토의할 때 꾸준히 참여한 바 있었다. 그런데 원세개는 태도를 바꿔 외교사절단 회의에 불참했다. 플랑시는 원세개익 행보는 향후 조선정부에 간섭을 강화하려는 신호라고 해석했다.[58] 이후에도 플랑시는 원세개가 조선 관리에게 자신은 단순한 외교관이 아님을 주지시키고 있으며, 나아가 조선의 대외관계를 감독하려 한다고 파악했다. 플랑시는 원세개의 돌변은 청의 조선속방화 조치와 연관이 있다고 해석했다.[59]

이상과 같은 원세개의 행보는 이후에도 계속되었다. 원세개는 조선은 청의 조공국이므로 청 대표는 다른 외국사절과 입장이 다르다고 강조했다. 그는 자신은 외교관이 아닌 주차관으로서 조공국의 정치 일반을 통제할 권한이 있다고 주장하는 한편 향후 외교사절단회의에 불참할 것을 통보했다. 플랑시는 본국정부에 이 같은 원세개의 자만은 청국식 사

---

56 『프랑스문서』2, 1888년 11월 20일, pp.108~109.

57 『프랑스문서』3, 1889년 2월 28일, p.65.

58 『프랑스문서』3, 1889년 2월 24일, pp.56~57.

59 『프랑스문서』4, 1890년 1월 28일, pp.49~51.

고방식에서 기인한다고 지적하면서 청의 특혜를 인정해서는 안 된다고 건의했다.[60] 베베르도 원세개가 열강 외교 대표에 비해 직위가 높고 예외적인 위치에 있는 양 처신하고 있다고 비판했다. 이어 베베르는 본국정부에 원세개를 자제시킬 지시를 내려줄 것을 청훈했다.[61]

한편 고종은 청의 간섭을 배척하고자 원세개의 첩자가 많은 통리교섭통상사무아문을 제쳐놓고, 외국인 고문을 통해 차관을 도입하고자 했다.[62] 원세개는 차관제공의 실익과 차관의 파괴적인 영향력을 인식하면서 청의 차관제공이 주는 여섯 가지 이익을 예시했다. 첫째, 고종의 자주정책을 분쇄할 수 있다. 둘째, 조선의 재정을 조정할 수 있고 각종 이권을 획득할 수 있다. 셋째, 조선의 내치와 외교를 간섭할 수 있다. 넷째, 서양과 일본의 조선간섭을 배제할 수 있다. 다섯째, 청 차관제공의 독점으로 '상국-속방체제'를 유지할 수 있다. 여섯째, 조선 해관의 운영권과 수세권을 장악할 수 있다는 것이었다.[63] 그러므로 원세개는 조선이 청으로부터만 차관을 도입하고 다른 국가에서 차관을 도입하는 것을 적극 저지했다.

고종은 데니를 통해 외국으로부터 차관을 도입하고자 했다.[64] 이에 데니는 프랑스은행에서 차관을 도입하기로 했다. 원세개는 타국으로부터의 차관도입은 청의 결재를 받아야 한다고 주장하며 이를 저지했고, 일본차관도 저지했다.[65] 고종은 르장드르에게 총세무사를 맡기고 해관의

---

60 『프랑스문서』4, 1890년 12월 27일, p.259.

61 『러시아문서』, 1890년 3월 28일, p.118.

62 이양자, 앞의 책, p.182.

63 김정기, 「청의 조선정책(1876~1894)」, pp.63~64.

64 『청계중일한관계사료』5, No.1443. 광서 15년 6월 30일, p.2624.

65 이양자, 앞의 책, pp.183~184.

독자운영을 기도했지만 원세개의 저지를 받았다.[66] 결국 고종은 르장드르에게 총세무사직 제수를 포기하고 내아문협판직을 제수했다.[67]

플랑시는 조선보다는 청과의 관계를 중시했지만 낮은 지위의 원세개가 조선의 국정에 개입하는 것에 대해 비판적이었다. 플랑시는 원세개가 고종에게 난폭한 정책을 권장하여 고종의 지지를 잃었다고 인식했다.[68]

2. 조선의 대청정책 인식

1) 파사문제 인식

조선정부는 청군 철수 이후에도 자행되는 청의 내정간섭을 탈피하고자 했고, 청의 공격을 차단하고자 러시아와의 밀약을 추진하기도 했다. 고종은 1887년 11월 내무부협판 조신희를 프랑스, 러시아, 영국, 독일, 이태리 등 유럽 5개국의 전권공사로 임명했고, 조신희는 1888년 1월 출발했다.[69] 조신희는 홍콩을 경유하여 영국, 프랑스, 독일을 거쳐 러시아의 페테르부르그에 상주할 예정이었다. 청은 조선공사의 활동을 제약하기 위하여 외국정부에 '영약삼단'을 준수할 것을 요청했다. 외국정부들은 조선 국왕의 언급을 기초로 청의 요구를 거부했고, 특히 러시아는 조선사절을 환영할 준비를 했다. 주일 조선공사는 청 공사의 보좌 없이 일

---

66 『청광서조중일교섭사료』11, No.685. 광서 16년 2월 16일, p.26.

67 이양자, 앞의 책, p.184.

68 『프랑스문서』2, 1888년 12월 6일, p.154.

69 『프랑스문서』2, 1888년 7월 30일, p.52.

왕에게 신임장을 제출했고, 주미 조선공사도 청 공사를 배제했다.[70]

플랑시는 프랑스 외무부에 조선 대표들을 독립국의 대표처럼 접대해야 할지, 아니면 외교문제를 다룰 자격이 없는 속국의 관리로 접대해야 할지를 문의했다. 이어 그는 조선을 독립국으로 간주할 경우 청을 모욕하는 것이고, 조선을 종속국으로 취급할 경우 조·불간의 공식 협정을 취소해야 할 것이라고 지적했다. 또 조선이 종속국이라면 조불통상조약은 무효로서 조선은 공사 파견권이 없는 것이고, 자주국이라면 청이 조·불관계에 간섭하는 것은 불가하다고 지적했다. 플랑시는 결론적으로 청이 조선사절 파견에 반대하는 것은 그들이 동의했던 조약을 위배하는 것이며, 노선을 바꿔 조선에 우월성을 강요하려는 의도라고 평가했다.[71] 플랑시는 기본적으로 조선의 주권을 인정하고 청의 횡포를 비판한 것을 보여준다.

플랑시는 본국정부에 프랑스는 조선을 독립국으로 간주했기 때문에 청의 간섭을 용납하지 말고, 미국정부같이 조선 대표를 접대할 것을 건의했다. 한편 프랑스 외무부는 미국에 파견한 조선공사가 청 대표를 배제한 것에 대해 조선의 대청 저항을 의미한다고 인식했다. 프랑스 외무부는 플랑시의 건의를 합리적 결론으로 인정하면서도 불·청관계의 중요성을 상기시켰다. 그리고 프랑스정부는 조선사절이 단독으로 출석할 경우 독립국 대표로서 공식적으로 그를 접견할 것이며, 청 공사가 반대할 경우 프랑스는 조·청간의 화합을 권유한다는 방침을 정했다. 프랑스정부는 조선 대표의 접대에 대해서는 조선과 관계있는 유럽 열강의 대응을 보아가며 결정하고자 했고, 특히 러시아정부의 접대방침을 전례로

---

70 『프랑스문서』2, 1888년 7월 30일, pp.46~51.

71 『프랑스문서』2, 1888년 7월 30일, pp.46~51.

삼으려 했다.[72] 프랑스 외상은 조선을 주권국으로 인정했으므로 조선주재 대표를 청·일주재 자국 대표와 대등한 입장에 서게 했고 플랑시로 하여금 직접 외무성에 보고하게 했다.[73] 이같이 프랑스는 공식적으로 조선이 청의 종속국이 아니라 주권독립국이라고 인정했지만 청과의 이해를 중시하여 조·청간의 특수한 관계를 묵인했다.[74] 러시아 외무성도 조선이 러시아에 사절을 보내는 것은 청으로부터 보호를 청원하려는 것으로 판단하고 베베르 공사에게 파사문제를 지원하지 말라고 지시했다.[75]

한편 조선공사는 청의 '영약삼단' 준수 요구를 거부했다. 주미공사 박정양은 청 공사를 배제하고 미국대통령에게 신임장을 제출했다. 그에 대해 원세개는 조선정부에 주미공사의 소환을 요구하여 박정양을 귀국하게 했다. 원세개는 고종에게 박정양을 처벌할 것을 요구했다. 고종은 청의 요구에 따라 박정양을 처벌할 경우 자주권을 침해받고, 그 결과 각국과 평등하게 외교사절을 교환하지 못할 것을 우려했다.[76] 이에 고종은 박정양이 귀국하자 그를 형식적으로 처벌하고 통리교섭통상사무아문의 독판직을 맡기려 했다. 플랑시는 고종이 조약을 통해 인정받은 권리를 강행하려 한다고 인식했다.[77] 고종은 귀국한 박정양에게 승정원 도승지, 홍문관 부제학에 제수하여 원세개를 격앙시켰고, 박정양의 장남인 박승길을 규장각 검서직에 제수하고자 했다.[78] 플랑시는 규장각 검서직은 지체 높은 양반에게 국한된 직책으로서 조선에서 크게 선호되던 직책으

---

72 『프랑스문서』2, 1888년 11월 17일, pp.106~107.

73 우철구, 「청일전쟁을 전후한 프랑스와 한국」, 『한불수교100년사』(한국사연구협의회, 1986) p.137.

74 우철구, 위의 글, p.162.

75 『러시아문서』, 1890년 5월, p.296.

76 송병기, 앞의 글, p.112.

77 『프랑스문서』3, 1889년 1월 10일, pp.3~6.

78 『고종실록』권26, 26년 7월 24일, 11월 9일.

로 인식하고,[79] 고종의 조치에 대해 지나치게 청에 도전하는 것으로 평가했다.[80] 고종은 박정양을 승정원 도승지 직에서 면직시킬 것을 약속했지만 약속을 이행할 의사는 없었다. 플랑시는 조선정부 일각에서 원세개가 무력을 사용할 것을 우려하고 있다며 고종이 위험한 게임을 시도하고 있다고 평가했다.[81]

한편 청은 유럽공사 조신희의 임무 수행을 방해했다.[82] 조신희는 고종의 명령 없이 홍콩을 출발하여 1890년 1월 부산에 도착한 뒤 원세개의 비호로 유배형에 처해졌다. 조선정부는 조신희에 대해 근무지 이탈죄를 적용하고 전라도 함열에 유배를 보냈다. 고종은 천진주재 통상사무독리를 역임했던 박제순을 유럽의 특명전권공사에 제수하여 전임자의 직무를 계속하게 했다.[83] 플랑시는 조선정부가 조신희를 유배형에 처한 것은 명목상의 엄벌로 평가하고, 조신희는 조만간 상경하여 요직을 맡을 것으로 내다봤는데[84] 실제로 조신희는 얼마 지나지 않아 사면됐다.[85] 플랑시는 조신희의 귀국은 원세개의 계산이 적중한 결과라고 판단했고,[86] 조선정부가 다시 미국에 전권공사를 파견하지는 않을 것으로 예측했다. 플랑시는 박제순의 출발 가능성에 대해서도 의문을 표시하는 등 유럽공사관이 유지되지 않을 것으로 단정했다. 그러면서 플랑시는 청의 방법

79 『프랑스문서』4, 1890년 1월 24일, pp.41~42.

80 『프랑스문서』3, 1889년 12월 17일, pp.301~303.

81 『프랑스문서』4, 1890년 1월 6일, pp.3~5.

82 『러시아문서』, 1890년 5월 21일, p.118.

83 『구한국외교문서 법안 1』(고려대학교 아세아문제연구소, 1967), 이하 『법안 1』로 약칭, No.235. 1890년 2월 20일, p.102.

84 『프랑스문서』4, 1890년 2월 9일, pp.70~71.

85 『프랑스문서』4, 1890년 9월 18일, pp.200~201.

86 송병기, 앞의 글, p.115.

이 성공했다는 결론을 내렸다.[87]

한편 조선은 삼단의 개정을 시도했다. 고종은 1887년 12월 근신 정병하와 통리교섭통상사무아문 독판 조병식을 원세개에게 보내 삼단의 개정을 요구했지만 성과를 거두지 못했다. 고종은 1889년 10월 주진독리 통상사무 김명규를 이홍장에게 보내 재차 삼단의 개정을 요구했지만 성과가 없었다.[88] 그럼에도 불구하고 고종은 1891년 5월 조선공사 파견문제를 이홍장과 상의하고자 통리교섭통상사무아문 협판을 역임한 바 있던 한성부판윤 변원규를 천진에 파견했다. 변원규는 청에 영약삼단의 수정안을 제시했다. 그 핵심은 첫째, 청국공사가 조선공사를 소개하는 절차를 무효화한다. 둘째, 조선공사는 주재 공사의 직함을 가지고, 청국 전권공사에 비해 상대적으로 낮은 지위를 갖는다. 셋째, 조선의 외교사절들은 중요 사항에 대해 비공식으로 청 공사의 자문을 받는다는 것이었다. 청은 종주권 확립을 기도했으므로 조선 대표의 주재 공사 직함을 불허하고 조선이 청의 속국임을 나타내는 명칭 사용을 요구했다. 또 청은 조선공사들을 조공국의 공사로 규정하여 외국정부들이 외교사절로 인정하지 않게 하고자 획책했다. 그러나 변원규는 청의 제의를 거절했으므로 협상은 결렬됐다. 조·청간의 교섭을 주시하던 플랑시는 본국정부에 고종의 구미공사 파견 열망은 누구나 다 아는 사실이라고 지적하면서, 조·청간의 이해 양립으로 해결의 실마리는 없다고 보고했다.[89]

---

87 『프랑스문서』4, 1890년 2월 5일, pp.59~61; 『프랑스문서』4, 1890년 3월 22일, pp.114~115.

88 송병기, 앞의 글, pp.107~108.

89 『프랑스문서』5, 1891년 5월 6일, pp.81~84.

2) 고종의 대청 입장 인식

고종은 폐위모의사건 이후 원세개를 크게 경계했으므로 데니로 하여
금 원세개를 견제하게 했다. 원세개의 임기는 1888년 10월까지였다. 고
종은 1888년 7월, 1889년 6월과 9월, 10월 이홍장과 원세개의 교체를 교
섭했다.[90] 그렇지만 이홍장은 원세개를 세 차례나 연임시켰고, 1890년 1
월에는 2품직으로 승진시켰다.[91] 이홍장은 조선정부가 데니를 면직시킨
다면 원세개의 교체에 동의할 것이라고 통보했다.[92] 고종은 데니를 통리
교섭통상사무아문의 외교 담당 당상관과 내무부협판직에서 면직시켰
다. 하지만 청은 데니의 면직 후에도 계속해서 원세개를 조선에 체재시
켰다. 고종은 청 정부가 원세개를 유임시키자 데니를 소환하여 원세개
에 대응하려 했고, 청은 데니의 도착에 맞춰 군함 8척을 보내는 등 해상
시위를 전개했다.[93] 이후 고종은 청과 상의 없이 데니의 후임으로 프랑스
계 미국인인 르장드르를 고빙할 것을 결정했다. 청이 원세개의 교체를
거부하는 상황하에서 충청도 예산의 관리가 지방을 여행 중인 청인을
체포하여 고문을 가한 사건이 발생했다. 플랑시는 이 사건에 대해 조선
의 강력한 반청을 의미한다고 평가했다.[94]

고종의 탈청 의지는 파사 외에도 제 분야에서 확연히 표출됐다. 청은
1885년 6월 조선과 의주전선조약을 체결하고, 25년간 조선의 전신부설
권과 관리권을 독점하고자 했다.[95] 조선정부는 청이 조선의 전신을 독점

90 『청계중일한관계사료』5, No.1483. 광서 15년 12월 1일, pp.2695~2701.

91 송병기, 앞의 글, p.111.

92 『프랑스문서』2, 1888년 12월 30일, pp.162~163.

93 『프랑스문서』3, 1889년 7월 3일, pp.154~155.

94 『프랑스문서』4, 1890년 5월 18일, pp.156~157.

95 이양자, 앞의 책, p.182.

하는 것을 더 이상 허용하지 않으려 했다. 조선은 직접 전신국을 설치하기로 결정하고 통신을 북부 국경까지 연장시켜 러시아 전신망과 연결하고자 했다.[96] 플랑시는 조선정부의 독자적 전신선 가설 시도를 청 간섭 탈피방안으로 해석했다.

한편 고종은 탈청을 위하여 조선에 주재하는 외교사절과 긴밀히 접촉했다. 1880년대 후반 조선에 주재하는 외교사절은 미국, 러시아, 일본, 독일, 영국이었다. 외교사절의 등급은 미국은 공사, 러시아는 공사, 일본은 대리공사, 영국은 서리총영사, 독일은 영사였고, 프랑스는 정부위원이었다.[97] 고종은 열강이 조선의 자주외교를 지지해주기를 기대했다. 고종이 1888년 프랑스대통령에게 조선의 독립을 천명하는 서한을 보낸 것은 바로 그 같은 이유에서 나온 것이었다.[98]

조선주재 외교사절단은 두 파로 나뉘어졌다. 즉 오랜 시일 같이 일해온 미국, 러시아 대리공사와 뒤늦게 합류한 일본 대리공사가 한 파를 형성했고, 원세개를 지지하는 영·독 총영사가 다른 한 파를 형성했다. 플랑시는 전자를 조선의 자주권을 지지하는 자주국가파, 후자는 청의 우월권을 지지하는 청국파로 분류하면서 전자는 고종의 지지를 받아 우세한 자리를 차지한 반면 후자는 영·독을 위하여 아무런 이득이 없는 행동을 하고 있다고 평가했다. 플랑시는 본국정부에 후자는 조선정부로부터 혐의를 받은 결과 조선에서의 영향력이 크게 축소됐고, 반면에 미국공사 등은 청에 대항하여 조선의 독립을 지지했으므로 영향력이 막강하다고 보고했다.[99] 플랑시는 미국이 조선에서 성공한 이유는 주재 공사

---

96 『프랑스문서』2, 1888년 7월 11일, pp.44~45.

97 『프랑스문서』4, 1890년 1월 29일, p.54; 같은 책, 1890년 1월 12일, p.9.

98 『프랑스문서』2, 1888년 11월 17일, pp.106~107.

99 『프랑스문서』2, 1888년 9월 18일, pp.69~71.

를 설치했기 때문이라고 지적하면서 프랑스도 주재 공사를 파견해야 한다고 건의했다.[100]

한편 청은 1890년 조선에서 조대비에 대한 국가의례가 거행되자 이를 종주권 강화에 이용하고자 획책했다. 플랑시는 청은 종주권을 주장하기 위하여 특사를 파견할 것이라고 예측했다.[101] 플랑시는 그 국가의례를 조선이 서양과의 조약이후 맞는 가장 중요한 의식이라고 간주하면서[102] 예식 때 고종이 구예법이 정한 관례를 따를 것인지를 주목했다.[103] 청 황제는 조선정부에 육로행은 조선에 막대한 부담을 주므로 해로행을 택하겠다고 통보하는 한편 조선 국왕이 규정에 있는 모든 의식을 엄격히 준수할 것을 요구했다. 플랑시는 청 황제의 강력한 어조가 고종의 사고에 영향을 줄 것으로 판단했다.[104]

고종은 청 특사의 방한을 저지하지 못하자 다른 수단을 강구했다. 외국인들은 고종에게 청에 대한 관례를 거부하지 않으면 독립을 주장하는 조선의 권리가 심각한 타격을 받을 것이라고 설득했다. 고종은 허드에게 조선에 대표를 파견한 열강들이 해군함대의 강력한 시위로 자신을 지지해준다면 과거의 그릇된 관행을 단절하고, 더 이상 청 특사에게 예를 표하지 않겠다고 언급했다.[105] 허드는 고종의 제의를 수용하고 플랑시에게 접근했다. 프랑스 외상은 플랑시에게 조·청관계에 어떤 방식으로든 개입하지 말 것을 지시했다.[106] 플랑시는 중립을 자처했지만 청 관리

---

100 『프랑스문서』5, 1892년 10월 1일, p.205.

101 『프랑스문서』4, 1890년 2월 6일, p.63.

102 『프랑스문서』4, 1890년 11월 10일, pp.222~225.

103 『프랑스문서』4, 1890년 2월 6일, p.63.

104 『프랑스문서』4, 1890년 11월 17일, pp.244~247.

105 『프랑스문서』4, 1890년 8월 20일, pp.191~192.

106 『프랑스문서』4, 1890년 10월 20일, pp.212~213.

와 친밀한 관계를 유지하는 등 청에 기울었다.[107]

청 특사는 1890년 11월 서울에 도착했다. 데니와 르장드르는 고종에게 청 특사 영접시 고종이 출영하지 말 것을 권고했고, 원세개는 고종에게 출영을 강요했다.[108] 플랑시는 본국정부에 고종이 구관례의 거부를 통해 청의 종주권을 부인하려 한다고 보고했다. 플랑시는 고종의 결심은 단호하지만 대신들은 자주성에 대한 개념이 희박하여 결국 구관례를 따를 것으로 내다봤다. 플랑시는 고종이 성문 밖에서 청 사신을 영접한 것은 대신들의 건의를 수용한 결과라고 추정했다.[109]

플랑시는 본국정부에 고종 혼자 조선의 독립을 추구한다고 보고하면서 고종의 시도가 무산된 주요인을 조선 관리들의 사대주의에서 찾았다.[110] 플랑시는 고종이 비슷한 독립 정신을 지닌 관리들을 측근에 두지 못했으며 고종을 지지한 고위 관리들은 민영환, 한규설, 이종건 등 세 장군뿐이라고 파악했다. 그 외의 관리들은 청과의 마찰을 원하지 않았고, 구관습을 유지하기를 희망했다고 파악했다.[111]

플랑시는 조선 관리들이 청의 종주권을 인정한 것은 문화적 존경심이 그 배경이라고 해석했다. 그는 조선왕국의 문명은 모두 청국에서 비롯된다고 지적하면서 조선의 고위 관료들은 청 제국을 존경하므로 조선왕조의 선왕들 중에서가 아니라 청국 최초의 왕조에서 동질성을 추구하고 있다고 파악했다. 조선정부는 1890년 1월 8일 고종에게 '요준순휘우모탕경堯峻舜徽禹謨湯敬' 존호를 올리기로 결정했다. 플랑시는 청에 대해 유

---

107 『프랑스문서』3, 1889년 7월 3일, p.156.

108 이양자, 앞의 책, p.87.

109 『프랑스문서』4, 1890년 11월 7일, pp.218~220; 같은 책, 1890년 11월 10일, pp.222~225; 같은 책, 1890년 11월 13일, p.227.

110 『프랑스문서』4, 1890년 1월 24일, pp.41~42.

111 『프랑스문서』4, 1890년 8월 20일, pp.191~192.

일하게 적대적인 고종도 이 존호를 수용했다고 강조했다.[112] 이상과 같은 플랑시의 조·청관계 인식은 오래가지 않았다. 조선정부는 4년 뒤 프랑스 측에 청과의 종속관계를 인정한 제 조약을 철폐한다고 통보했다.[113]

---

112 『고종실록』권26, 고종 26년 12월 17일;『프랑스문서』4, 1890년 3월 3일, pp.94~95.
113 『법안 1』, No.567, 1894년 8월 15일, p.230.

조선의 프랑스 접근

1. 조선사회의 프랑스 인식

1) 지배층의 프랑스 인식

개항 직후 조선인들은 서구식 진보에 원칙적으로 반대하는 등[1] 한동안 서구적 방식의 수용을 거부했다. 조선정부는 1886년에 체결한 조불통상조약에서 천주교 전교의 자유를 인정한 것은 아니었다.[2] 그럼에도 불구하고 프랑스 선교사는 교회를 설립하려고 시도했고, 조선정부는 이를 저지했다.[3] 프랑스 선교사들은 궁궐이 보이는 지역에 성당 건물을 축조하려 했으며, 조선정부는 프랑스측이 그 지역을 점유하는 것을 강력히 반대했다. 고종은 선교사들이 종교적 목적을 포기한다면 그들이 서울에서 선택한 다른 부지를 무상으로 제공하겠다고 제의했고, 선교사들이 제의를 거절하자 6월에 도착할 플랑시와 그 문제를 재론하려 했다.[4] 조선정부는 그 사건에 대한 보복으로 1888년 봄 선교사들의 천주교 전도를 불허했다. 프랑스는 계속해서 조선정부에 천주교 전도를 허가할 것을 요청했지만 거부당했다.[5] 조선의 천주교 탄압은 조선과 프랑스간의 가장 큰 갈등요인이었으며, 프랑스공사관은 천주교인 보호를 가장 중요한 업무 중 하나로 삼았다.[6]

조선인들은 계급별로 프랑스에 대한 태도가 달랐다. 천주교의 교세

---

1 『프랑스문서』3, 1889년 11월 28일, pp.273~275.

2 김태웅, 「한국 근대개혁기 정부의 프랑스정책과 천주교」, 『역사연구』11(역사학연구소, 2002), p.180.

3 『프랑스문서』2, 1888년 11월 30일, p.125.

4 K-A-R Ⅱ, No.105. 1888년 4월 21일, p.206.

5 『법안 1』, No.124. 1889년 3월 20일, p.53.

6 장 끌로드 알랭, 「고종재위기간의 한불관계」, 『한불외교사』(평민사, 1987), p.199.

가 확장되기는 했지만 조선 관리들은 천주교의 복음교리를 경계했다.[7] 조선은 서구문화를 수용하기로 결의했지만 기독교에 대한 편견은 강력히 남아 있었던 것이다.[8] 지방 관리들은 노골적으로 외국인에게 적대적 반응을 보였다. 전라도의 고산 현감은 천주교를 사학이라며 천주교도를 체포할 것을 지시했다. 경상도 기장 현감은 외국인은 조선의 극악한 무리들과 결합했으므로 조선에 입국한 외국인을 살해해야 하며 사학 전파자를 처형해야 한다고 주창했다. 프랑스공사관은 통리교섭통상사무아문 독판에게 기장 현감의 외국인 비방 고시에 대한 해명을 요구했다. 한편으로 유생들은 천주교 반대 소책자를 배포했다.[9] 원산에서는 관리들이 프랑스인의 가택을 포위했다.[10] 플랑시는 독판 민종묵에게 프랑스인을 비방하고 가택을 침입한 관리를 단속할 것을 요구했다.[11] 경상도 대구부근의 지역을 방문했던 프랑스 신부는 주민들에게 폭행을 당했다. 프랑스 신부가 경상도 감영에 관련자 처벌을 요구했지만, 경상도 감사 민정식은 프랑스인이 천주교도라는 이유로 접견을 거부하고 추방을 지시했다.[12] 민정식은 당대 최고 권력을 행사하던 민씨척족의 일원이었다. 플랑시는 독판 민종묵에게 관련자를 처벌하고 8도에 공시할 것을 요구했다.[13] 민정식이 폭행자의 처벌을 거부하자 플랑시는 프랑스 군함의 조선 파견을 요청했다. 당황한 독판은 뮈텔 주교에게 중재를 부탁했으며, 그 결과 조선인은 외국인을 존중해야 한다는 공고문이 게시됐다. 그 과

---

7 『프랑스문서』5, 1891년 3월 7일, p.24.

8 『프랑스문서』2, 1888년 4월 6일, pp.3~5.

9 『법안 1』, No.404. 1892년 1월 28일, p.174; 『프랑스문서』5, 1892년 2월 19일, pp.150~151.

10 『법안 1』, No.345. 1891년 4월 16일, p.153.

11 『법안 1』, No.318. 1891년 2월 5일, p.140.

12 『프랑스문서』5, 1891년 3월 17일, pp.34~42.

13 『법안 1』, No.341. 1891년 3월 29일, p.151.

정에서 프랑스는 조선에서 천주교의 선교 자유를 점진적으로 확보해나
갔다.[14]

조선외교기구인 통리교섭통상사무아문의 최고 책임자인 독판도 프
랑스의 전교활동을 적극 저지했다. 특히 독판 조병직은 노골적으로 프
랑스에 적대적인 반응을 보이며, 천주교 신부의 여행허가증(호조)에 서
명을 거부했다.[15] 통리교섭통상사무아문 협판 이중하도 프랑스에 반감
을 드러냈다.[16] 외부는 청의 통제를 받았으므로 청의 입장을 반영한 것
으로 여겨진다. 예외적으로 민종묵은 통리교섭통상사무아문 독판으로
재직하던 20개월 동안 프랑스에 많은 호의를 베풀었다.[17] 민종묵은 민씨
척족의 주류는 아니었다. 조선군대도 서구 종교에 적대적 태도를 보이며
기독교인 군인을 추방했다.[18] 장교는 천주교도에 대해 매우 적대적이었
고,[19] 장위영 군인들은 용산에 거주하는 프랑스인의 가택을 침입해 소란
을 부렸다.[20]

이상과 같이 유생, 관료, 군부는 대부분 천주교에 적대적이었으며, 고
종도 선교사들에 호의적이지 않았다.[21] 민씨척족을 비롯하여 청을 지지
하던 지배층은 천주교에 적대적인 입장을 보였다. 지배층이 프랑스인에
게 적대적 반응을 보인 것은 여러 가지 요인이 작용한 것으로 판단된다.
고종과 지배층은 유교 수호에 강한 의지를 보이고 있었다.[22] 그러므로 이

---

14 K-A-R Ⅱ, No.141. 1891년 4월 2일, p.226.

15 『프랑스문서』5, 1892년 11월 17일, p.223; 『프랑스문서』3, 1889년 1월 27일, p.16.

16 『프랑스문서』4, 1890년 4월 3일, p.122.

17 『프랑스문서』5, 1891년 3월 17일, pp.34~42.

18 『프랑스문서』2, 1888년 2월 8일, p.137.

19 『프랑스문서』4, 1890년 4월 3일, p.122.

20 『법안 1』, No.422. 1892년 5월 10일, p.180.

21 『프랑스문서』5, 1891년 12월 4일, p.136.

22 『고종실록』권25, 고종 25년 12월 11일.

들이 천주교에 적대적인 입장을 보인 것은 천주교가 유교를 대체할 것이라고 판단했기 때문으로 여겨진다. 또 천주교를 적대시한 이유는 선교사가 개종자에게 조선 관리에 저항하도록 고무했기 때문이었다. 그에 대해서는 프랑스공사가 프랑스 신부에게 자제를 당부할 정도였다.[23]

프랑스 신부의 공격적 전교활동도 지배층의 반감을 야기한 것으로 보여진다. 프랑스 신부는 조약을 위반하고, 내륙지방에서 포교활동을 강행했다.[24]

2) 피지배층의 프랑스 인식

일부 조선인은 프랑스인을 포함하는 서구인에게 막연한 경계의식을 가졌다. 서울에서는 외국인들이 어린이들을 납치하여 매매하고 있다는 소문이 유포되어 소요사태가 일어났다. 프랑스와 러시아공사는 통리교섭통상사무아문에 그 같은 유언비어에 대해 조치를 취할 것을 요구했다.[25] 그 뒤 함경도 덕원부의 주민들 사이에서도 서구인이 어린이를 유괴한다는 소문이 유포됐다.[26] 민중이 프랑스인 등 서구인을 배척한 것은 어린이 유괴 등 인륜을 위배했다는 것이 중대 사유였던 것을 보여준다. 강원도 횡성의 일부 주민들은 인륜을 위배한다며 프랑스인에게 모욕을 가했다.[27] 프랑스측은 통리교섭통상사무아문 독판에게 강하게 항의하

---

23 K-A-R Ⅱ, No.357. 1893년 5월 16일, p.231.

24 『프랑스문서』 5, 1891년 12월 4일, p.136.

25 『프랑스문서』 2, 1888년 6월 23일, pp.12~15; 『러시아문서』, 1888년 6월 22일, p.235; 『법안 1』, No.38. 1888년 6월 29일, p.16.

26 『법안 1』, No.291. 1890년 9월 19일, p.128.

27 『법안 1』, No.465. 1893년 3월 6일, p.197.

여 지방관에게 적대행위에 대한 금지명령을 내리게 했다. 그럼에도 불구하고 서울 거리에서는 한 주민이 프랑댕의 면전에서 서구인을 분쇄하자는 구호를 외치며 모욕하는 사건이 발생했다.[28]

이 무렵 조선인들은 모두 백인종인 프랑스인, 영국인, 미국인 등을 구별하지 못한 것으로 여겨진다. 즉 조선인들은 양인을 프랑스인으로 인식했으며,[29] 러시아 군인들이 만취하여 거리에서 조선여성을 공격하자 흥분하여 미국여성에게 모욕을 가했다.[30] 조선인들은 러시아인과 미국인을 동일시한 것을 보여준다. 조선인들은 천주교연루자를 프랑스인과 연결했으므로 천주교에 적대적인 입장은 프랑스인에 대한 적대로 연결된 것으로 여겨진다.

다음으로 민중은 프랑스인의 천주교 전교를 경계했다. 평안도에서는 프랑스 선교사가 성경을 배포하며 개종을 권유하는 선전을 했는데, 새로운 이론을 알지 못하는 마을 사람들은 그들에게 돌을 던졌다.[31] 경상도 인동부 장내장에서는 민중이 프랑스인 선교사에게 야유를 퍼부으며 공격한 사건이 발생했고,[32] 충청도 남포에서는 천주교도들과 비천주교도들이 충돌했다. 일부 주민은 천주교도들과 함께 지내기를 원치 않았으므로 천주교도들과 선교사를 보호하는 이웃을 공격했다. 원산 일부 주민들도 서구인을 비방했다. 플랑시는 이 같은 주민의 공격을 샤머니즘의 영향으로 파악하고, 통리교섭통상사무아문에 원산 주민들이 외국인을 비방하는 것을 단속할 것을 요구했다. 그 뒤에도 원산 주민들은 천주

---

28 『법안 1』, No.516, 1893년 10월 2일, p.213.

29 『고종실록』권16, 고종 16년 8월 29일.

30 K-A-R Ⅱ, No.94, 1895년 3월 1일, p.352.

31 『프랑스문서』6, 1893년 1월 15일, pp.13~15.

32 『법안 1』, No.421, 1892년 5월 4일, p.180; 『프랑스문서』5, 1892년 5월 18일, p.175.

교도들에게 적대적 태도를 보였다.[33]

경상도 주민들도 외국인에게 적대적이었다. 대구의 일부 주민들은 프랑스 신부를 후하게 대접한 주민을 협박했다. 주민과 군인들은 장총과 몽둥이로 무장하고 이방인을 제거하라는 구호를 외치며 선교사에게 돌을 던지고 하인들을 구타했다. 그들은 호조를 소지한 프랑스 신부에게 폭행을 가했으며, 프랑스 신부가 체류하던 가옥을 소각할 것이라 협박했다.[34] 대구 부근의 김천장에서는 군중이 유럽 사람을 추방하라는 구호를 외치며 프랑스 신부를 폭행했으며, 금산지방에서도 마을 사람들이 유럽 사람을 제거하라고 구호하며 프랑스 신부를 폭행했다.[35]

민중이 프랑스인을 적대한 또 다른 사유는 조선의 법률을 위반했다는 것이었다. 강원도 양양의 민중은 프랑스인이 불법적으로 토지를 구입했다며 폭행했는데, 불법구입에 대해서는 프랑스공사관측도 혐의를 인정했다.[36] 끝으로 공직자에 대한 조세저항 권유도 반감을 야기한 바, 전라도에서는 세금 징수원들이 프랑스 성직자를 협박했다. 이 무렵 세금 징수원들은 아문의 하급 관리들에게 큰 영향력을 행사했다. 플랑시는 통리교섭통상사무아문 독판에게 처벌을 요구했지만 소용이 없었다. 주민들은 계속해서 외국인과 교인을 살해하겠다고 협박했다. 프랑스공사관이 처벌을 요구하지 않고 관련자 석방을 요청하자 교인과 비교인들간의 대립은 끝났으며, 이후 주민들과 천주교 신자들은 매우 의좋게 지냈다.[37] 프랑스외교관의 보고에 의하면 서울과 경기도 지역에서는 충돌 사

---

33 『법안 1』, No.48, 1888년 7월 29일, p.21;『프랑스문서』5, 1891년 5월 12일, pp.84~85.

34 『프랑스문서』5, 1891년 3월 17일, pp.34~42.

35 『프랑스문서』6, 1893년 1월 15일, pp.13~15; 같은 책, 1893년 1월 15일, pp.13~15.

36 『법안 1』, No.495, 1893년 7월 15일, p.207.

37 『프랑스문서』5, 1891년 1월 19일, pp.6~8.

례를 거의 찾아볼 수 없던 것에 비해 경상도, 함경도, 강원도, 충청도 지역에서는 적대 사례가 다수 발견된다.

시간이 경과할수록 조선에서 천주교에 대한 심각한 탄압은 사라져갔다. 조선인들 간에는 대탄압의 기억은 희미해졌고, 천주교에 대한 적대심도 완화됐다. 조선인들은 천주교에 점점 관용적 태도를 보였으며, 천주교에 적대적인 반응을 보였던 경상도에서도 신도 수가 증가했다.[38] 천주교는 1891년경 전국적으로 2만 명의 신도를 확보하는 등 포교에 성공했다. 서울에는 프랑스식 호텔도 들어섰으며, 프랑스공사관은 러시아공사관과 맞먹는 높이였다. 조선정부가 종교 건축물의 축조를 불허했는데도 서울에는 천주교 대성당이 축조되기 시작했다.[39] 그 과정에서 명동성당이 1892년 8월 착공됐다. 이 같은 포교 성공의 원동력은 신부들이 조선의 관습을 수용한 결과였다.[40] 다음으로 프랑스의 포함외교가 크게 작용했다. 프랑스공사관은 프랑스 선교사들이 피해를 입을 때마다 조선에 군함을 파견해 위협을 가했다.[41] 프랑스영사는 조선인들이 권력에 약한 것을 간파하고 조선정부에 지방관의 처벌을 요구했다. 조선정부는 프랑스측에 천주교 선교의 중지를 요구했지만 결국 묵인했다. 이후 프랑스 선교사들은 조선정부의 허가 없이 내륙지방으로 선교지역을 확장했고, 조선정부는 공고문을 게시하여 민중을 진정시켰다. 공고문은 즉각적인 효력을 발휘했다. 관리들은 선교사들을 저지하지 않았으며, 선교사들은 천주교, 개신교 할 것 없이 지방여행 중 친절한 대접을 받았다.[42] 관리들

---

38 『프랑스문서』4, 1890년 2월 27일, p.91.

39 『프랑스문서』5, 1892년 5월 2일, pp.165~166.

40 K-A-R Ⅱ, No.141. 1891년 4월 2일, p.226.

41 『프랑스문서』5, 1891년 3월 16일, p.30.

42 K-A-R Ⅱ, No.159. 1892년 5월 8일, p.230.

이 적대적 태도를 견지한 데 비해 대다수의 서민들은 천주교에 우호적인 반응을 보였다.[43] 일부 민중은 프랑스 상품을 선호했다. 부유한 젊은 멋쟁이들 사이에서는 프랑스식 시계 등의 외제품이 유행했으며, 시골집의 부인 방에도 프랑스식 시계를 소장했다.

한편 동학교도는 1893년 선교사들에게 귀국을 요구하는 방문을 게시했다. 그들은 천주교 지도자들이 유교를 믿지 않고 신앙을 강요하며 물질적 이익만 추구한다는 이유로 귀국을 요구했다. 또 그들은 격문에 "조약에는 교회를 짓거나 종교를 전파하는 것을 허가하지 않는다고 되어 있다. 일본과 유럽의 도둑들이 나라의 심장부에 들어와서 신의, 인륜, 선, 효, 우애, 정절은 사라졌다. 수도는 야만인들의 소굴이 되었고, 강산은 동물들의 소굴이 되었다"라고 규탄했다.[44]

2. 고종의 프랑스 인식

1) 군사강국 인식

고종은 임오군란을 진압한 직후인 1882년 8월 교서를 발표하면서 "근래 천하의 대세는 옛날과 판이하게 되었다. 영국, 프랑스, 미국, 러시아 같은 구미 각국에서는 정교하고 이로운 기계를 만들고 나라를 부강하게 만드는 사업에 최선을 다하고 있다. 그들은 배나 수레를 타고 지구를 돌아다니며 만국과 조약을 체결하여, 병력으로 서로 견제하고 공법으

---

43 K-A-R Ⅱ, No.141. 1891년 4월 2일, p.226.

44 『프랑스문서』6, 1893년 4월 25일, pp.58~61.

로 서로 대치하는 것이 마치 춘추 열국의 시대를 방불케 한다"고 천명했다.[45] 고종은 이 교서에서 서양의 종교에 대해서는 계속해서 배척하지만 서양의 기술은 수용할 필요가 있다는 방침을 밝힌 것이다. 한편으로 고종은 프랑스를 영국, 미국, 러시아와 대등한 열강으로 인식한 것을 보여준다.

조선에서는 수교 이후 프랑스에 대한 인식의 폭이 확대됐다. 개화 언론지인 『한성순보』는 1884년 3월 18일 기사에서 프랑스의 산업은 농업, 목축업, 잠업, 석탄업, 철광업 등이며, 프랑스가 부강한 이유는 무역, 상공업, 철도, 전신, 우편제도 등의 발달에 기인한다고 지적했다. 정치에 대해서는 상·하원이 법을 의정하며, 임기 7년의 대통령을 선출한다고 소개했으며, 내정개혁을 주장하는 개진파 정당과 구관습을 고수하는 수구파 정당이 경쟁적으로 정권을 잡고 정치를 변혁한다고 기술했다. 아울러 프랑스가 외국과 전쟁하는 것은 민심을 통일하려고 하는 경우가 많다고 강조하면서, 베트남과의 전쟁을 그 일례로 지적했다. 또 프랑스가 종교를 전파하려는 이유는 동화지배가 목적이라고 주장했으며, 의무교육제도로 인해 문맹률은 1/5 정도에 불과하다고 소개했다. 군제에 대해서는 민병을 375만 명이나 소집할 수 있고, 군함은 496척, 군인은 26만 명, 대포는 2,800대 정도이며 해군력은 영국과 비견된다고 평가했다.[46]

고종과 대신들은 1884년에 발발한 청불전쟁에 큰 관심을 표명했다. 청불전쟁의 결과가 조선의 안전 및 독립에 큰 연관이 있다고 판단했기 때문이었다. 친청파는 청을 동정한 반면 반청파는 청의 패배를 기대하

---

45 『고종실록』권19, 고종19년 8월 5일.

46 『한성순보』, 1884년 3월 18일.

며 청의 철군을 희망했다. 고종과 조선인들은 청이 자발적으로 종주권을 철회해 줄 것을 기대했다.[47] 고종을 중심으로 하는 반청파는 청의 간섭으로부터 조선의 독립을 수호하고자 했고, 그에 따라 프랑스의 승전을 기대한 것이다. 1885년 프랑스가 청불전쟁에서 승리하자 조선에서는 프랑스의 군제에 대한 관심이 한층 고조됐다. 『한성주보』는 프랑스와 수교한 지 1년 뒤인 1887년 프랑스를 군사강국이라고 강조하며, 프랑스의 군인 수를 410만여 명으로 소개했다. 또 다른 나라가 프랑스에 대하여 군사행동을 개시할 경우 프랑스 사람들은 용감하게 싸운다고 소개했다.[48]

2) 고종의 프랑스 접근

조선은 수교 이전에는 미국, 영국, 러시아, 독일, 프랑스 등의 서구 국가들을 경계했다. 그런데 청의 외교를 주관하던 이홍장은 1879년 조선에 대해 영국, 독일, 프랑스, 미국과 통상하여 일본, 러시아를 견제할 것을 권고하였다. 그렇지만 청은 임오군란을 진압한 뒤 조선에 대한 내정간섭을 개시했다.

고종은 청을 견제하고자 영국, 독일, 프랑스, 미국과 수교를 추진했다. 고종은 청의 간섭이 강화되자 미국과 러시아에 지원을 요청했고, 이에 맞서 청은 군함 8척을 조선 해안에 출동시켰다.[49] 고종은 1883년 5월 푸트 미국공사에게 프랑스와의 조약체결을 의뢰했으며, 1885년 프랑스

47 K-A-R Ⅰ, No.104. 1884년 9월 2일, p.95.
48 『한성주보』, 1887년 3월 18일, 4월 22일.
49 『러시아문서』, 1886년 8월 29일, p.215.

가 청불전쟁에서 승리하자 한층 프랑스에 대한 접근을 강화했다. 고종은 청의 간섭을 탈피하려는 의도를 가지고, 외교고문 데니에게 프랑스와 조약체결을 교섭할 것을 지시했다. 프랑스는 청불전쟁으로 조선의 수교 제의에 응할 겨를이 없었지만 1885년 4월 청과의 전쟁을 끝내는 청불협정이 체결되자 조선과의 교섭을 본격적으로 시행했다. 프랑스는 1886년 조선에 북경주재 프랑스 대표 코고르당Georges Cogordan을 전권대신으로 파견했다. 그러나 조선의 전권대신 김윤식이 천주교의 선교문제에 강경한 태도를 보였으므로 양국의 교섭은 진척을 보지 못했다. 이에 고종은 전권대신을 김만식으로 교체하는 등 프랑스와의 조약체결에 강한 의지를 보였다. 그 결과 조선은 청의 방해공작에도 불구하고 1886년 6월 프랑스와 통상조약을 체결했다. 조선은 천주교 선교의 자유를 명시하지는 않았지만 제9조에 '교습'구절을 삽입하여 프랑스의 선교를 묵인했다.

고종은 프랑스정부가 대리공사 혹은 공사를 서울에 파견해줄 것을 기대했다. 고종은 조약체결 뒤 1886년 코고르당에게 프랑스측에 강한 어조로 즉각적인 조약비준을 해야 하며 외교관을 영국, 독일처럼 북경 공사관에서 차출하지 말고 러시아, 미국처럼 자율적인 외교관을 서울에 보낼 것을 당부했다.[50] 프랑스의 조선대표인 플랑시는 제물포를 거쳐 1888년 6월 6일 서울에 도착했다. 조선정부는 플랑시를 제물포에서부터 열렬히 환영했다. 고종은 통리교섭통상사무아문 독판 조병식에게 서울에서 플랑시를 수행하라고 지시했으며, 조병식은 플랑시를 성대하게 영접했다.[51]

고종은 각국 대표의 지위에 관심을 표명했다. 각국 대표의 지위는 조

50 장 끌로드 알렝, 「고종재위기간의 한불관계」, 『한불외교사』(평민사, 1987), p.91.
51 『프랑스문서』2, 1888년 6월 13일, p.7.

선을 주권국가로 인정하는가, 청의 속국으로 인정하는가를 반영한다고 보았기 때문이었다. 고종은 영국이 영사를 파견하자 크게 실망하던 중 플랑시가 정부위원이라는 직함과 신임장을 휴대하자 만족을 표명했다.[52] 조선정부는 플랑시, 프랑댕을 공사로 지칭하는 등 프랑스공사로 인정했다.[53] 고종은 상대국 원수의 안부를 물었으며 왕실의 경축행사에 외국사절들을 초대했다.

고종은 열강이 조선을 독립국으로 인정하기를 열망했으며, 그 연장선 상에서 구미 각국에 공사를 파견하기로 결심했다.[54] 고종은 1887년 9월 내무부협판 조신희를 수교 국가들인 영국, 프랑스, 독일, 이태리, 러시아의 특명전권공사에 임명했고, 플랑시가 방한하기 전인 11월에 출국하게 했다. 이 같은 조치는 고종이 유럽외교에 매우 적극적이었다는 것을 보여준다. 조신희는 홍콩을 경유, 프랑스를 방문할 계획이었지만 프랑스어와 영어에 능통한 외국인을 구하지 못했다는 이유로 홍콩에 머무르면서 고종의 지시를 대기했다.[55] 그런 가운데 통리교섭통상사무아문 독판 조병식은 1888년 플랑시에게 조신희를 특명전권공사로 프랑스 수도에 파견한다고 통보했다.[56] 고종은 청의 개입으로 프랑스에 대한 파사가 좌절됐음에도 불구하고 1897년 1월 민영환을 프랑스 특명전권공사에 임명했다.

한편 고종은 프랑스 대통령과의 친교를 시도했다. 플랑시가 상·하원 선거로 당선된 카르노가 대통령 당선자의 서한을 전달하자,[57] 고종은 프

52 우철구, 「청일전쟁을 전후한 프랑스와 한국」, 『한불수교 100년사』(한국사연구협의회, 1986), p.143.

53 『고종실록』권29, 고종 29년 7월 25일, 9월 25일.

54 『프랑스문서』4, 1890년 11월 16일, pp.239~243.

55 『프랑스문서』3, 1889년 9월 27일, pp.197~198; 『러시아문서』, 1888년 4월 5일, p.164.

56 『법안 1』, No.47, 1888년 7월 20일, p.19.

57 『프랑스문서』2, 1888년 6월 13일, pp.6~10.

랑스 대통령에게 축하친서와 함께 각종의 진귀한 물건, 의궤 8권, 고려사 22권을 선물로 기증했다.[58] 아울러 고종은『프랑스 역사』7권을 플랑시에게 요청했다. 플랑시는 고종의 환심을 얻고자 프랑스 외상에게 선물용 지급을 요청한 결과, 프랑스 대통령이 고종에게 증정하는 자기상자 3개가 서울에 도착했다.[59]

고종은 서구의 전기시설과 총기류를 궁궐에 배치했으며, 외국인 고문들을 고빙했다. 고종은 서구인을 만날 때마다 유럽에서 일어나는 일을 물어봤으며[60] 프랑스도 예외는 아니었다. 대한제국 이전까지 근무했던 프랑스외교관은 플랑시(1888.6.6~1891.6.15), 로셰(1891.6.15~1892.3.6), 프랑댕(1892.4.9~1894.3.1), 르페브르G. Lefèvre(1894.3.1~1896.4.27) 등이었다. 고종은 프랑스공사관의 번역자인 이인영을 통리교섭통상사무아문의 프랑스어주사로 임명했으며, 보현당 등지에서 프랑스 외교사절을 접견했다.[61] 고종은 플랑시에게 프랑스의 군제, 건축, 행정 등을 문의하는 등 프랑스에 대한 높은 관심을 표명했으며, 플랑시는 고종에게 프랑스의 행정기술 등을 설명하였다. 또 고종은 프랑스 건축이 우아하다고 평가하고 1889년 프랑스인 살르벨르Salebelle를 왕궁의 건축기사로 고빙했다. 고종은 프랑댕에게는 조선이 부강해질 방도에 대해 자문을 구했다. 그 뒤 고종은 프랑스 선진문물을 학습하고자 프랑스대학에 15명의 유학생을 보냈으며,[62] 1895년에는 프랑스어를 교육하는 법어학교를 설립했다.[63]

---

58 『법안 1』, No.88. 1888년 10월 17일, p.35; 같은 책, No.99. 1888년 11월 21일, p.40; 같은 책, No.401. 1892년 1월 2일, p.173.

59 『법안 1』, No.30. 1888년 6월 22일, pp.12~13;『프랑스문서』2, 1888년 12월 10일, pp.155~157.

60 『프랑스문서』6, 1893년 5월 22일, pp.70~71.

61 『고종실록』권28, 고종 28년 5월 12일;『법안 1』, No.192. 1889년 8월 14일, p.85.

62 『법안 1』, No.232. 1890년 2월 19일, p.100.

63 『프랑스문서』6, 1894년 3월 12일, pp.138~139.

3) 프랑스 접근의 의미

고종은 먼저 프랑스를 대청 견제수단으로 활용했다. 그 무렵 청은 조선의 자주외교를 강력히 견제했으며, 1889년 조선에서는 청이 조선을 병합할 계획이라는 풍설이 유포됐다. 구체적으로 청은 북경 총리아문의 현직 관리를 총독으로 임명할 것이며, 고종을 제주도로 유배 보낼 것이라는 내용이었다. 조선인들은 그 풍설에 큰 충격을 받았다.[64] 고종은 물론 민영환, 한규설, 이종건 등의 측근들도 청의 침공을 우려했다. 병조판서 민영환, 한규설, 이종건은 수도의 군대를 지휘하며 고종을 친위하는 등 최고의 군사직에 있었다. 고종은 프랑스, 미국, 러시아의 군사지원으로 청의 침입을 저지하려 했다. 고종은 민영환을 보내 프랑스와 교섭케 했으며, 한규설에게는 미·러공사를 방문하게 했다. 그 과정에서 고종은 프랑스의 지원을 이끌어내고자 그동안 강력히 거부했던 천주교의 선교 자유까지도 검토했다.

민영환은 1889년 2월 21일, 22일, 24일 플랑시와 세 차례 면담했다. 민영환은 플랑시에게 청군의 침공설을 언급하면서 프랑스의 지원을 요청했다. 민영환은 "조선은 방어가 곤란하며 동맹국도 없다. 유럽에는 강대국이 약소국을 보호하는 예가 있다. 조선은 러시아보다는 프랑스의 지원을 원한다. 프랑스가 지원할 경우 플랑시의 모든 요구를 수용할 것이다"라고 제의했다. 플랑시는 조선은 협력의 대가로 신앙의 자유와 영토의 양도를 할 것으로 보았다. 그러나 플랑시는 "프랑스는 조약 제1조의 거중조정을 할 것이지만 조정이 실패할 경우 청은 무력에 의지할 것이다. 스위스와 벨기에는 중립으로 국권을 보장되는 바, 이 국가들은 국경의 이해관계가 있기 때문이다. 그러나 조선은 국경의 이해관계가 거의

---

64 『프랑스문서』3, 1889년 2월 10일, pp.34~38.

없으며, 청과 영토가 근접하여 열강의 개입이 곤란하다. 동맹조약을 체결하더라도 비준을 교환하는 데 6개월이 소요되고, 그동안 상황은 종료될 것이다. 게다가 프랑스는 안남조약으로 청과 친교의 의무가 있으므로 전투에 가담하여 프랑스의 이익을 희생할 수 없다. 프랑스는 조선을 지지하기가 곤란하다. 열강의 도덕적 협력에 만족하는 것이 최고의 해결책이다"라고 응대했다.[65] 민영환과 플랑시의 회담은 성과를 거두지 못했다. 그것은 반청주의자인 데니의 면직, 주미공사 박정양의 소환 등으로 조·청간의 극심한 긴장이 완화됐기 때문이었다.[66] 또 민영환이 대원군의 교섭중단 압력으로 프랑스에 대한 군사지원 요청을 포기했기 때문이었다.[67]

한편 조선의 외채는 1889년까지 130만 냥 정도였다. 거액의 청 차관은 청에 대한 조선의 예속을 심화시키는 방향으로 작용했다. 고종은 청의 간섭을 배척하고자 원세개의 첩자가 많은 통리교섭통상사무아문을 제쳐놓고, 외국인 고문을 통해 차관을 교섭하고자 했다.[68] 고종은 청 차관을 상환하고자 1889년 해관세 수입을 담보로 프랑스와 차관도입을 추진했다.[69] 플랑시는 프랑스은행이 차관을 제공할 경우 조선에서 프랑스의 영향력이 강화될 것을 확신하였으므로 협상에 적극성을 보였다.[70] 데니는 플랑시와 협의하여 프랑스은행에서 차관을 도입하기로 했다. 이를 탐지한 원세개는 조선정부에 타국으로부터의 차관도입은 청의 결재

---

65 『프랑스문서』3, 1889년 2월 23일, pp.49~55.

66 우철구, 앞의 글, p.147.

67 『프랑스문서』3, 1889년 3월 10일, pp.67~68.

68 이양자, 『조선에서의 원세개』(신지서원, 2002), p.182.

69 『프랑스문서』3, 1889년 7월 3일, pp.154~155; 그럿트 빠스깔, 「고종과 프랑스(1866~1906)」, 『한국문화연구』12(이화여자대학교 한국 문화연구원, 2007), p.251.

70 『프랑스문서』3, 1889년 7월 16일, p.162.

를 받아야 한다고 협박했다.[71] 청은 조선을 예속시키고자 프랑스로부터
의 차관도입을 저지했으며, 프랑스측도 조선의 상환능력을 의심하였으
므로 차관협상은 중단됐다. 고종은 1890년 7월에는 프랑스에 경의철도
에 대한 부설권을 허여하는 방안도 검토했다.[72] 그렇지만 프랑스를 이용
한 고종의 탈청 노력은 근본적 한계를 안고 있었다. 프랑스 외상은 강한
어조로 플랑시에게 조·청관계에 어떤 방식으로든 개입하지 말 것을 지
시했기 때문이었다.[73]

　다음으로 고종은 프랑스를 분쟁 중재의 외교통로로 활용했다. 영국
은 1885년 러시아의 남하를 저지한다는 명목으로 거문도를 강점했다.
통리교섭통상사무아문 독판 김윤식은 수차 만국공법 준수를 내세우며
영국정부에 대해 거문도 철수를 요구하였으나 실효를 보지 못했다. 고종
도 영국에 거문도 철수를 강력히 요구하는 한편 미국, 러시아에 거중조
정을 요청했다.[74] 한반도를 둘러싼 영·러·청·일의 대립은 고종으로 하
여금 한반도중립화의 필요성을 절감하게 했다. 고종은 특히 청·일을 경
계했으며 청·일로부터 국권을 수호하고자 한반도중립화를 추구했고,
열강 중에서 중립화를 보장하는 집단을 창출하려는 희망을 가졌다.[75]
당연히 프랑스도 조선의 중립화를 보장하는 주요 열강이었다. 고종은
1894년 일본의 침략과 청일전쟁의 위기를 인지하자 프랑스에 중재를 요
청했다. 또 고종은 통리교섭통상사무아문 독판 조병직을 시켜 르페브르
에게 조·일군의 경복궁 충돌에 대해 중재를 부탁했다.[76] 고종은 청일군

---

71 이양자, 앞의 책, pp.183~184.

72 우철구, 앞의 글, p.152.

73 『프랑스문서』4, 1890년 10월 20일, pp.212~213.

74 『러시아문서』, 1887년 7월 13일, p.211.

75 K-A-R Ⅱ, No.209. 1891년 10월 8일, p.276.

76 『법안 1』, No.558. 1894년 6월 24일, p.227; 같은 책, No.562. 1894년 7월 23일, p.228.

의 철군에 대해서도 프랑스에 중재를 요청했다.[77] 프랑스공사관은 미·러 등의 외교사절단과 공동으로 중재에 착수했다.

고종은 1895년 삼국간섭 이후 러·일의 대립이 본격화하자 프랑스에 중재를 요청했다. 고종은 1897년 2월 24일 베베르·고무라 각서 및 로바노프·야마가타 의정서를 인지하자 플랑시에게 자문을 구했다. 이에 대해 플랑시는 이 협정들이 조선정부가 국내 질서를 유지하고 외국인들의 보호를 보장할 경우 러·일군이 모두 조선에서 철수해야 하기 때문에 좋은 면도 있다고 지적했다. 또 플랑시는 "조선정부가 광산, 철도 등을 양여하면 외국이 자본을 투자하게 되어 조선의 독립에 관심을 가지게 될 것입니다. 프랑스가 조선에서 우세한 역할을 담당하게 되는 것은 고종에게 달려 있습니다. 또 질서유지를 담당할 만한 군대를 편성하여 외국의 지지를 요청하지 말고 자국 군대에서 그 보호를 얻어야 할 것입니다."라는 의견을 개진했다.[78] 고종은 심각한 위기를 인지했으므로 5월 민영환 특사로 하여금 프랑스와 조선의 독립을 보장하는 내용의 비밀협정을 체결하라고 지시했다.[79] 그러나 프랑스 외무성은 조선의 요청을 외면하라는 플랑시의 건의를 수용하였으며, 민영환도 사명을 포기하고 미국으로 도피하였으므로 고종의 계획은 무산되었다.[80] 한편으로 고종은 프랑스의 군사적 구원을 기대하며 고종은 플랑시에게 프랑스공사관에 육해군 소부대를 주둔시킬 것을 제의했다.[81]

한편 고종은 프랑스를 유럽 국가와의 교섭통로로 활용했다. 1890년

---

77 『프랑스문서』6, 1894년 7월 3일, p.165.

78 『뮈텔 주교 일기』Ⅱ, 1897년 4월 2일, pp.156~159.

79 『한영자료집』8, 1897년 8월 3일, p.342.

80 『뮈텔 주교 일기』Ⅱ, 1897년 7월 23일, p.193; 장 끌로드 알랭, 앞의 글, pp.93~94.

81 『프랑스문서』7, 1897년 4월 12일, pp.169~170.

오스트리아 사절단이 조약체결차 조선을 방문하자 통리교섭통상사무아문 독판 민종묵은 플랑시에게 오스트리아와 조약을 체결할지 여부와 오스트리아의 주권자가 황제 혹은 국왕인지 여부 등을 문의했다. 그에 대해 플랑시는 조약체결을 권고했다.[82] 그에 따라 조선은 1892년 오스트리아와 통상조약을 체결했다. 1894년에는 요코하마주재 스위스 총영사가 조선과의 통상조약을 교섭하고자 도쿄 주재 프랑스공사의 추천장을 받아 방한했다. 그에 따라 조선정부는 스위스와 통상조약을 체결하고자 했다.[83] 프랑스는 1900년에도 대한제국과 벨기에의 수교협상을 지원했다.

끝으로 고종은 프랑스를 군사력 증강 수단으로 활용했다. 고종은 거문도사건을 계기로 한층 강군 육성을 추구했다. 고종은 사관학교인 연무공원을 설립했고, 연무공원은 미국교관이 훈련을 담당하였다. 통리교섭통상사무아문 독판 조병직은 1888년 10월 플랑시에게 연무공원의 생도교육용으로서 프랑스 육군이 사용하는 군창과 탄약의 구매를 의뢰했다. 이듬해 프랑스 군창, 화약상자 등 무기류 3상자가 인천에 도착했으며 연무공원에 배치됐다.[84] 한편 전쟁에 대한 연구를 열망한 고종은 프랑스 군제에 관심을 보였다. 플랑시는 고종의 환심을 사고자 프랑스 외상에게 선물용 지급을 요청했다.[85] 프랑스정부도 적극적 관심을 보이며 프랑스 육, 해군 군사서적과 궁정 건축기술 도서화 11권을 기증했다.[86] 고종은 프랑스 해군 참장과 프랑스 중장의 알현 요청을 허가했으며,[87] 주사 전양

82 『프랑스문서』4, 1890년 10월 1일, p.205.

83 『법안 1』, No.555. 1894년 6월 14일, p226; 『프랑스문서』6, 1894년 11월 1일, p.225.

84 『법안 1』, No.91. 1888년 10월 29일, p.37; 같은 책, No.148. 1889년 5월 19일, p.64; 같은 책, No1721. 1889년 7월 18일, p.77; 『프랑스문서』3, 1889년 9월 17일, p.180.

85 『프랑스문서』2, 1888년 12월 10일, pp.155~157.

86 『법안 1』, No.214. 1889년 11월 19일, p.92.

87 『법안 1』, No.173. 1889년 7월 23일, p.77; 같은 책, No.435. 1892년 6월 15일, p.186.

묵을 프랑스측에 보내 프랑스의 군사서적, 군대규율서의 인도를 요청했다. 그에 따라 프랑스 외무부는 마병, 보병 등에 관한 군사기술서 60권을 조선에 기증했다.[88] 프랑스 군대 복무서가 도착하자 플랑시는 고종에게 프랑스의 군대, 무기제조술을 설명하였다.[89]

한편 플랑시는 고종이 제물포에 입항하는 프랑스 군함을 강대국의 상징으로 간주하는 것을 인지했다.[90] 플랑시는 조선정부에 각국 해구에서 해군 연습을 허가하는 규정이 있다고 하면서, 조선도 프랑스 군함의 연습을 허가하기를 요청했다. 조선정부는 조선 연해내 군사훈련 요청을 수용하여 인천항 밖의 빈 바다와 제물포 포구에서 프랑스 해군의 연습을 허가했다.[91] 플랑시는 본국정부에 프랑스의 영향력을 강화하는 수단으로서 조선에 무관 파견의 필요성을 인식했고, 주청공사관무관 아마데Amade에게 조선을 방문해 줄 것을 요청했다.[92]

88 『법안 1』, No.214. 1889년 11월 19일, p.92; 같은 책, No.218. 1889년 12월 13일, p.94.

89 『프랑스문서』3, 1889년 12월 28일, p.311.

90 『프랑스문서』3, 1889년 9월 18일, p.183.

91 『법안 1』, 1968, No.23. 1888년 6월 14일, p.10; 같은 책, No.26. 1888년 6월 15일, p.11; 같은 책, No.338. 1891년 3월 24일, p.150.

92 『프랑스문서』2, 1888년 10월 26일, pp.94~96; 우철구, 앞의 글, p.145.

제3부

영국과 대한제국

7장

영일동맹 체결 이전
주한영국공사의 외교활동

1. 대한제국 외교 인식

1) 대한제국의 독립에 대한 입장

고종은 외세의 침략으로부터 국권을 수호하기 위하여 열강과의 외교를 추진했다. 고종은 영국, 미국, 러시아, 독일, 프랑스, 이태리 등 구미 열강과 맺은 통상조약 제1조에 거중조정Good Office 조항을 명문화하여 국권의 유린을 당할 경우 이들 열강들의 지원을 얻으려 했다.[1]

영국의 대한정책은 고종의 의중과 부합하는 측면이 있었다. 즉 영국은 거문도사건 당시인 1886년 4월 조선의 독립을 보장하는 국제조약의 체결을 제의한 바 있었고,[2] 1894년 7월 청일전쟁 발발 직전에는 인천항의 전시국외중립을 제의했으며, 아관파천기인 1896년 5월에는 국제적 보장하에 조선을 중립화시킬 것을 여러 강대국들에 주도적으로 제의하기도 했다.[3] 즉 영국정부는 10월 하순 한국정부에 향후 한국에서의 일체의 교섭사무는 총영사가 책임을 지고 처리할 것이라고 통보했다.[4]

한편 영국정부는 1898년 3월 조단을 총영사에서 대리공사로 승진시켰다.[5] 이 같은 영국정부의 조치는 일본정부의 강력한 권고가 크게 작용한 결과였다. 즉 일본은 영·일의 이해는 동일한데 한국[6]에 독립공사관이 없

---

1 이에 대해서는 『구한말소약휘찬』 중권·하권(국회도서관 입법조사국, 1965) 참조.

2 박희호, 『구한말 한반도중립화론 연구』(동국대 사학과 박사학위논문, 1997), p.64.

3 박희호, 위의 글, pp.100~108.

4 『주한일본공사관기록』11(국사편찬위원회), 이하 『일공사기록』으로 약칭, No.5. 1897년 10월 31일, p.186.

5 『구한국외교문서 영안 1』(고려대학교 아세아문제연구소, 1968), 이하 『영안 1』로 약칭, No.1333. 광무 2년 3월 10일.

6 이하 대한제국을 '한국'으로 약칭.

어서 영·일 공조에 장애가 막심하다고 영국정부를 설득한 바 있었다.

고종은 제국을 수립한 이후 유럽 열강국과의 관계를 한층 더 적극적으로 추진했다. 고종은 1900년 11월 민철훈을 영국, 독일, 이태리 전권공사로 임명했고, 1901년 3월에는 민영돈을 영국, 이태리 전권공사로 임명하여 대영외교를 한층 강화했다.[7] 민영돈은 4월 중순 런던을 향해 출발했다. 이에 대해 랜스다운5th Marquess, Lansdowne 영국 외상은 거빈스에게 한국이 이 시점에 전권공사를 영국에 파견한 목적이 무엇인지를 알아보라고 지시했다. 이에 대해 거빈스는 민영돈의 경우와 마찬가지로 다른 유럽 국가들에도 전권공사가 파견되었다면서 특별한 목적은 없는 것으로 보인다고 보고했다.[8]

조단은 본국정부의 대한정책에 따라 표면상 한국정부에 대해서는 한국의 독립을 지지하는 제스처를 취했다. 고종은 1898년 초에 러·일간의 협상설을 인지하자 외부대신 조병직을 조단에게 보내 러·일협상의 성격을 문의하게 하는 한편 한국독립의 국제적 보장을 얻을 가능성에 대해 자문을 구하게 했다. 이에 대해 조단은 어느 국가도 국제조약 등에서 인정된 한국독립의 원칙을 침해하지 않을 것이라며 안심시켰다.[9]

조단은 한국의 독립을 지지하는 제스처를 취하긴 했지만 한국은 자주적으로 독립을 유지하기가 어렵다고 인식했다. 조단은 그 주요한 원인은 고종의 정책에 있다고 보았다. 조단은 한국인은 고종이 금전상의 고려 때문에 주권의 일부를 희생하고 있음을 믿는다고 지적하면서 자신도 이 견해에 동조하고 있음을 시사했다. 즉 조단은 1899년경 러시아의 함

---

7 『구한국외교문서 영안 2』(고려대학교 아세아문제연구소, 1968), 이하 『영안 2』로 약칭, No.1915. 광무 4년 11월 17일; 같은 책, No.1964. 광무 5년 3월 16일.

8 『한영자료집』12, No.26. 1901년 4월 16일, p.246; 같은 책, No.28. 1901년 4월 17일, p.246; 같은 책, No.29. 1901년 4월 18일, p.247.

9 『한영자료집』9, No.105. 1898년 4월 21일, pp.73~74.

경도지방의 차지설借地說이 유포되자, 한국이 이를 수용할 경우 북한지방의 일부분이 러시아에 점유될 것이라고 예측했다.[10] 조단은 고종이 개인의 이익을 위해서 주권의 일부를 희생할 수 있다고 본 것이다.

조단은 고종의 국정운영에 대해서도 회의적이었다. 즉 고종은 매우 나약한 성격으로서 러시아의 압력을 받을 경우에는 타 열강에 의지할 것으로 예측했다. 실제 고종은 러시아의 내정간섭에서 탈피하기 위해 미국공사관과 영국총영사관에 파천을 타진하였다. 조단은 고종이 5~6차례 파천 의사를 타진해왔지만 그때마다 단호하게 거부했다.[11]

또 조단은 한국의 군사력이 국권수호를 감당할 수 없다고 확신한 것으로 보인다. 다음과 같은 조단의 한국군 평가는 이 같은 인식을 잘 보여준다.

한국군은 대체로 훈련이 안되어 있으며 한국군 중 유능하다는 수도 주둔군도 무장상태가 서투르며 훈련도 부실하다. 군인들은 근무에 매우 태만하여 초병과 수위를 구별할 수 없을 지경이다. 수도 주둔군은 7,500명으로서 한국군 중에서도 유능한 편이다. 이들의 임무는 궁궐 경비와 시내 순찰로서 쿠데타에 대비한다고 추정되고 있다. 수도 주둔군은 2천 명 정도의 일본인에 의해 제압될 것이다. 한국에는 무관학교가 있으나 유럽인 스태프가 없으며 교육도 기초훈련으로 제한되고 있다. 심지어 장교직은 훈련을 받지 않은 사람, 대신의 친족, 영향력 있는 자들에게 주어지거나 팔리고 있다.[12]

---

10 『한영자료집』9, No.28. 1899년 3월 6일, p.161. 조단의 예측과는 달리 고종은 함경도 차지에 대해 결연히 반대하는 입장을 보였다. 즉 고종은 러시아의 함경도조차 추진설이 유포되자 함경도 북청에 참령 이병무를 파견하여 1,000명의 경비대를 설치하게 하였다. 고종은 러시아의 기도를 동양평화를 교란하는 행위로 인식하여 주한일본공사에게 이의 저지를 위해 협조해 줄 것을 요청했다. 현광호, 「대한제국의 대러시아정책」, 『동방학지』136(연세대 국학연구원, 2006), p.140.

11 『한영자료집』8, No.160. 1897년 10월 20일, p.391; 같은 책, No.6. 1897년 11월 11일, pp.427~428.

12 『한영자료집』12, No.78. 1901년 10월 25일, pp.296~297.

조단은 한국군은 기본적인 훈련이 되지 않고, 장교직도 매매되는 등 정예화와는 거리가 멀다고 지적했다. 그 결과 최정예부대라 할 수 있었던 수도 주둔군도 수천 명의 일본인에 의해 제압될 것이라고 평가했다. 조단은 한국이 독자적으로 국권유지가 불가능하다고 인식했음을 보여준다. 그러므로 조단은 일본의 한국독립불가능론에 동조했다.[13] 조단은 러·일은 모두 한국의 독립을 약속했지만 한국은 점점 외국의 간섭을 요청하는 방향으로 전락하고 있다고 인식했다.[14] 이 같은 조단의 한국 인식은 영국정부에 일정한 영향을 준 것으로 여겨진다. 영국정부도 한국이 독립을 유지하면서 타국의 지배를 받지 않는 상태를 가장 선호했지만 최악의 경우 러시아보다는 일본이 한국을 지배하는 것을 수용하려 했다.[15]

　　영국은 한국의 독립에 대해 회의적 입장이었으므로 한국의 중립화에 대해서도 무관심하거나 반대하는 태도를 보였다. 고종은 1900년 8월 조병식을 특명전권공사로 임명한 뒤 일본정부에 대해 한국이 스위스, 벨기에와 같이 중립화하는 데 동의해 줄 것을 요청하였다. 그러나 일본정부는 한국의 중립화 제의를 정식으로 거절하였다.[16] 조단이 일시 귀국한 1900년 5월 이후 대리공사직을 수행한 거빈스[17]는 조병식의 중립화 외교가 실패한 것을 인지했다.[18] 거빈스는 고종이 오랫동안 중립화를 희구해 온 것을 잘 알고 있었지만 하야시 곤스케 주한일본공사의 중립반대

13 『한영자료집』9, No.96. 1899년 10월 11일, p.240.

14 『한영자료집』9, No.10. 1898년 12월 22일, p.143.

15 『일본외교문서』34권, 기밀제5호, 1901년 1월 14일, p.525.

16 박희호, 앞의 글, p.126.

17 조단이 일시 귀국한 1900년 5월 이후 1901년 10월까지 거빈스가 대리공사직을 수행했다. 『영안 2』, No.1828. 광무 4년 5월 17일; 같은 책, No.1829. 광무 4년 5월 17일; 같은 책, No.2101. 광무 5년 11월 4일.

18 『한영자료집』9, No.108. 1900년 11월 3일, p.328.

론에 동조했다.[19]

거빈스는 러시아가 일본정부에 한국의 중립화를 제의한 것을 인지했다.[20] 그럼에도 불구하고 거빈스는 한국의 중립화를 지지하지 않았다. 한편 궁내부 고문 샌즈William F. Sands는 한국을 스위스, 벨기에와 같은 영세중립국으로 만들려 했고, 열강의 보장을 통해 평화조약이나 국제협약을 체결하려 했다.[21] 고종은 1902년 영국 국왕 대관식에 이재각을 단장으로 하는 사절단을 파견하고자 했다. 샌즈는 영국을 통한 한국의 중립화를 추진하기 위하여 민상호와 함께 영국 국왕 대관식에 참석하고자 했다. 그러나 1901년 11월 귀임歸任한 조단은 샌즈가 사절단의 일원에 포함되는 것을 강력히 반대했다. 결국 조단은 샌즈의 영국행을 좌절시켰다.[22] 조단 역시 한국의 중립화를 거부한 것을 여실히 보여주는 대목이다.

2) 한·러관계 인식

고종은 1897년 10월 자주독립을 내외적으로 천명하기 위하여 칭제를 단행하고, 제국을 선포하였다. 그러나 이 같은 고종의 기도는 곧 난관을 맞이했다. 본국정부의 지시로 적극적인 대한 진출을 획책한 신임 주한러시아공사 쉬페에르Alexei de Speyer의 내정간섭 때문이었다. 쉬페에르는 고종에게 자신이 구상한 신내각 명단을 통보하면서 그의 의견이 수용되

---

19 『한영자료집』9, No.67. 1900년 9월 14일, p.311.

20 『한영자료집』12, No.6. 1901년 1월 29일, p.236; 『한영자료집』12, No.37. 1901년 3월 13일, p.251.

21 박희호, 앞의 글, p.119.

22 『영안 2』, No.2162. 광무 6년 2월 14일; 같은 책, No.2221. 광무 6년 4월 23일; 같은 책, No.2239. 광무 6년 5월 21일; William F. Sands(신복룡 역), 『조선비망록』(집문당, 1999), p.232; 『일공사기록』17, 발제3호, 1902년 1월 9일, p.476.

지 않을 경우 러시아 수비대를 궁궐에서 철수시키겠다고 위협하였다. 나아가 그는 고종에게 영국인 총세무사 브라운을 해임시킬 것을 요구했다. 고종은 이를 받아들여 러시아에 우호적인 조병식과 민종묵을 각각 법부대신과 외부대신에 임명하였다. 이어 브라운을 해임하고, 러시아인 알렉시에프Kiril Alekseevich Alekseyev를 총세무사로 임명했다.[23]

조단은 브라운의 면직을 인지하자 강력히 대응했다. 조단은 한국정부에 브라운을 교체할 경우 중대한 사태가 있을 것임을 경고했다.[24] 이 같은 조단의 조치는 브라운이 모국인 영국의 정치·전략적 목표 추구에 크게 기여해왔기 때문이었다. 즉 브라운은 해관을 기반으로 러시아와 프랑스를 견제하고 일본과의 우호관계를 유지하는 등 정치적인 성격을 강하게 띤 활동을 수행해왔다. 또 영국의 시장 확대 및 이권 확보에도 관심을 갖고 자국인에게 알선하는 등 영국의 경제 진출에 일조했다. 브라운은 영국 이익의 총책임자 역할을 담당했고, 그에 따라 영국 총영사관도 그의 의견을 매우 존중했다.[25] 특히 조단은 해관에 대해 한국에 있는 유일한 외국인 기관으로서 영국의 통제하에 있다고 만족감을 표명할 정도였다.[26]

영국정부는 러시아 고위 관료로부터 브라운의 면직은 러시아정부와 무관하다는 답변을 얻었다.[27] 조단도 쉬페에르가 본국정부의 지시를 받

---

23 현광호, 「대한제국기 주한러시아공사의 활동─대한제국기~의화단사건기를 중심으로」, 『대구사학』83(대구사학회, 2006), p.137.

24 『영안 1』, No.1285. 1897년 10월 27일; 『러시아문서』, 1897년 10월 7일, p.148.

25 김현숙, 「한말 고문관 J. McLeavy Brown에 대한 연구」, 『한국사연구』66(한국사연구회, 1989), p.147~148.

26 『한영자료집』9, No.114. 1898년 5월 25일, pp.80~81.

27 『한영자료집』8, No.127. 1897년 11월 6일, pp.359~360; Scott. S. Burnett, *Korean-American Relations: Documents Pertaining to the Far Eastern Diplomacy of the United States, volume Ⅲ (1896-1905)* (University of Hawaii Press, 1989: 이하 K-A-R Ⅲ로 약칭), No.29. 1897년 11월 7일, p.36.

지 않고 행동하고 있다고 판단했다.[28] 이에 조단은 한층 강하게 쉬페에르의 행동에 대응한 것으로 보여진다. 조단은 고종에게 영국정부가 브라운의 면직에 강한 불만을 가지고 있다는 사실을 전달하는 한편 쉬페에르의 요구에 굴복하지 말 것을 건의했다.[29] 조단은 한국의 외부는 친러파가 장악하고 있지만 한국의 여론을 감안하면 친러파가 그들의 계획을 용이하게 달성하지는 못할 것이라고 판단했다.[30] 조단은 대중과 일상적으로 접촉하는 선교사의 전언에 의거, 한국의 여론이 브라운 편에 서 있다고 인식했다. 조단은 영국을 지지하는 관료를 접촉하는 한편 브라운에 호의적이라고 판단한 알렌 주한미국공사와의 제휴를 추진했다.[31]

한편 조단은 쉬페에르가 플랑시 주한프랑스공사와 긴밀하게 공조하고 있다고 판단했다. 즉 플랑시가 한국의 재정권을 장악하고자 쉬페에르의 계획에 동참했고, 나아가 프랑스인을 총세무사 후보로 추천했다고 판단했다.[32] 그런데 이 판단은 정확한 것이었다. 쉬페에르는 대부분의 열강 사질들이 러시아를 견제하고 있다고 판단했으므로 프랑스공사를 제외한 다른 외교사절들을 의심하였다. 쉬페에르와 플랑시는 유럽에서의 노불동맹을 반영하듯이 한국에서 완벽한 공조를 유지하였다. 그에 따라 쉬페에르는 프랑스인을 브라운의 후임으로 임명시키려 했다.[33]

한편 고종은 러시아가 조선에 야심을 갖고 있다고 인식하게 된 것으로 보인다. 이에 고종은 조단에게 사절을 보내 한국정부에 대해 브라운

---

28 『한영자료집』8, No.127. 1897년 11월 6일, p.359.

29 『한영자료집』8, No.149. 1897년 10월 14일, pp.385~386; 같은 책, No.163. 1897년 10월 26일, p.395.

30 『한영자료집』8, No.150. 1897년 10월 18일, p.387.

31 『한영자료집』8, No.162. 1897년 10월 24일, p.393.

32 『한영자료집』8, No.164. 1897년 10월 27일, p.396; 같은 책, No.3. 1897년 11월 6일, p.416.

33 현광호, 「대한제국기 주한러시아공사의 활동-대한제국기~의화단사건기를 중심으로」, p.159.

과의 계약 이행을 요구할 것을 권고했다.[34] 이 같은 고종의 조치는 영국의 지원을 받아 러시아의 주권 유린을 저지하려 한 것을 보여준다. 이 무렵 가토 주한일본공사는 외부협판 유기환에게 한국이 자주독립에 위협을 받을 경우 일본과 영국이 한국을 지원한다는 각서를 주었다.[35] 영·일의 각서는 영·일정부 차원에서 이루어진 것은 아닌 것으로 보인다. 이는 이후에 가토가 고종에게 외국이 한국의 자주권을 침해하는 일이 있을 경우에는 적절히 대처한다는 개인 명의의 내주서를 제출한 것을 통해서도 알 수 있다.[36]

조단이 이상과 같은 각서에 서명했는지를 입증할 충분한 근거는 발견할 수 없다. 그렇지만 가토가 일방적으로 영국공사 명의의 각서를 한국에 전달했다고 여겨지지는 않는다. 각서는 조단이 본국정부의 한국독립 지지원칙을 따라 러시아의 압력을 제어하는 수단에서 나온 것으로 보여진다. 조단은 고종이 쉬페에르의 강압을 받아 브라운을 면직시켰다고 인식하였으므로 고종에게 보호 언질을 주었다고 볼 수 있다. 조단은 러시아공사와 프랑스공사가 공조를 하자 미국공사에 이어 일본공사와의 공조를 강화해 나간 것이다.

한편 러시아는 알렉시에프를 11월 재정고문에 취임시켰다. 조단은 고종이 러시아 교관단의 경호를 받고 있는 상황에서 한국은 정치·상업·재정적으로 러시아의 지배를 받고 있다고 인식했다. 이어 러시아는 한국에 러청은행 지점을 설립하여 한국재정을 장악하려 할 것이라고 예측했다.[37] 이같이 조단은 러시아의 대한정책에 상당한 우려를 표명했다. 앞서

---

34 『한영자료집』8, No.2. 1897년 11월 3일, pp.414~415.

35 『일공사기록』11, 기밀 호외, 1897년 11월 17일, pp.193~197.

36 『일공사기록』11, 기밀, 1898년 2월 24일, pp.200~203.

37 『한영자료집』8, No.17. 1898년 1월 18일, p.445; 같은 책, No.70. 1898년 1월 31일, p.30.

언급했듯이 브라운의 퇴진은 한국에서 영국의 이익이 크게 감소하는 것을 의미했기 때문이었다. 그리고 조단의 심각한 상황 인식은 영국정부에 직접적인 행동을 촉구한 것으로 여겨진다. 영국정부는 브라운의 면직을 좌시하지 않았고, 다음과 같은 후속조치를 실행했다. 즉 북경주재 영국공사는 10월 한국정부에 대해 향후 한국에서의 일체의 교섭사무는 총영사가 책임을 지고 처리할 것이라고 통보했다.[38] 12월에는 영국함대가 제물포에 입항하여 무력시위를 전개했다.

쉬페에르의 강경한 대한정책은 한국의 반러운동을 야기했다. 독립협회는 러시아가 군사교관과 재정고문을 파견하여 한국의 군사·재정권을 장악하자 러시아의 대한 진출을 저지하려는 운동을 전개했다. 조단은 서울의 분위기가 반러라고 단정했다.[39] 결국 러시아는 1898년 5월 하순 군사교관단과 재정고문을 철수시켰다. 이 같은 조치는 한국정부의 요구 외에도 러시아정부의 동아시아정책이 만주집중정책으로 전환되었기 때문이었다.[40]

한편 러시아정부는 1899년 4월 마산포를 태평양함대를 위한 항구 건설지로 내정하고, 파블로프에게 토지 구입을 지시하였다.[41] 조단은 러시아교관단의 철수 이후에도 러시아의 한국 진출을 주시했다. 조단은 마산포와 거제도 등이 해군 근거지로 중요하다고 인식했고, 파블로프의 마산포활동을 인지하자 직접 마산포를 시찰했다.[42] 그리고 주한러시아공사를 상대로 마산포토지 구입의 목적을 추궁하는 등 러시아의 마산

---

38 『일공사기록』11, 1897년 10월 31일, p.186.

39 『한영자료집』9, No.84. 1898년 3월 10일, pp.51~52; 같은 책, No.86. 1898년 3월 11일, p.54.

40 최문형, 『제국주의 시대의 열강과 한국』(민음사, 1990), pp.266~274.

41 러시아의 마산포부지 구입과정에 대해서는 김의환, 「조선을 둘러싼 근대 노·일관계 연구」, 『아세아연구』11-3(고려대학교 아세아문제연구소, 1968) 참조.

42 『한영자료집』9, No.69. 1899년 7월 20일, p.207; 같은 책, No.31. 1900년 1월 30일, p.279.

포부지 매입을 견제했다. 일본도 러시아가 거제도 등을 조차하는 것을 강력히 반대했다. 그 결과 러시아는 1900년 3월 마산포의 각국 거류지 밖의 10리 이내 지점을 조차하는 것으로 그쳤다.[43]

한편 러시아의 여순 해군당국과 파블로프는 모두 기존에 획득한 마산포부지가 10리 내로 제한되어 러시아 극동함대의 근거지로서는 부적합하다고 판단했다. 이에 러시아는 더 광활한 마산만을 정규 해군함 정박지로 선정한 것으로 보인다. 이에 따라 러시아는 조약 한계 밖에 있는 토지 구입을 추진했다. 조단은 러시아의 진정한 목적은 마산포부지를 해군 근거지화하여 세력권으로 편입시키는 데 있다고 인식했다.[44] 이같이 조단은 러시아의 의도를 경계했기 때문에 러시아인의 마산포활동을 예의 주시했다.

조단은 영일동맹 체결 무렵인 1902년 1월 러시아의 미산포조차 기도를 탐지했다. 조단은 러시아의 보가크Constantin de Wogack 장군이 고종에게 해군 근거지를 조차해 달라고 요청한 사실을 인지했다. 이어 파블로프가 한국정부에 영향력이 있는 이용익, 이근택, 이지용 등을 설득했다는 사실을 탐지했다. 조단은 파블로프가 한국의 실세들에게 일본의 침략성을 거론하면서 러시아에 협조할 것을 요구한 것을 탐지했다. 그런데 조단은 러시아정부가 일본에의 도전이자 한·러간의 거제도 불할양협정의 위반사항이 될 사안을 재가했을 리 없다고 판단했다. 따라서 조단은 파블로프의 활동이 러시아정부의 훈령이 아니라 여순 당국의 사주일 가능성이 크다고 추정했다.[45] 한편 고종과 이용익은 파블로프의 마산포

---

43 현광호, 「대한제국기 주한러시아공사의 활동-대한제국기~의화단사건기를 중심으로」, pp.148~149.

44 『한영자료집』9, No.55. 1900년 5월 1일, p.299.

45 『한영자료집』12, No.17. 1902년 2월 6일, pp.317~318.

196 서구 열강과 조선

조차를 거부했다.[46]

2. 대한제국 정치 인식

1) 주요 정치인 인식

주한외교사절 중 한국정계에서 일정한 세력을 가지고 있었던 것은 일본, 러시아, 미국공사였다. 주한영국공사는 일본, 러시아, 미국공사와 같이 정치세력을 육성하지는 않았다.[47] 그렇지만 영국공사가 한국정치에 무관심했던 것은 아니었다. 영국공사는 영국의 이익에 도움이 되는 정치인과 영국의 이익을 저해하는 정치인을 명확히 구분했다.

조단은 한국정계를 주도하는 인물을 주시했다. 그가 제국수립 직후에 가장 주목한 인물은 조병식이었다고 여겨진다. 이 같은 사실은 조단이 본국정부에 보내는 보고서에 조병식의 언동에 대해 빈번히 기록한 것을 통해서도 드러난다. 조병식은 러시아공사와 제휴하면서 외부대신과 법부대신 등의 정부요직을 역임했다. 조단은 조병식이 고종의 신임을 받는 한편 민종묵, 정낙용 등과 결탁하여 세력을 강화하고 있다고 인식했다. 조단은 조병식이 가톨릭교회에 출석하고, 프랑스공사관을 빈번히 방문하고 있다는 사실을 탐지했다. 그에 따라 조단은 프랑스가 조병식

---

46 『일공사기록』21, 왕전제53호, 1903년 2월 12일, p.260.
47 『일공사기록』13, 기밀제20호, 1899년 3월 28일, pp.240~241; 『일공사기록』12, 기밀제36호, 1899년 5월 17일, pp.276~281.

을 통해 내각에 영향력을 행사하고 있다고 인식했다.[48] 조단은 법부대신 조병식, 탁지부대신 정낙용이 러시아와 프랑스공사관의 대변인 역할을 하고 있다고 보는 등[49] 이들이 러시아와 프랑스의 지원으로 권력을 장악했다고 인식했다. 그는 한국정부의 핵심 각료들이 러시아와 프랑스에 편향되고 있다고 인식한 것이다. 따라서 조단은 이들에 대해 매우 부정적이었고, 그에 따라 이들의 활동을 적극 견제했다.

조단은 한국정부의 핵심 각료들은 모두 구식학교 출신이며, 그 중에서도 악명 높은 조병식이 법부대신에 취임한 결과 내각에는 미국에서 활동했던 탁지부대신 박정양을 제외하고는 자유주의적 정치인을 찾아볼 수 없다고 평가했다.[50] 이같이 조단은 러시아와 프랑스의 후원을 받는 정치세력의 성향을 보수적으로, 미국의 지원을 받는 인사들은 자유주의적으로 판단했다. 그리고 각료들 대부분이 보수적 인사로 충원된 결과 한국의 정치는 한층 수구반동의 길을 걸을 것이라고 예측했다.

한편 한국의 정계에 강력한 영향력을 행사하던 쉬페에르 러시아공사가 한국을 떠나자 내각의 인사이동이 있었다. 이에 대해 조단은 친러파는 모두 추방되었고, 새로 입각한 각료들의 정치적 성향이 자유주의적이고 온건한 편이라고 평가했다. 특히 탁지부대신 심상훈은 1895년 브라운과의 계약에 서명한 바 있었고, 의정서리 박정양은 1897년 브라운의 면직에 반대하는 등 영국에 우호적이라고 평가했다.[51]

조단은 보수주의와 자유주의라는 잣대로 정치세력을 구분하는 경향이 있었다. 이는 모국인 영국의 정당이 보수당과 자유당으로 대립하고

---

48 『한영자료집』8, No.140. 1897년 10월 5일, p.373.

49 『한영자료집』8, No.22. 1897년 12월 9일, pp.449~450.

50 『한영자료집』8, No.140. 1897년 10월 5일, p.373.

51 『한영자료집』9, No.104. 1898년 4월 21일, p.73.

있는 현실을 반영한 것으로 보인다.[52] 물론 조단은 이 무렵 한국의 보수주의세력, 자유주의세력을 영국의 보수당, 자유당과 동일선상에서 비교하지는 않았다. 그렇지만 조단은 한국의 정치세력을 보수주의자와 자유주의자로 구분지어 평가했다. 그런데 조단은 보수주의적 인사들에 대해서는 부정적 입장이었고, 자유주의적 인사들에 대해서는 호의적 입장을 보였다. 이 같은 조단의 입장은 후술하는 독립협회운동 국면에서도 그대로 드러났다.

독립협회운동 이후 조단이 주시한 인물은 한국의 재정 관리에 영향력을 행사하고 있던 이용익이었다.[53] 이용익은 1897년경 뮈텔Gustav Mutel 주교를 방문하여 가톨릭 신자가 되겠다고 약속한 바 있었다. 이후 이용익은 프랑스공사를 통해 상해에 있던 프랑스계 은행과 차관도입을 교섭하는 등 본격적으로 프랑스와 접촉을 하기 시작했다.[54] 조단이 이용익을 경계한 직접적인 계기는 후술하는 은산금광채굴권 분쟁으로 여겨진다.

이를 통해 조단은 이용익이 영국의 이해에 심각한 저해요인이 될 수 있다고 경계했을 것이라는 것은 말할 필요가 없을 것이다.

주한영국공사관이 이용익을 경계한 또 다른 이유는 총세무사 브라운의 거취문제 때문이었다. 이용익은 1901년 화폐개혁과 경의철도 부설 등의 명목으로 프랑스 운남조합과 500만원의 차관계약을 체결했다.[55] 이용익은 오랫동안 브라운으로 인해 해관 재원을 장악하지 못하였다.

---

52 영국의 보수당과 자유당의 경쟁에 대해서는 W. A. 스펙(이내주 역), 『진보와 보수의 영국사』(개마고원, 2002), pp.149~181 참조.

53 이용익의 활동에 대해서는 오진석, 「광무개혁기 근대산업육성정책의 내용과 성격」, 『역사학보』 193(역사학회, 2007), pp.65~72 참조.

54 전정해, 「광무년간의 산업화정책과 프랑스 자본·인력의 활용」, 『국사관논총』 84(국사편찬위원회, 1999), pp.4~5.

55 『일공사기록』 16, 기밀제53호, 1901년 5월 22일, p.48.

이용익은 프랑스 차관계약이 의정부회의를 통과하자 브라운을 축출하고 프랑스인 르페브르를 총세무사로 고빙하려 했다.[56] 이용익은 프랑스 계약자가 해관세 담보를 주장하며 브라운의 면직을 요구하자 한층 강력히 브라운의 축출을 기도했다. 러시아와 프랑스도 해관을 프랑스측에 위치시키고자 브라운 해고운동에 가담했다. 거빈스 임시대리공사는 외부대신 박제순으로부터 브라운의 해고를 통보받자 영국정부는 이에 동의하지 않는다고 통지하면서 브라운의 면직을 강력히 반대했다. 이어 거빈스는 위해위威海衛에 정박 중인 영국군함 3척을 인천에 오게 하여 무력시위를 하게 했다.[57] 또 거빈스는 해관세 수입에서 지불되는 것을 이유로 프랑스 차관계약을 반대하였다.[58] 거빈스는 일본·미국공사와 제휴하면서 고종에게 무력시위를 전개하여 브라운의 면직을 취소시켰다.[59] 이후에도 거빈스는 미·일공사와의 공조를 계속하였다. 거빈스는 1901년 8월 한국정부가 흉작을 이유로 방곡령을 선포하자 러시아와 프랑스의 책략으로 보고, 미·일공사와 공조하여 10월 하순 방곡령을 취소시켰다.[60]

거빈스는 브라운을 축출하려는 이용익이 계속해서 관직을 유지하는 것은 영국의 이익에 심히 불리하다고 판단했다. 이에 거빈스는 한국정부에 이용익이 한·영 양국관계에 유해하다고 지적하며 면직을 요구했다. 이에 대해 러시아공사는 이용익을 비호하고, 브라운의 면직을 지지

---

56 현광호, 「대한제국의 중립정책과 중립파의 활동」, 『한국독립운동사연구』14(한국독립운동사연구소, 2000), p.84.

57 『영안 2』, No.1966. 광무 5년 3월 20일; 같은 책, No.1969. 광무 5년 3월 22일; 같은 책, No.1970. 광무 5년 3월 25일; K-A-R Ⅲ, No.335. 1901년 4월 24일, p.89.

58 K-A-R Ⅲ, No.458. 1902년 5월 9일, p.271.

59 『영안 2』, No.1984. 광무 5년 3월 31일; 『한영자료집』12, No.36, 1901년 4월 26일, p.250; K-A-R Ⅲ, No.335. 1901년 4월 24일, p.89; 같은 책, No.346. 1901년 5월 11일, pp.94~96.

60 『영안 2』, No.2076. 광무 5년 8월 8일; 같은 책, No.2097. 광무 5년 10월 30일; 『한국근대사에 대한 자료』, No.57. 1901년 8월 12일, pp.449~450; 같은 책, No.77. 1901년 11월 5일, pp.457~458.

했다.[61] 이 같은 영국공사와 러시아공사의 상반된 입장은 1902년 후반 이용익 탄핵사건 때도 재연되었다. 러시아공사는 이용익의 구명운동에 진력한 반면, 영국공사는 일본공사와 같이 이용익의 면직을 획책했다.[62] 이상과 같이 영국공사는 특별히 친영파를 육성하지는 않았지만 영국의 이익을 저해하는 정치인을 제거하려는 노력을 게을리 하지 않았다.

2) 독립협회 인식

독립협회는 러시아가 군사교관과 재정고문을 파견하여 한국의 군사·재정권을 장악하자 러시아의 대한 진출을 경계했다. 독립협회는 열강의 이권 요구가 거세지자 강력한 이권 반대운동을 전개했다.[63] 독립협회는 1898년 2월 고종에게 올린 상소에서 외국 열강 중 어느 일국에 군사권 및 재정권을 맡겨서는 안 된다고 건의한 바[64] 여기서 지목한 일국은 바로 러시아였다.

조단은 이 무렵 독립협회운동을 어떻게 인식했을까.

---

61 K-A-R Ⅲ. No.346. 1901년 5월 11일, pp.94~96; 같은 책, No.365. 1901년 6월 12일, p.98.

62 K-A-R Ⅲ. No.541. 1902년 11월 26일, pp.99~100.

63 독립협회에 대한 연구 동향에 대해서는 이민원, 「대한제국의 성립과 광무개혁, 독립협회에 대한 연구성과와 과제」, 『한국사론』25(국사편찬위원회, 1995) 참조. 이후의 연구는 주로 독립협회의 대외인식과 사상, 그리고 서구인의 독립협회 인식에 집중되는 경향이다. 김신재, 「독립협회의 대외인식과 자주국권론」, 『경주사학』17, 동국대학교 경주사학회, 1998; 오태진, 「독립협회의 대외인식과 민족교육론」, 『한국교육사학』21(한국교육학회 교육사연구회, 1999); 임선화, 「선교사의 독립협회와 대한제국 인식-언더우드와 아펜젤러를 중심으로」, 『전남사학』14(전남사학회, 2000); 최형익, 「한국에서 근대 민주주의의 기원-구한말 독립신문, 독립협회, 만민공동회 활동」, 『정신문화연구』96(한국정신문화연구원, 2004).

64 『고종실록』권37, 광무 2년 2월 22일.

독립협회는 2,000명의 회원이 있으며 미국인의 교시로 출범했다. 이 운동의 지도자들은 미국에서 교육을 받았다. 서명자인 이완용은 반러인사이고, 또 다른 서명자인 이채연은 최근 수년간 서울의 변화를 주도한 진보적 인사이다. 이들과 비슷한 계층의 인사들은 최근의 러시아에 대해 비판적이며 황제의 나약함을 비판하고 있다. 이들이 상소를 제출한 목적은 절망적 현실을 인식했기 때문이고, 러시아공사의 정책에 반대하는 데 있다. 베베르가 한국의 지지를 가장하며 러시아의 계획을 추진한 데 비해 쉬페에르는 노골적으로 가면을 벗어던진 뒤 한국 여론을 무시하고 일을 추진했다.[65]

조단은 독립협회는 친미파가 주도하고 있으며 진보적 인물로 구성되어 있다고 파악했다. 그리고 이들은 국내적으로는 한국의 개혁을 지향하고, 국외적으로는 러시아의 외압에 저항하고 있다고 인식했다. 무엇보다도 조단은 독립협회가 러시아공사의 행태를 강력히 비판함으로써 러시아에 반대하고 있는 점을 긍정적으로 인식한 것으로 여겨진다.

독립협회가 상소를 제출할 무렵 김홍륙이 궁중 출입문 옆에서 피습을 당한 사건이 발생하였다.[66] 김홍륙은 러시아 국적의 한인으로서 외부협판의 직위를 가지고 12년간 공사관 통역을 담당한 인물이었다. 조단은 고종과 대신들이 러시아 교관단과 통역관에 분개하고 있다고 지적하면서 김홍륙 피습사건에 궁내부대신 이재순이 연루되었다고 인식했다. 이 때문에 조단은 고종이 이재순을 체포한 경무사 이충구를 면직시켰고, 이충구는 러시아공사관으로 피신한 것으로 추측했다. 또 조단은 쉬페에르가 이 사건을 반러세력을 소탕하고, 독립협회에 일격을 가할 기회로 삼으려 한다고 판단했다.[67] 이를 통해 조단은 재차 독립협회가 강력

65 『한영자료집』9, No.76. 1898년 2월 24일, pp.42~43.
66 『고종실록』권37, 광무 2년 2월 22일.
67 『한영자료집』9, No.80. 1898년 3월 3일, pp.47~48.

한 반려단체임을 인식하게 된 것으로 여겨진다. 그리고 이 사건의 결과 러시아공사와 독립협회가 극단적인 대립관계에 돌입했다고 파악했다.

한편 독립협회 회장을 역임했던 안경수는 1898년 7월 일부 대신들과 연합하여 황태자 대리청정과 내각교체를 기도했다. 안경수의 기도는 이 사건에 박영효가 관련되어 있었고, 안경수 자신이 참여했던 갑오개혁이 군주권을 제한한 정치체제였던 점을 고려할 때 내각중심의 입헌군주제 를 수립하려 한 것으로 여겨진다.[68] 조단은 안경수가 1894년 일본의 지 도하에 한국정부의 재건을 기획한 바 있던 인물이라고 평가했다. 그리 고 조단은 고종이 이 사건의 궁극적 목적은 체일 중인 의화군이나 체영 중인 이준용에게 양위하는 것이라고 의심하고 있다고 인식했다. 조단은 이 사건으로 진보파 관리 다수가 체포되었지만 한국인들 사이에서는 한국의 많은 고난이 황제와 궁중파의 실정 탓으로 보는 경향이 증대하 고 있다고 인식하였다. 또 조단은 현재의 제도를 비난하고, 변화를 지지 하는 인쇄물이 서울의 사교계, 클럽 등에서 공공연히 회람되고 있다고 지적하면서, 개혁이 단행되지 않을 경우 계속해서 유사한 사건이 발생할 것이라고 예측했다.[69] 이상과 같은 조단의 시각은 이 사건을 쿠데타로 보 는 고종의 시각과는 현격한 차이가 있는 것이었다. 조단은 이 사건을 진 보적 관료들이 주도하는 개혁운동의 일환으로 이해한 것이다. 아울러 조단은 한국인들이 현재의 체제에 대해 비판적이기 때문에 향후 유사한 개혁운동이 계속해서 전개될 것으로 예측했다.[70]

조단은 이 무렵 독립협회가 고종에게 정부의 실정을 비판하는 상소 를 제출한 것은 안경수사건에 연루된 각료들을 비호하려는 의도라고 판

---

68 송경원, 「한말 안경수의 정치활동과 대외인식」, 『한국사상사학』8(1997), p.256.

69 『한영자료집』9, No.126. 1898년 7월 15일, p.95.

70 『한영자료집』9, No.128. 1898년 7월 24일, pp.96~97.

단했다. 조단은 고종이 이 사건의 연루자들과 정적관계에 있는 조병식을 법부대신에 임명함으로써 독립협회로 대표되는 민중당과의 대립을 드러냈다고 평가했다. 그리고 독립협회 회원 600명이 조병식의 면직을 요구하는 시위를 전개하여 조병식을 면직시킨 것은 고종에 대해 결정적 성공을 기록한 것을 의미한다고 평가했다. 아울러 조단은 독립협회 회원은 3,000명 정도이지만 계속해서 증가되고 있고, 지방으로까지 활동영역을 확장 중이며 20명의 위원은 한국의 모든 부문의 개혁 청원을 수용하기 위하여 지명되었다고 인식했다. 또 조단은 독립협회는 국정을 감독하고 비판하는 단체로서 의사진행은 완벽한 규칙으로 이루어지며, 결의안은 서구 국가의 공공집회 때 준수되는 정식 절차로 채택된다고 평가했다. 조단은 향후 독립협회의 큰 위험은 획득한 영향력을 남용하는 것과 혁명적 수단으로 나아가는 것이라고 예측했다.

조단은 독립협회를 민중을 대변하는 국정 감시단체로 파악했고, 강력한 개혁의지를 가지고 있다고 보았다. 그리고 독립협회는 보수파와의 대결에서 승리한 결과 전국적인 지지를 얻어 회원수가 급증하고 있다고 평가했다. 또 독립협회의 의사진행이 서구 선진국의 집회와 유사하다고 보아 상당한 수준으로 평가한 것을 보여준다. 이같이 조단은 독립협회 운동을 긍정적으로 보았지만 급진적인 방향으로 흘러갈 경우 실패할지도 모른다고 내다봤다. 그리고 급진적인 방향은 이후의 조단의 행태로볼 때 독립협회가 황제와 극단적인 대립을 불사하고, 아울러 열강의 이권 침탈을 배척하는 사태를 의미한 것으로 보여진다.

조단은 러시아공사가 독립협회를 적대시한 것과는 달리 독립협회를 동정했다.[71] 이같이 영·러공사가 독립협회운동에 달리 대응한 것은 과

---

71 『일공사기록』13, 기밀제36호, 1899년 5월 17일, pp.276~281.

거에 보여준 독립협회의 반러운동에 대한 평가가 반영된 것으로 여겨진다. 아울러 조단이 독립협회에 대해 호의를 보인 이유는 독립협회가 계속해서 조병식, 민종묵 등 친러세력의 퇴진운동을 전개했기 때문으로 이해된다.

한편 독립협회는 보수 성향의 대신들이 김홍륙사건을 구실로 9월 나륙법을 부활시키려하자 강력한 반대운동을 전개하여 일곱 명의 대신들을 퇴진시켰다.[72] 이어 독립협회는 10월 말경 국권수호와 민권보장을 기치로 운동을 전개한 결과 정부로 하여금 의회인 중추원을 설립하게 하고, 국정개혁안인 헌의육조를 채택하게 했다. 그러나 조병식을 비롯한 보수파들은 독립협회가 왕정을 폐지하고 공화정을 수립하려 모의한다는 '익명서사건'을 조작하여 독립협회 지도자 17명을 체포하고, 독립협회를 해산시켰다. 이에 만민공동회는 구속된 지도자들의 석방과 독립협회의 복설을 요구하며 강력한 투쟁을 전개했다.[73] 그 과정에서 고종의 지시를 받은 보부상이 만민공동회를 습격하자, 민중은 대신들의 저택을 습격하였다. 고종은 사태가 걷잡을 수 없이 확산되자 11월 22일 외교사절을 접견하여 자문을 구했다. 이때 만민공동회의 무력진압을 지지한 일본 대리공사는 고종이 영·미공사를 의식하여 무력사용을 망설이자 영·미공사를 설득하였다.[74]

조단은 11월 12일 소요가 발생한 원인은 고종이 약속한 개혁 조치를 이행하지 않았기 때문으로 파악했다. 조단은 고종이 민중을 동정하는 군경을 이용하는 것에 불안을 느껴 강력한 조직인 보부상을 동원했다

---

72 신용하, 『독립협회연구』(일조각, 2006), p.431.

73 유영렬, 『대한제국기의 민족운동』(일조각, 1997), pp.16~17.

74 『일공사기록』12, 기밀제54호, 1898년 12월 10일, pp.453~454; 같은 책, 기밀제55호, 1898년 12월 13일, pp.455~456.

고 보았다. 조단은 두 집단 사이의 충돌이 발생한 결과, 독립협회를 지지하는 시민들은 개혁을 반대하는 각료의 자택을 습격했다고 이해했다. 조단은 작금의 상황에서 가장 큰 곤란은 인민이 고종을 불신하는 데 있다고 인식했다. 즉 고종은 지난 며칠 동안 여러 관청의 대신을 빈번히 교체했고, 대신은 취임을 거부한 결과 사실상 정부는 없는 것과 같다고 인식했다. 또 고종이 황궁에 은신 중인 보수파 대신들의 충고로 민중을 억압하는 것으로 파악했다. 이에 조단은 22일 알현 석상에서 고종에게 정부가 보부상을 동원한 것을 강력히 비판했고, 11월 24일에는 질서를 회복할 수 있는 대책을 건의했다. 조단은 정부가 보부상을 동원한 것을 재차 비판하면서 보부상 해산이야말로 혼란을 수습하는 필수적 조치라고 건의했다. 이어 조단은 문제의 해결책은 강제적인 수단을 사용하는 것보다는 정직하게 정부를 개혁하려는 시도에 있다고 지적했다.[75] 이상과 같이 조단은 소요의 책임은 독립협회와 민중에 있지 않고, 고종과 보부상에 있다고 인식했다. 따라서 사태의 해결을 위해서는 고종이 민중의 요구를 수용하여 신뢰받는 정부를 구성해야 한다고 보았다. 따라서 조단은 고종이 독립협회의 폐쇄를 결심하고, 영국공사관에 친서를 보내 영국의 지원과 중재를 요청했을 때 알렌과 같이 무력진압을 반대한 것으로 보인다.[76] 이 같은 조단의 활동은 일시적이나마 고종의 조치에 영향을 준 것으로 여겨진다. 11월 23일 고종이 지도자 석방과 독립협회의 복설을 약속했기 때문이다.

독립협회는 강력한 내각을 조직하여 민영환, 박정양, 한규설, 권재형 등 진취적 인물들로 하여금 국정을 담당시키려 했다.[77] 독립협회는 고종

---

75 『한영자료집』9, No.2. 1898년 11월 25일, pp.131~133.

76 『러시아문서』, 1898년 11월 1일, p.16; 『일본외교문서』31-2권, 1898년 12월 13일, p.432·496.

77 신용하, 앞의 책, pp.215~217.

에게 헌의육조의 실시, 신망받는 각료의 선임을 요구했고 고종의 약속을 받아내자 해산했다. 그러나 조단은 보부상의 잔류, 황제의 약속 파기 가능성 등으로 인해 소요의 재발 가능성이 있다고 예측하였다. 조단은 고종의 유일한 경륜은 한 당파로 하여금 다른 당파를 적대시키는 것이라고 지적하면서 고종의 개혁의지에 회의적이었다.[78]

조단은 고종이 준수할 의지를 보여준 유일한 조치는 중추원을 의회와 유사한 것으로 전환한 것이라고 평가했다. 조단은 '유사의회'에 대해 본래 정부측에서 절반을 지명하고, 절반은 독립협회측에서 선출한다고 이해했다. 그런데 조단은 고종이 독립협회의 영향력을 무력화시키고, 모든 안건을 허사로 만들기 위하여 독립협회 회원은 단지 15명만을 의원으로 임명한 데 비해 보부상 출신은 17명이나 지명했다고 비판했다. 조단의 예측대로 독립협회는 고종의 약속 불이행에 분개하여 상소를 제출했다.[79] 결국 고종은 11월 26일 직접 제시한 국정개혁의 약속을 어기고, 다시 보수파와 연합하여 반격을 기도했다. 이에 저항하기 위하여 수만의 서울시민들이 12월 6일부터 만민공동회를 개최했다. 그러나 독립협회와 만민공동회는 12월 23일 군대의 무력진압으로 강제 해산되었다.[80]

조단은 사태가 파국으로 치달은 원인을 고종의 약속 불이행 때문으로 인식했다. 조단은 독립협회가 강제 해산되자 두 적대적 단체간의 일시적 휴전에 불과하다며 독립협회의 재기 가능성을 예측했다. 조단이 한국이 항구적 평화를 회복하기 어려울 것으로 판단한 이유는 정부의 약속 불이행으로 민중의 불만이 해소되지 않을 것으로 보았기 때문이었다.[81]

---

78 『한영자료집』9, No.3. 1898년 11월 28일, pp.134~135.

79 『한영자료집』9, No.5. 1898년 12월 6일, p.136.

80 최형익, 앞의 글, pp.200~201.

81 『한영자료집』9, No.13. 1899년 1월 19일, p.145.

1899년 6월 초순 고영근 등이 신기선, 조병식, 홍종우, 이용익, 이유인 등의 자택에 폭탄을 투척하는 사건이 발생했다. 경악한 고종은 외국공사관으로의 피신을 고려할 정도였다.[82] 조단은 폭탄투척사건이 박영효 등 체일 망명자들과 연계되어 있다고 인식했다. 그리고 이 사건은 1894년 청일전쟁 이전에 존재했던 구체제로 회귀하려는 황제와 정부에 대한 전 국민적인 불만이 그 배경이라고 인식했다.[83]

이상과 같이 조단은 독립협회운동을 서구의 영향을 받은 진보적 운동이라고 인식했다. 특히 모국인 영국의 역사에서 보아온 것과 같은 민주주의운동으로 인식한 것을 보여준다. 그런 점에서 조단은 무력진압을 반대하는 등 독립협회운동에 동정하는 태도를 보였다. 그러나 독립협회운동의 성공은 반드시 영국에 유리한 것만은 아니었다. 조단이 이같이 인식하게 된 것은 다음과 같은 보고서에서 그 시사점을 발견할 수 있다고 여겨진다.

민중은 외국의 지원 없이 한국이 독립을 유지하기를 갈망한다. 독립협회는 재판 없이 처벌받지 않을 것과 의회가 황제권을 제약하기를 요구했다. 또 차관계약, 차병 등을 결정할 때 해당 대신과 중추원의 동의를 얻을 것을 요구했다. 이들의 핵심 요구는 여섯 가지로 집약되고 있다. 외국에서 진보의 아이디어를 수집한 이들은 한국의 유일한 희망은 정부의 급진적 개혁이라고 확신하고 있다. 한편 황제와 보수파는 이 같은 변화를 500년간 누려온 특권의 상실로 받아들이고 있다. 이들은 강력한 투쟁 없이는 양보하지 않을 것이다. 대부분의 시민들은 독립협회를 동정하고 있다.[84]

---

82 『일본외교문서』 32권, 기밀제59호, 1899년 6월 10일, p.930.

83 『한영자료집』9, No.62. 1899년 6월 15일, p.194.

84 『한영자료집』9, No.146. 1898년 11월 12일, pp.119~120.

조단은 본국정부에 헌의육조의 내용을 상세히 보고하면서 궁극적인 목적은 한국의 독립에 있다고 지적했다. 또 조단은 독립협회가 외국의 진보 관념을 수용한 선진적 단체라고 보고했다. 그러나 이 시점에서 조단은 독립협회와 영국의 이익이 일치하지 않음을 발견한 것으로 보인다. 구미 열강은 독립협회의 활동이 궁극적으로 영국 등의 열강을 겨냥하고 있다고 인식하여 독립협회활동을 경계한 것으로 보여진다. 즉 독립협회가 요구한 헌의6조 중 제2조는 광산, 철도 등의 이권을 허여할 경우나 차관과 파병 등의 조약을 체결할 경우 각부대신은 물론 중추원 의장의 날인을 의무화하였다. 그렇게 될 경우 한국 황제와의 직접 담판으로 이권을 챙겨온 구미 열강의 활동이 상당한 제약을 받을 것은 명확한 것이었다.

알렌 미국공사는 미국 선교회 소속의 한국인 개신교도들이 투쟁에 참가하자 적극적으로 선교사에게 영향력을 발휘하여 참여를 억제했다. 조단은 향후 두 단체 사이에 더욱 첨예한 대립이 전개될 것으로 예측했음에도 불구하고 알렌의 활동을 긍정적으로 평가했다.[85] 이후 알렌은 12월 21일 미국정부의 훈령을 받자 종전의 입장을 바꿔 독립협회의 강제 해산을 지지했다.[86] 비록 조단이 독립협회의 강제 해산을 지지했다는 증거는 발견할 수 없지만 알렌의 조치를 긍정적으로 평가한 데서 볼 수 있듯이 조단 역시 알렌의 입장을 지지한 것으로 판단된다.

---

85 『한영자료집』9, No.6. 1898년 12월 12일, p.138.

86 신용하, 앞의 책, p.518.

8장

영일동맹 체결 이후
주한영국공사의 외교활동

1. 영일동맹 체결 직후 주한영국공사의 활동

영국은 러시아의 만주점령이 계속되자 일본과의 협력관계를 한층 강
화하고자 했다. 영국과 일본은 각각 동아시아와 한국 진출을 획책했고,
이러한 목적에 걸림돌이 되었던 러시아를 견제하기 위하여 1902년 1월
제1차 영일동맹을 체결했다.[1] 고종은 2월 12일 하야시 곤스케 주한일본
공사로부터 동맹의 내용을 통보받자 조단 주한영국공사를 접견하여 영
일동맹의 의미를 파악하려 하였다.[2] 고종은 동맹 체결 이후 영국, 일본에
한층 더 관심을 기울였다. 이 때문에 영·일은 종전보다 한국과의 교섭이
용이하게 되었고, 심지어는 미국보다 더 좋은 지위를 확보할 수 있게 되
었다.[3] 고종이 3월 프랑스와의 차관계약을 취소시키고 일본측과 차관도
입을 교섭하도록 조치한 것은 그 좋은 일례라 할 수 있다.

한편 영·일공사는 영일동맹 이후 더욱 공조를 강화했다. 이들이 한국
의 내무와 외무문제를 조정하고, 외국인 고문의 고빙을 저지한다는 내
용의 '한국내 영일동맹'을 체결한 것은[4] 영·일공사의 공조를 상징적으로
보여주는 사건이었다.

---

1 영일동맹 체결의 배경에 대해서는 이노우에 유이치(석화정·박양신 역), 『동아시아 철도 국제관계사
영일동맹의 성립과 변질과정』(지식산업사, 2005) 참조.

2 『일성록』권39, 광무 6년 2월 14일, 광무 6년 2월 17일, 광무 6년 4월 5일.

3 K-A-R Ⅲ, No.534, 1902년 11월 21일, pp.177~178.

4 K-A-R Ⅲ, No.476, 1902년 6월 20일, p.66. 그 내용은 다음과 같다. 첫째, 한국의 모든 내무와 외무
문제는 영국과 일본의 완전한 일치와 협력 하에서 조정될 것이다. 두 나라는 한국에서의 평화 유지
와 국체보전을 소망하기 때문이다. 둘째, 한국은 재력의 한도 내에서 육군과 해군을 증가시킬 필요
가 있는 바, 그것은 한국의 독립 유지와 자원개발의 목표를 위한 것이다. 셋째, 한국이 어느 때든 외
국 자본을 긴급히 요하는 상황에 처하면 영국, 일본 또는 미국의 금융시장을 찾을 것을 한국정부에
권고한다. 넷째, 외국인 고문은 더 이상 임명하지 않는다. 다섯째, 국경의 확정을 위한 단호한 조처
들을 한국정부에 권고하는 바이며, 이를 위협하는 모든 요인들은 제거되어야 한다. 『한국근대사에
대한 자료』, No.59, 1902년 6월 9일, pp.471~473.

동시에 영·일공사는 한국의 내정에 한층 깊숙이 개입했다. 이들은 영일동맹을 이용하여 자국의 한국 진출에 걸림돌이라고 인식한 정치인을 제거하려 획책했다. 이 시기 하야시는 한국이 일본을 제외한 타국으로부터 차관을 도입하는 것을 경계했다. 이는 한국이 외국으로부터 차관을 도입하면 한국은 차관제공국의 지배를 받게 될 것이라고 인식했기 때문이었다. 따라서 그는 일본이 한국에 차관을 제공하여 한국의 주요 재원인 광산, 철도, 해관세 수입을 통제하길 기대했다. 따라서 하야시는 프랑스로부터 차관도입을 추진한 이용익에 대해 적대적인 입장이었다.

한편 주한영국공사관은 자국인 총세무사 브라운의 거취문제로 이용익을 경계한 바 있었다. 이때 영국공사는 일본·미국공사와 제휴하면서 고종에게 이용익의 면직을 요구하는 동시에 무력시위를 전개하여 브라운의 면직을 취소시켰다.[5] 영·일공사는 영일동맹으로 한국내 영향력이 강화되자 이용익을 제거하려 하였다. 먼저 하야시는 의정부대신들이 이용익을 축출하려 하자 이를 이용하였다. 즉 하야시는 이용익에게 탁지부대신서리를 사직하고, 내장원경과 전환국장 직위만 유지할 것을 요구하여 이를 관철시켰다.[6] 이후 이용익이 황실과 관련된 실언으로 탄핵을 당하자 하야시는 고종에게 이용익의 면직을 건의했고, 조단도 이용익의 숙청을 요구했다.[7] 이같이 조단이 이용익을 배척한 것은 브라운 면직사건에서 드러난 것과 같이 이용익이 영국의 이익에 저해된다고 판단했기 때문이었다.

한편 이용익은 미국 등이 자국의 이익 추구에 혈안이 되고 있는 것을

---

5 『영안 2』, 1968, No.1984. 광무 5년 3월 31일; K-A-R Ⅲ, No.335. 1901년 4월 24일, p.89; 같은 책, No.346. 1901년 5월 11일, pp.94~96.

6 『일공사기록』18, 기밀제36호, 1902년 2월 25일, p.14.

7 K-A-R Ⅲ, 1902년 11월 28일; 『일공사기록』18, 기밀제144호, 1902년 12월 5일, pp.70~72; 『일공사기록』14, 1902년 12월 17일, p.282.

비판하고, 수많은 추종자들에게 미국 등에 대해 강력한 반대운동을 전개할 것을 지시했다. 이에 브라운은 전적으로 이용익으로 인해 모든 문제가 야기되고 있다고 개탄하는 상황이었다.[8] 이상과 같은 영국측의 이용익 인식은 유길준 쿠데타사건에도 그대로 투영되었다. 일본에 체류하고 있던 망명자 유길준의 쿠데타기도는 영일동맹 이후 한국의 정국에 상당한 파란을 일으켰다. 유길준은 강석호, 이용익 등 고종의 측근을 제거하고 신정부를 수립하기 위해 쿠데타를 모의했다.[9] 유길준은 쿠데타가 성공한 뒤 김윤식, 한규설, 민영환, 민영준, 이윤용, 김가진, 이완용, 권재형, 박제순, 윤치호 등으로 내각을 조직하려 하였다.[10]

조단은 영일동맹 체결 이후 한층 한국의 내정문제에 개입하였으므로 이 사건에 주의를 집중했다. 조단은 이용익에 비판적이었던 반해 유길준의 제휴대상이 되었던 인물들에 대해서는 개혁적인 인사들이라고 긍정적으로 평가했다.[11] 그런데 민영환, 박정양, 한규설, 권재형 등은 독립협회가 국정개혁을 위하여 의정부대신 후보로 추천한 인물들이기도 했다.[12] 조단은 종래 독립협회를 민중을 대변하는 국정 감시단체로 파악했고, 강력한 개혁의지를 가지고 있다고 평가한바 있었다.

한편 조단은 망명자들에 대해 한국정부와는 다른 시각을 가지고 있었다. 조단은 안경수에 대해 1894년 한국정부의 재건을 기획한 바 있던 인물이라고 평가했다. 따라서 그는 1898년 7월 안경수가 쿠데타를 기도했을 때 구제도를 타파하고 현상을 변화시키려 한 개혁운동이라고 긍정

---

8 K-A-R Ⅲ, No.534. 1902년 11월 21일, pp.177~178.

9 윤병희, 「일본망명시절 유길준의 쿠데타음모사건」, 『한국근현대사연구』제3집(1995), pp.37~39.

10 『고종실록』권44, 광무 8년 3월 11일.

11 『한영자료집』12, No.49, 1902년 5월 8일, pp.321~322.

12 신용하, 『독립협회연구』(일조각, 1976), pp.215~217.

적으로 평가했다.[13] 이 같은 점에서 조단은 망명자들에 의한 쿠데타기도를 비판적으로 인식하지 않았다. 일본정부도 망명자를 비호했다. 이는 망명자를 귀국시켜 일본의 이익을 신장시키려 하였기 때문이었다.[14]

조단은 영일동맹 직후인 1902년 2월 하야시와 같이 고종에게 망명자를 포함하는 거국내각을 조직할 것을 권고했다.[15] 이 같은 조단의 조치는 일본과 망명자에 대한 인식을 같이 했기 때문이라 할 수 있었다. 그리고 조단이 유길준 쿠데타사건에 관심을 기울인 것은 일본정부가 보호하는 망명자들이 일을 주도했기 때문이었다.[16] 그 밖에 유길준의 숙청대상이 바로 이용익이었다는 점도 크게 작용했다고 여겨진다. 영국의 한국 진출에 걸림돌인 인물을 영국이 개입하지 않고 한국인의 손으로 제거할 수 있기 때문이었다.

이상과 같은 시각에서 조단은 시종 망명자문제에 대해 한국정부를 비판하고, 망명자를 비호하는 인식을 드러냈다. 나아가 조단은 이 사건의 성격을 망명자의 기획이라기보다는 한국정부의 기획으로 규정했다. 조단은 고종과 측근이 유길준 등 주요 망명자들을 유인하려 했다고 파악했다. 즉 고종과 측근이 서상집 등을 통하여 유길준에게 자금을 제공하여 거사를 유도한 뒤에 이들을 체포하려 하였다고 인식했다. 또 조단은 측근 이근택이 독립협회파가 망명자 및 일본의 조선협회와 연계하여 독립협회를 부활시키려 했다고 조작하여 이상재, 남궁억 등을 체포하였다고 인식했다.[17] 이같이 조단은 한국정부가 국외의 망명자들과 국내의

---

13 『한영자료집』9, No.126. 1898년 7월 15일, p.95.

14 현광호, 「대한제국기 망명자문제의 정치·외교적 성격」, 『사학연구』제57·58합집호(1999), p.1059.

15 김윤식, 『속음청사』하, 광무 6년 2월 26일.

16 K-A-R Ⅲ, 1902년 5월 2일.

17 『한영자료집』12, No.26, 1902년 5월 8일, pp.322~324; 같은 책, No.49. 1902년 5월 8일, pp.321~322.『황성신문』1902년 5월 1일.

독립협회인사들을 소탕하기 위하여 사건을 조작한 것으로 인식했다. 이에 조단은 하야시와 함께 유길준과의 연루설로 인해 체포위기에 처한 인사들의 구명운동을 전개했다.[18]

이후에도 영·일공사의 공조는 다방면에서 지속되었고, 제일은행권 유통문제는 그 주요한 일례이다. 영일동맹 이후 한국에 대한 경제 침략을 강화한 일본정부는 1902년 8월경 제일은행권을 한국정부의 허가 없이 불법적으로 유통시켰다. 이에 대해 외부대신서리 최영하는 9월 각항 감리에게 제일은행권의 수수를 금지하라고 훈령했다.[19] 한국에서는 바로 일부 상인에 의해 유통반대운동이 전개되었다. 이후 유통반대에 앞장선 것은 보부상을 중심으로 한 단체인 공제회와 상무사였다.[20]

이때 하기와라 일본 대리공사는 고종에게 군함의 파견을 위협하면서 제일은행권 유통의 승인을 요구했다. 조단은 제일은행권문제에 대해 일본의 입장을 지지했다. 조단은 하기와라에게 '일본의 조치에 동정을 표명한다. 제일은행권문제는 이용익이 러시아의 지원을 얻어 획책한 것이다. 차후에도 이용익과 러시아와의 관계상 종종 사단이 일어날 것은 분명하다. 그러므로 일본정부가 이번에 공명정대한 요구를 수용하지 않음을 기화로 이용익에게 압력을 가하는 것은 열국이 희망하는 바이다'라고 일본의 처사를 옹호했다.[21]

한편 이용익은 중앙은행을 창설하기 위하여 외국으로부터의 차관도

---

18 K-A-R Ⅲ, No. 455, 1902년 5월 2일, p.79.

19 일본의 제일은행유통에 대해서는 다음 글 참조. 나애자, 「이용익의 화폐개혁론과 일본제일은행권」, 『한국사연구』45(한국사연구회, 1983); 조재곤, 「1902, 3년 일본 제일은행권 유통과 한국상인의 대응」, 『한국민족운동사연구』(1997).

20 조재곤, 『한국 근대사회와 보부상』(혜안, 2001), pp.230~232.

21 『일공사기록』21, 왕전제43호, 1903년 2월 9일, pp.254~255. 제일은행권문제와 이용익의 동향에 대해서는 나애자, 앞의 글 참조.

입을 추진했다. 일본은 한국의 중앙은행이 태환권을 발행할 경우 제일은행에 좋지 않은 영향을 줄 것이고, 반대로 중앙은행이 실패하면 제일은행의 위세가 증가할 것으로 판단하여 중앙은행의 창설을 저지하려 획책했다. 아울러 일본은 중앙은행이 해관세를 취급할 것이라는 점에 착목하여 영국과 공조를 강화했다. 이에 일본공사는 조단, 브라운과 협의한 뒤 중앙은행 설립과 태환권 발행에 대해 한국정부에 이의를 제기했다.[22]

한편 조단과 브라운은 한국의 중앙은행 설립계획에 강력히 반대했다.[23] 이는 종래 적대관계에 있던 이용익이 중앙은행 창설을 주도했고, 또 중앙은행이 해관세를 취급할 경우 이용익이 총세무사 브라운을 숙청할 것으로 판단했기 때문이었다. 따라서 조단은 이용익의 동향을 예의주시했다. 그 결과 조단은 이용익이 중앙은행 자본금으로 인삼세 수입을 저당으로 잡아 러청은행의 대리인인 군즈부르그G. d. Gunzburg와 200만원의 차관을 협의 중이라는 정보를 입수했다. 조단은 하야시에게 이 사실을 통보하여 하야시로 하여금 이용익에 대한 공격을 개시하게 했다.[24] 결국 이용익은 러시아와의 차관협상을 중단하고 일본과 차관도입을 협의해야만 했다.

주한영국공사관은 한국의 군사·외교에도 개입했다. 한국정부는 브라운을 매개로 일본으로부터 무기를 구입했다. 이때 하야시는 무규율한 한국병사가 무기를 자유로이 사용할 때는 위험한 일이 일어날 수 있다는 이유로 한국이 구입한 대포 등의 무기를 통제하고자 했다. 조단과

---

22 『일공사기록』16, 기밀제54호, 1903년 3월 17일, p.152.

23 『일공사기록』21, 왕전제55호, 1903년 2월 12일, p.261.

24 『한영자료집』12, No.4. 1903년 1월 3일, p.343; 『일공사기록』21, 왕전제244호, 1903년 8월 17일, p.335.

브라운은 하야시의 제의를 수용하여 무기의 보관에 대해 협의했다.[25]

한편 주한영국공사관은 한국정부가 중립화에 열의를 보이고 있는 것을 잘 알고 있었다. 또 러시아정부가 1901년 일본정부에 한국의 중립을 제의했고, 1901년에도 재차 미국정부와 교섭하여 중립화를 추진하려 한 것을 인지했다. 이때 하야시는 조단에게 러시아의 의도는 만주에서의 자유행동을 얻는 데 있고, 또 한국의 중립화는 영·미·일의 극동정책과 충돌한다며 반대 입장을 밝혔다.[26] 조단은 하야시의 의견을 묵인함으로써 한국의 중립화에 반대하는 입장을 드러냈다. 이후 한국정부는 1903년 8월 국외중립을 추진하는 과정에서 브라운에게 그 관계문서를 기초하게 했다. 조단은 브라운에게서 번역본을 입수한 뒤 일본공사에게 통보했다. 아울러 현상건과 고희성이 중립화 외교를 위하여 각각 러시아와 일본으로 출발했다는 사실을 알려줬다.[27] 조단은 1904년 1월 한국정부가 국외중립을 선언했을 때도 그 실효성을 부정했다.[28] 이상과 같이 주한영국공사관은 영일동맹 이후 한국의 자주적 개혁을 저지하고, 일본의 한국 진출에 중요한 역할을 담당했다.

---

25 『일공사기록』23, 왕전57호, 1904년 1월 17일, p.132.

26 『한영자료집』12, No.5. 1903년 2월 20일, pp.343~344. 러시아의 한반도 중립화정책에 대해서는 석화정, 「러시아의 한반도 중립화정책」, 『중소연구』23-3(한양대학교 아태지역 연구센터, 1999), 참조.

27 『한영자료집』13, No.6. 1903년 8월 26일, p.22; 『일공사기록』20, 기밀제137호, 1903년 8월 27일, p.281.

28 『일공사기록』23, 왕전제91호, 1904년 1월 31일, p.150.

2. 용암포사건에 대한 주한영국공사의 대응

1) 용암포사건 인식

러시아는 영일동맹에 대항한 노불선언 등의 조치가 실효를 거두지 못하자 1902년 4월 8일 청과 만주철병협정을 체결하였다. 순조롭게 진행되던 러시아의 철군은 곧 장벽에 부딪혔다. 베조브라조프Bezobrazov, A. M)가 만주철병협정을 강력히 비판하면서 철군정책에 제동을 걸었기 때문이었다. 그는 1896년 한국정부로부터 획득한 압록강 삼림채벌권을 전략적으로 이용하여야 한다고 주장했다. 이에 니콜라이 2세Nicholas II도 동의하였다. 니콜라이 2세가 베조브라조프를 동아시아로 파견한 것은 이른바 '전진정책前進政策'을 실행하기 위한 조치였다.[29] '전진정책'이란 만주와 한국에서 러시아의 우위를 확보하자는 것이 그 목적이었다. 이를 위해 러시아는 최단 시일내에 러시아의 정치·경제적 이익을 보호할 수 있는 군사력을 준비하여 만한지역에서 다른 열강의 이권을 제한하고, 광범위한 러시아의 경제활동을 추구해야 한다는 것이었다.[30] 동아시아 여행을 마치고 귀국한 베조브라조프는 일본의 영향력이 한국 북부까지 미치는 것을 막기 위해서는 경의철도와 서울-의주간 전신선부설권을 획득해야 한다고 주장했다.[31] 그 과정에서 쉬테인E. Stein 러시아 임시대리공사는 4월 중순 한국의 외부대신 이도재에게 압록강안의 삼림이권계약을 근거로 벌목을 개시할 것이라고 통보하였다. 이후 러시아인들은 이권지역에서

---

29 최문형, 『국제관계로 본 러일전쟁과 일본의 한국병합』(지식산업사, 2004), pp.172~177.
30 최문형, 『제국주의 시대의 열강과 한국』(민음사, 1990), p.305.
31 『러시아문서』, 1903년 5월 22일, p.735.

멀리 떨어진 지역에서 벌목작업을 시작했다.[32]

조단은 4월 하순경 러시아의 용암포활동을 인지한 것으로 보인다. 이무렵 조단은 쉬테인이 이도재에게 압록강 삼림채벌권을 청국인에게 허가했는지를 문의했다는 사실을 탐지했다. 조단은 청국인이 농상공부로부터 이 이권을 획득한 뒤 일본인과 합작했다고 판단했다. 그리고 조단은 하야시가 이 권리를 강력히 보호하고 있음을 인지하고, 이 때문에 장차 러시아와 충돌할 것을 예측했다.[33] 브라운도 러시아의 용암포활동을 예의 주시했다. 브라운은 4월 하순부터 고종에게 관세수입에 영향이 있을 것이라는 이유로 압록강변의 개항을 건의했다.[34]

조단은 러시아군인들이 용암포에 출현하여 토지와 주택을 구입하자 외부대신 이도재가 해당 지방관에 러시아인을 철수시키라고 지시했다는 것을 인지했다. 조단은 본국정부에 러시아군의 주둔을 벌목사업으로 설명할 수 없다고 보고했다.[35] 그는 러시아인의 용암포활동을 벌목작업으로 인정하지 않았다. 이후에도 조단은 러시아인의 벌목은 정치적 목적을 은폐하고 만주에서 추구한 정책을 시행하기 위한 연막에 불과하다고 의심했다.[36]

조단은 40명의 러시아군인이 러시아 삼림채벌권 지역과 연관 있는 지역에서 주둔하고 있음을 인지했다. 이에 조단은 고종을 알현하고 압록강변의 의주를 외국인을 위한 무역항으로 개항할 것을 개인적으로 건의

---

32 『구한국외교문서 아안 2』(고려대학교 아세아문제연구소, 1968), 이하 『아안 2』로 약칭, No.2033. 광무 7년 4월 14일: 같은 책, No.2039. 광무 7년 4월 24일; 같은 책, No.2041. 광무7년 4월 30일.

33 『한영자료집』12, No.18. 1903년 4월 30일, pp.354~355.

34 『일공사기록』19, 왕전제139호, 1903년 5월 26일, p.117.

35 『한영자료집』12, No.18. 1903년 5월 25일, p.387.

36 『한영자료집』12, No.63. 1903년 6월 24일, p.418.

했다. 랜스다운 외상은 조단의 조치를 추인했다.[37] 하야시 주한일본공사는 이보다 먼저 5월 12일 고종을 알현한 자리에서 러시아의 용암포활동을 견제하기 위해서는 압록강지역의 개항이 필요하다고 건의한 바 있었다.[38] 비슷한 시기 브라운, 조단, 하야시가 한국정부에 압록강변의 개항을 요구한 것은 영·일이 용암포사건에 대해 공조하고 있던 상황을 보여주는 대목이다.

이후 하야시는 조단에게 한국정부에 외국무역항을 개항해야 한다는 의견을 전달했다고 통보하면서 이를 지지해줄 것을 요청했다. 이에 조단은 동의했다.[39] 아울러 하야시는 압록강변의 개항을 위하여 브라운과 긴밀히 공조했다.[40] 브라운은 일본공사와 긴밀히 협의하면서 일본의 한국 진출에 적극 협력한 바 있었기 때문이었다.[41] 하야시는 고종과 브라운을 설득해야 한국 스스로 의주를 개항할 수 있을 것이라고 판단했다.[42] 하야시는 브라운에게 의주개항의 필요성을 이야기했다. 브라운은 개항이 필요함을 인정하고 고종에게 건의할 것을 약속했다.[43] 이후 일본정부는 러시아의 관심을 용암포문제로 집중시키고, 의주문제는 러시아와 직접 협상하고 교섭이 결렬될 경우 개전의 구실로 삼으려는 계략을 수립했다. 이 때문에 일본은 용암포개항을 의주개항보다 우선시하게 되었다.[44] 그

37 『한영자료집』12, No.11. 1903년 5월 25일, p.353; 같은 책, No.12. 1903년 5월 26일, p.353.

38 『일공사기록』19, 기밀제79호, 별지, 1903년 5월 12일, pp.88~89.

39 『한영자료집』12, No.25. 1903년 6월 25일, p.361; 같은 책, No.27. 1903년 6월 29일, p.362.

40 『러시아문서』, 1903년 5월 28일, p.601; 같은 책, 1903년 5월 28일, p.39; 같은 책, 1903년 5월 28일, p.206; 같은 책, 1903년 5월 29일, p.39.

41 『한영자료집』9, No.134. 1898년 9월 12일, p.105.

42 『일공사기록』19, 왕전제143호, 1903년 5월 29일, p.125.

43 『일본외교문서』36-1권, 제163호, 1903년 6월 17일, p.482; 같은 책, 제97호, 1903년 6월 29일, p.496;『일공사기록』19, 왕전제148호, 1903년 6월 2일, pp.135~136; 같은 책, 왕전제163호, 1903년 6월 17일, p.150.

44 김원수, 「노일전쟁의 발단과 의주 개방 문제」, p.99.

결과 용암포개항문제가 의주개항을 제치고 주요 현안으로 부상하게 되었다. 이에 따라 하야시는 용암포개항에 노력을 집중하게 되었다.

한편 조단은 용암포가 최상의 무역항으로서 모든 국가의 상업적 필요를 충족시킬 것이라고 인식했다. 그러나 용암포의 요지는 러시아의 점유 하에 있다고 판단했다.[45] 그런데 고종은 외부대신에게도 알리지 않고 내장원관리 조성협을 비밀리에 파견하여 러시아와 7월 20일 용암포조차협정을 체결하게 했다.[46] 이같이 고종이 용암포를 러시아에 조차하려 한 것은 이 무렵 제일은행권 유통문제 등으로 급격히 강화된 일본의 압력에 대비하여 러시아와의 외교를 강화하려 했기 때문으로 여겨진다.[47]

조단이 용암포조차협정의 실체를 인지한 것은 8월 초순이었다. 이때 조단은 러시아인이 용암포에서 구입한 토지의 소유를 확인하는 내용의 협정을 체결하려 시도하고 있다는 정보를 입수했다.[48] 조단은 8월 중순경 용암포조차협정의 전문을 입수하고 나름대로 그 의미를 분석했다. 조단은 용암포조차협정 중 7조와 8조가 러시아의 삼림회사가 압록강의 목재무역을 독점하려는 의도로 해석했다. 그리고 이 협정은 한국정부와 공식적인 조약을 맺고 있는 한 열강이 한도 이상의 권리를 사취하려는 것으로 인식했다.[49] 조단은 본국정부에 이 협정을 유별난 것이라고 보고하면서, 한국과 관계를 맺고 있는 열강 중 하나에 불과한 러시아가 이같은 협정을 체결하려는 것을 비판했다. 용암포조차협정은 한국과 구

---

45 『한영자료집』12. No.136. 1903년 7월 25일, p.476.

46 『일공사기록』19, 내전의제24호, 1903년 7월 20일, p.238; 같은 책, 왕전제224호, 1903년 7월 29일, p.253. 조차협정은 전문 8항이었는데 그 상세한 내용은 김원수, 「용암포사건과 일본의 대응」, p.96 참조.

47 현광호, 「대한제국기 주한러시아공사의 활동」, 『백산학보』75(백산학회, 2006), p.386.

48 『한영자료집』13, No.1. 1903년 8월 8일, p.16.

49 『한영자료집』13, No.2. 1903년 8월 14일, pp.16~17.

미 열강이 체결한 통상조약의 치외법권조항을 무시하고, 러시아의 배타적인 권한만을 포함하고 있어 일본은 물론 일본에 우호적이었던 영국과 문호개방을 요구해온 미국과의 충돌 가능성을 내포하였다.[50]

이후 조단은 외부와 파블로프A. Pavlov 주한러시아공사간의 조회를 주시했다. 그 결과 조단은 파블로프가 용암포조차협정 체결을 통해 추구하는 의도를 다음과 같이 분석했다.

> 용암포조차협정에 의거하면 러시아 삼림회사는 한국의 북부 국경지대에 군사주둔지의 성벽을 쌓을 수 있다. 이 권리는 결국 러시아에 대해 북한지방에 우월한 지위를 제공할 것이고, 이 지역으로 확장을 추구하는 일본과 충돌하게 할 것이다. 일본의 관심사는 한반도에서 일본의 이익을 확립하는 데 있다. 그리고 그 필수 전제는 경의철도부설권을 획득하여 이를 경부철도와 연결하는 것이다. 일본에 가장 큰 장애물은 러시아인의 압록강활동일 것이다.[51]

이를 통해 조단은 러시아 삼림회사의 활동이 용암포의 벌목에 국한되지 않고, 군사진지까지 구축하고 있다고 인식했음을 보여준다. 이후 조단은 하야시의 제보를 통해 러시아인이 용암포에서 압록강 입구를 통제할 수 있는 요새를 구축하고 있다고 인식했다.[52] 조단은 일본의 경의철도부설권 획득 기도에 대해 잘 알고 있었다.[53] 그리고 러시아인의 용암포활동을 이러한 일본의 기도에 최대의 장애물이라고 지목했다. 조단은 보고에도 나타나듯이 일본의 한반도 진출을 당연시했고, 일본의 입장

---

50 김원수, 앞의 글, p.96.

51 『한영자료집』13, No.55. 1903년 9월 23일, pp.52~53.

52 『한영자료집』13, No.15. 1903년 10월 5일, p.27.

53 일본의 경의철도부설권 획득기도에 대해서는 정재정, 『일제 침략과 한국철도(1892~1945)』(서울대학교 출판부, 1999) 참조.

을 옹호했다.

조단은 용암포사건에 깊숙이 개입했고, 한국정부와 빈번히 협의했다. 그런데 조단은 자신이 주도적으로 이 문제에 개입하는 것이 아니라 하야시를 지지하는 입장에서 교섭을 한다고 고백했다.[54] 따라서 조단의 활동은 영일동맹 체결 이후 더욱 강화된 영·일공조의 연장선상에서 이해할 필요가 있다. 조단은 후술하듯이 한국정부에 대해 상업 발달의 논리로 개항을 설득했다. 그러나 한국정부는 조단의 요구는 상업적인 것이 아니라 정치적 고려에서 나온 것이라고 인식했다.[55] 이 같은 사실은 조단의 활동이 경제적인 것보다는 정치적 성격을 강하게 띤 것으로 볼 수 있는 대목이다.

2) 대한교섭 논리

주한영국공사관은 용암포문제를 관철시키기 위하여 나름대로의 교섭 논리를 마련했다. 먼저 영국공사관은 한국정부에 대해 개항은 한국에 경제적인 이익을 가져다줄 것이라고 설득했다. 조단은 종전에도 한국정부에 대해 흉작 대책으로서 항구의 추가 개방을 권고한 바 있었다.[56] 조단은 한국정부에 1897년도에 개항한 항구들은 상업이 날로 번창하고 있고, 또 국세도 급증하고 있다고 주장하면서 압록강을 개항할 경우 동일한 이익을 누릴 것이라고 설득했다. 또 압록강을 개항할 경우 변경에

---

54 『한영자료집』13, No.42 1903년 9월 5일, pp.39~40.

55 『한영자료집』13, No.3. 1903년 8월 22일, pp.18~19.

56 『한영자료집』9, No.105. 1898년 4월 21일, pp.73~74.

서의 한국의 권리를 강화시키는 효과가 있다고 주장했다.[57] 계속해서 조단은 한국정부에 압록강지역을 개항하여 모든 국가의 산업에 개방되는 것이 좋을 것이라고 권고했다.[58] 브라운도 관세수입 증대의 논리로 압록강변의 개항을 건의했고, 고종은 이를 수용하여 이근택으로 하여금 실지 조사를 착수하게 했다.[59] 이때 조단과 브라운이 압록강변 중 최적의 개항장으로 지목한 곳은 의주였다.

조단은 한국정부에 용암포개항을 설득할 때도 관세수입 증대의 논리를 구사했다. 한국정부는 의주에 무역시장을 개설할 경우 모든 국가의 요구를 만족시킬 것으로 판단하고, 8월 하순 의주개항을 검토했다. 그러나 의주개항 방침에서 용암포개항 방침으로 입장을 바꾼 조단은 의주는 바다와 상당히 먼 곳이며, 또 선박이 접근하기 어려운 곳으로서 사실상 내륙지방이라고 주장했다. 이어 조단은 효율적인 세관의 운영을 위해서는 용암포의 개항이 필수적이라고 지적했다.[60] 조단은 한국에 용암포개항을 설득하는 논리로서 세관운영의 편의성을 강조했다. 즉 세관운영의 편의를 제공하여 해관세 수입을 증대시켜야 한다고 설득한 것이다.

또 조단은 개항은 각국의 상업이익은 물론 한국의 상업도 번성하게 할 것이라고 설득했다.[61] 조단은 특히 압록강지역이 국제 상업의 중심지가 되고 있다고 주장하면서 이 지역의 개항이 시급함을 역설했다. 그리고 개항을 하게 되면 각국의 상인이 몰려들어 결과적으로 한국의 상업도 발달하게 될 것이라고 주장했다. 그런데 외부대신 이도재는 조단의

---

57 『영안 2』, 1968, No.2444. 광무 7년 6월 26일.

58 『한영자료집』12. 1903년 6월 25일, p.440; 같은 책, 1903년 7월 23일, p.475; 『러시아문서』, 1903년 6월 23일, pp.204~205; 『한영자료집』12, 1903년 7월 6일, p.454; 같은 책, 1903년 6월 27일. p.441.

59 『일공사기록』19, 내전사, 1903년 5월 28일, p.125.

60 『한영자료집』13, No.3. 1903년 8월 22일, pp.18~19.

61 『영안 2』, No.2502. 광무 7년 10월 16일.; 같은 책, No.2525. 광무 7년 11월 20일.

압록강개항 요구는 상업적인 것이 아니라 정치적 고려에서 나온 것이라고 인식했다.[62] 조단은 압록강지역이 국제 상업의 중심지가 되고 있다고 주장하면서 한국은 이 같은 국제적 흐름에 동참해야 많은 경제적 이익을 누릴 수 있다고 회유한 것이다. 그러나 외부대신의 언급에서도 드러나듯이 조단의 경제이익론은 한국정부를 설득하는 데 큰 효력을 발휘하지는 못한 것으로 여겨진다.

조단은 이 같은 한계를 의식했는지 한국이 외교력을 집중하고 있던 국권문제를 거론했다. 이 시기 한국은 국권수호를 국가의 당면과제로 삼았다. 고종이 중립화를 목표로 열강국에 공사관을 설치하고, 특명전권공사를 파견한 것은 국권수호를 염원했기 때문이었다.[63] 조단은 고종이 러·일개전의 위기를 인식하고, 8월 주러공사 및 주일공사에게 관계 정부에 한국의 국외중립 의사를 제의하게 한 것을 탐지했다.[64] 국외중립 방침은 한국으로서는 국권을 유지하기 위한 안간힘이라고 볼 수 있었다. 그런데 조단은 바로 이 국권문제를 거론하여 한국으로 하여금 개항 요구를 수용하도록 설득한 것이다. 그러나 조단은 일본의 한국독립불가능론에 동조한 바 있었다.[65] 조단은 비록 러·일이 모두 한국의 독립을 약속했지만 한국은 점점 외국의 간섭을 요청하는 방향으로 전락하고 있다고 인식했다.[66] 영국정부도 한국이 독립을 유지하면서 타국의 지배를 받지 않는 상태를 가장 선호했지만 최악의 경우 러시아보다는 일본이 한

---

62 『한영자료집』13, No.3. 1903년 8월 22일, pp.18~19.

63 대한제국의 중립화 외교에 대해서는 박희호, 『구한말 한반도중립화론 연구』(동국대학교 사학과 박사학위논문, 1997) 참조.

64 『한영자료집』13, No.6. 1903년 8월 26일, p.22. 이 시기 한국의 중립외교에 대해서는 이창훈, 「노일 전쟁과 한국의 북방관계」, 『한국독립운동과 열강관계』(한국정치외교사학회, 1985), pp.159~161 참조.

65 『한영자료집』9, No.96. 1899년 10월 11일, p.240.

66 『한영자료집』9, No.10. 1898년 12월 22일, p.143.

국을 지배하는 것을 수용하려 했다.[67] 그럼에도 불구하고 조단은 개항을 관철시키기 위하여 한국정부에 한국독립을 강력히 원한다는 제스처를 취했다. 이는 브라운도 동일했다. 브라운은 한국정부의 국정운영은 어린 아이와 같아 정치 개량 등은 도저히 가망이 없다고 인식했다. 브라운은 일본군의 한국 해안 상륙설이 유포되자 하야시에게 러시아의 행동에 맞선 정당한 행동이라고 옹호하며, 일본정부는 한국에 단호한 행동을 취할 것을 권고할 정도였다.[68]

조단은 먼저 고종에게 영일동맹은 동아시아의 평화와 한·청의 독립을 유지시키려는 목적에 충실할 것이라고 안심시켰다.[69] 조단은 영국정부가 한국의 독립에 관심이 많다는 외교적 수사를 구사하여 영일동맹을 경계하던 고종의 우려를 불식시키려 한 것이다. 이후 조단은 고종에게 '만주에 확고한 발판을 마련한 열강은 한국의 국경지대에 영향력을 확장하려 한다. 열강은 청국의 동삼성에서 보여주었듯이 사업을 구실로 한국을 보호상태로 전락시킬 정치적 구상을 실행하고 있다'고 경고하면서 개항을 권고했다.[70] 조단은 청국의 만주가 실질적으로 러시아의 보호령이 되었다고 지적하고, 한국이 러시아의 용암포 점령을 방치할 경우 만주 꼴이 날 수 있다고 경고한 것이다. 그리고 이 같은 조단의 언급은 국권수호를 염원하던 고종에게 충격적인 경고일 수 있었다.

한국정부는 러시아의 압력으로 압록강지역의 개항을 주저했다.[71] 외부대신서리 이중하는 조단에게 한국은 만주 상황에 큰 영향을 받는다

---

67 『일본외교문서』34권, 기밀제5호, 1901년 1월 14일, p.525.

68 『일공사기록』23, 왕전제91호, 1904년 1월 31일, p.150.

69 『한영자료집』12, No.137. 1903년 7월 25일, pp.481~482.

70 『한영자료집』12, No.126. 1903년 7월 17일, pp.467~468.

71 『영안 2』, No.2454. 광무7년 7월 21일.

고 지적하면서 러시아의 압력으로 압록강지역의 개항이 어렵다고 고백
했다. 이에 조단은 만주는 러시아의 군사적 점령상태에 있지만 한국은
그렇지 않다고 지적하면서 만주에서의 중국의 입장과 압록강에서의 한
국의 입장은 크게 다르다고 반박했다. 이어 한국이 자주적 권리로서 영
토를 보호하려는 조치를 취하지 않는다면 만주와 같은 상황으로 전락
할 수 있다고 경고했다. 이에 이중하는 영·일의 압력에 굴복하여 개항
조치를 취했다는 비난을 받을 것을 우려했다. 그러나 조단은 한국이 러
시아의 지시에 따른 결과 한국의 독립을 희생했다고 세계에 공표하는
것에 비교하면 사소한 것이라고 반박했다.[72] 조단은 고종에 이어 외부 당
국자에 대해서도 같은 논리를 전개한 것을 알 수 있다. 즉 조단은 한국이
러시아의 용암포 점령을 방치할 경우 국권에 심각한 손상이 있을 것임
을 지적했다. 그리고 결론적으로 타 열강에 압록강지역을 개항하여 러
시아를 견제하도록 권유한 것이다. 이후 이중하는 재차 러시아의 개항
반대론을 제기했다. 이에 조단은 만일 한국이 독립을 포기하고, 외국 열
강의 지시를 받으려 한다면 외국 열강은 틀림없이 그 결론을 받아들일
것이라고 경고했다.[73]

　조단은 한국이 국권을 유지하는 지름길은 여러 국가의 지원으로 특
정국의 국권 유린을 저지하는 것이라고 설득했다. 그런 관점에서 조단은
한국의 외부에 대해 러시아와 용암포조차협정을 체결하는 대신에 압록
강지역을 개항하여 모든 관련 열강을 만족시킬 것을 권고했다. 이때 외
부는 용암포조차협정을 잠정적인 것으로 선언함으로써 러시아의 요구
를 거부했다.[74] 이를 통해 조단의 국권수호론이 일시적으로나마 한국정

---

72 『한영자료집』12. No.135. 1903년 7월 23일, p.475.
73 『한영자료집』13, No.42. 1903년 9월 5일, pp.39~40.
74 『한영자료집』13, No.51. 1903년 9월 15일, p.47; 같은 책, No.54. 1903년 9월 19일, p.50.

부에 효과적으로 작용한 것을 알 수 있다.

조단은 러시아의 용암포조차를 저지하는 한편 러시아의 용암포활동을 견제하는 수단으로서 용암포개항을 추진했다. 이에 조단은 이중하에게 '용암포가 윤선의 정박이 가능하고, 각국의 조계지 설정에도 적당하다. 용암포를 개항할 경우 일국의 독점 무역을 모면할 수 있다'고 권고했다.[75] 조단은 새로 외부대신서리에 취임한 이하영에게도 '용암포는 현재 일국이 편의와 이익을 독점하고 있다. 타국의 상민은 압록강의 통상무역을 인준받지 못하고 있다. 개항의 시일을 지연할 경우 한국의 독립 자유권리는 심각한 손상을 받을 것이다. 영국정부는 성실하게 한국의 독립 자유를 기원하기 때문에 재차 본사에게 한국정부에 조회하여 신속히 압록강을 개항하여 각국의 상업이익에 기여할 것을 지시했다'고 통보했다.[76] 조단은 영국정부의 특별한 관심을 운운하며 예의 국권수호론을 전개한 것이다. 이는 한국정부가 국권수호를 위해 영국에 기울인 관심을 역이용한 조치라 볼 수 있다. 이후에도 조단은 이하영에게 '개항을 유예할 경우 한국은 독립자주권을 스스로 포기하는 격이다. 외부대신서리가 황제에게 윤허를 주청하면 국체의 견고를 염원하는 황제께서는 결단코 윤허할 것이다'라고 권고했다.[77] 이상과 같이 조단은 한국이 러시아의 압력으로 개항을 거부하는 것이야말로 국제사회로부터 한국의 독립을 부정 당하는 결과를 초래할 것이라고 경고했다. 즉 조단은 한국이 러시아의 압력을 뿌리치고, 용암포개항을 선언하게 하기 위하여 국권수호론을 제기한 것이다. 이상과 같이 조단은 국권유지론을 한국에 대한 고강도의 압박수단으로 사용했다.

---

75 『영안 2』, No.2491. 광무7년 9월 26일.

76 『영안 2』, No.2502. 광무7년 10월 16일.

77 『영안 2』, No.2525. 광무7년 11월 20일.

한편 조단은 국권유지론을 러시아측에 대해서도 구사했다. 이 무렵 파블로프는 고종에게 일본의 강요에 의한 개항은 한국에 결정적 파멸을 가져올 수 있다고 경고했다.[78] 이에 대해 조단은 파블로프에게 의주를 외국 무역항으로 개항할 경우 러시아의 산업에도 유익할 것이라고 설득했다. 그러나 파블로프는 새로 개방되는 항구들은 일본의 식민지로 전락하여 일본의 평화적 침투에 이용될 것이고, 궁극적으로 한국의 독립을 위협할 것이라고 지적했다. 그러나 조단은 파블로프의 한국독립위협론에 동의하지 않았다. 즉 조단은 오히려 특정 국가에 배타적 특권을 인정하는 것이야말로 다수 국가에 상업적 특권을 인정하는 것보다 더 한국의 독립을 위협할 것이라고 반박했다.[79]

3) 대한제국과의 교섭

조단이 한국과 공식적으로 교섭한 것은 5월 하순으로 보인다. 이때 조단은 고종을 알현하고 의주를 외국인을 위한 무역항으로 개항할 것을 개인적으로 건의했다.[80] 계속해서 조단은 의주개항에 진력했다. 조단은 한 달이 지난 6월 하순 외부대신 이도재에게 개항의 이점을 설명하면서 개항을 권고했다.[81] 이에 대해 이도재는 조단에게 개항은 충분한 검토를 거쳐 결정할 것이라고 통보했다.[82] 이 같은 한국의 신중한 대응은

---

78 『아안 2』, No.2066. 1903년 6월 13일; 『러시아문서』, 1903년 6월 3일, p.39.

79 『한영자료집』12, No.85. 1903년 6월 25일, p.440.

80 『한영자료집』12, No.11. 1903년 5월 25일, p.353; 같은 책, No.12. 1903년 5월 26일, p.353.

81 『영안 2』, 1968, No.2444. 광무 7년 6월 26일.

82 『영안 2』, No.2449. 광무 7년 7월 9일.

러시아의 강한 반발을 의식한 결과였다.

한국정부는 압록강지역의 개항을 검토했으나 러시아의 강한 반대로 주저했다. 이후 한국정부는 청일전쟁 이전에 의주에서 국경무역이 열렸던 점에 주목했다. 이에 한국정부는 청국정부와 협의하여 의주개시를 부활시키고자 했다. 이는 청의 제의에 동의하는 방식을 취해 영·일의 압력에 굴복하였다는 러시아의 비난을 받지 않고도 의주를 개항할 명분을 얻을 수 있다고 판단했기 때문이었다. 이 같은 상황에서 조단은 7월 15일 고종을 알현했다. 이 자리에서 조단은 재차 의주개항을 건의한 결과 고종으로부터 외부대신에게 이 문제를 논의할 것을 지시할 것이라는 언질을 받아냈다.[83] 고종은 외국사절단이 곤란한 요구를 할 경우 외부대신이나 의정부회의에 해당 사안을 넘기는 경향이 있었다. 그러므로 이때 고종의 언질은 조단의 건의를 수용했다기보다는 조단의 강력한 개항요구를 회피하기 위한 수단에 불과한 것이었다. 그러나 조단은 고종의 언질을 근거로 8월 3일 이도재에게 개항에 대해 즉시 논의할 것을 요구했다.[84]

이후 조단은 빈번히 외부대신 및 이근택 등과 개항문제를 의논했다. 결국 한국정부는 조단의 강박을 받자 의주에 무역시장을 개설하려 했다. 8월 22일 이도재는 조단에게 의정부회의에 개항을 청의했다고 통보했다.[85] 이때 한국정부는 의주를 개항하고, 평양을 폐쇄한다는 방침을 정했다.[86] 이에 대해 조단은 이중하에게 의주개항방안은 진전된 조치이

---

83 『한영자료집』12, No.126. 1903년 7월 17일, pp.467~468.

84 『영안 2』, No.2461. 광무 7년 8월 3일.

85 『한영자료집』13, No.3. 1903년 8월 22일, pp.18~19; 『한영자료집』12, No.112. 1903년 8월 22일, p.458.

86 『영안 2』, No.2471. 광무 7년 9월 1일.

기는 하지만 선박이 정박하기가 곤란한 문제점 등으로 인해 의주는 각
국의 통상교섭에 부족하다고 주장했다. 계속해서 조단은 '압록강무역의
발달을 위해서는 충분한 설비를 제공하는 항구가 필수적이다. 의주개항
은 영·일공사를 만족시키지 못할 것이다. 특히 일본은 용암포 외 타 항
구의 선정에 동의하지 않을 것이다'고 지적하며 용암포개항을 촉구했
다.[87] 조단은 종래 의주개항을 요구해왔지만 러시아의 활동을 효과적으
로 견제하기 위해서는 선박의 출입이 용이한 용암포의 개항이 필요함을
인식했다. 따라서 한국에 대해서는 통상과 세관운영의 편의 등을 구실
로 용암포의 개항을 요구한 것이다. 이후에도 조단은 이중하에게 용암
포가 윤선의 정박이 가능하고, 각국의 조계지 설정에도 적당하다며 재
차 용암포개항을 촉구했다.[88]

한편 한국정부는 파블로프와 새로운 용암포조차협정을 체결하기 위
한 협상을 시도했다.[89] 이 같은 한국정부의 조치는 의주개항으로 영·일
의 요구를 충족하고, 동시에 러시아의 요구도 충족시키려 한 것을 의미
한다. 그리고 이 같은 한국정부의 조치는 러·일간에 전쟁이 일어날 경우
중립을 지키려는 외교방침의 맥락에서 이해할 수 있다.[90] 이에 따라 파블
로프는 8월 25일 개정안 초안을 외부에 제시하였다. 개정안은 기존안과
비교하여 영·일의 요구를 일부 수용한 것 외에 별다른 사항이 없었으며
용암포 토지 확정을 기정사실화하려는 의도를 내포하였다.[91] 조단은 파
블로프가 7월 20일의 용암포조차협정을 한국정부에 강요하고 있다고

---

87 『영안 2』, No.2477. 광무 7년 9월 4일; 『한영자료집』13, No.42 1903년 9월 5일, pp.39~40.

88 『영안 2』, No.2491. 광무 7년 9월 26일.

89 『한영자료집』12, No.114. 1903년 8월 23일, p.460.

90 이 시기 한국정부의 중립외교에 대해서는 박희호, 「대한제국의 전시국외중립선언시말」, 『국사관
논총』60(국사편찬위원회, 1994) 참조.

91 김원수, 앞의 글, p.98.

인식했고,[92] 하야시와 공조하여 용암포조차협정 체결을 저지했다.[93]

이후에도 조단은 외부대신서리 이중하에게 용암포개항을 촉구했지만 한국정부는 러시아의 반대를 이유로 결정을 기피했다.[94] 특히 이용익은 고종에게 러시아는 무력으로 용암포개항을 저지할 것이므로 개항은 한국의 안전을 위태롭게 할 것이라며 개항반대를 건의했다.[95] 조단은 이용익이 용암포개항을 강력히 반대하고 있다고 인식하고, 귀국한 주영공사 민영돈을 통해 수차 고종에게 용암포개항을 건의했다. 조단은 한국정부가 일본군의 심상치 않은 동향을 탐지하고 대책을 상의하자 재차 용암포개항을 권고했다.[96]

한편 이하영은 조단에게 용암포개항에 동의한다고 통보했다. 조단은 이하영에게 영·일공사의 지지를 언급하는 한편 영국정부의 강력한 개항의지를 전했다. 그럼에도 불구하고 협상에 진전이 없자 조단은 고종이 개항을 기피한다고 판단했다.[97] 이에 조단은 본국정부의 훈령이라며 알현을 요구했다.[98]

한편 미국정부는 러시아의 남하 위협을 제거하고 자국의 만주 진출을 용이케 하기 위해서는 만주에서 일본의 힘을 러시아와 대등하게 끌어올려야 했고, 그러기 위해서는 아직도 힘이 러시아보다 약한 일본에게 한국을 넘겨주어야 한다는 방침을 정했다.[99] 그에 따라 미국정부는

---

92 『한영자료집』13, No.51. 1903년 9월 15일, p.47; 같은 책, No.54. 1903년 9월 19일, p.50.

93 『아안 2』, No.2122. 광무 7년 10월 20일; 같은 책, No.2129. 광무 7년 11월 2일.

94 『한영자료집』13, No.55. 1903년 9월 23일, pp.52~53.

95 현광호, 「대한제국기 주한러시아공사의 활동」, p.394.

96 『한영자료집』13, No.104. 1903년 10월 5일, pp.87~88.

97 『한영자료집』13, No.117. 1903년 10월 16일, p.98~99; 『영안 2』, No.2502. 광무 7년 10월 16일.

98 『영안 2』, No.2506. 광무 7년 10월 25일.

99 최문형, 『제국주의 시대의 열강과 한국』(민음사, 1990), p.248.

11월 알렌 주한공사에게 개항문제에 대해 영·일과 협조할 것을 지시했다.[100] 알렌은 본국정부의 훈령으로 영·일의 용암포개항 요구에 합류했다. 한편 외부대신서리 이하영은 고종과 의견을 달리 했다. 러시아에 맞서 한국의 독립자유권을 주장해온 이하영은 용암포개항이야말로 세력균형을 가져와 한국의 독립에 기여할 것이라고 보았다. 이하영은 알렌 공사의 영·일지지에 힘입어 고종의 재가를 받지도 않고 용암포개항을 결행하려고 했다.[101] 이하영은 조단에게 한국정부는 용암포를 내년 1월 1일 개항할 예정이며, 조계지를 확정하고 해관을 건설할 것이라고 통보했다.[102] 이에 대해 파블로프는 이하영에게 한국정부가 영·일의 사주를 받아 의주나 용암포를 개항할 경우 러시아정부는 적절한 방책을 취할 것이라고 강력히 경고하여 개항을 저지했다.[103] 조단은 파블로프에 맞서 이하영에게 고종에게 윤허를 주청하면 결단코 윤허할 것이라고 개항을 재촉했다.[104]

조단은 한국의 고위 관료들은 거의 만장일치로 개항을 지지하는 반면 고종이 유일하게 개항을 반대하고 있다고 판단했다. 그리고 그 이유는 러시아공사가 고종에게 개항할 경우 러시아는 독자적인 수단을 취할 것이라고 경고한 것이 주효했기 때문이라고 인식했다. 또 고종이 러시아와 영국을 서로 견제시키고 있다고 판단했다.[105] 결국 조단은 고종과의 담판을 시도했다. 조단은 하야시에 이어 12월 1일 고종을 알현하고 용암포개항에 대해 윤허할 것을 촉구했다. 조단은 고종으로부터 외부대

---

100 『한영자료집』13, No.88. 1903년 11월 10일, p.76.

101 『러시아문서』, 1903년 11월 15일, p.32; 같은 책, 1903년 11월 15일, pp.205~206.

102 『영안 2』, No.2522. 광무 7년 11월 16일.

103 현광호, 「대한제국기 주한러시아공사의 활동」, p.395.

104 『영안 2』, No.2525. 광무7년 11월 20일.

105 『한영자료집』13, No.10. 1903년 11월 23일, p.192.

신에게 용암포개항을 조속히 결정할 것을 지시할 것이라는 언질을 받았다.[106] 그러나 이때 고종의 언질은 앞에서도 언급했듯이 조단의 건의를 수용했다기보다는 조단의 강력한 요구를 일시적으로 회피하기 위한 수단이었다.

이후 조단은 외부의 통보를 수령하지 못하자 이하영에게 본국정부의 훈령이라며 강력히 항의했다.[107] 동시에 조단은 알렌과 같이 하야시에게 용암포개항을 위해 한국에 무력수단을 사용하는 것이 좋을 것이라고 권고했다.[108] 이어 조단은 알현에 실패하자[109] 민영환과 이근택 등을 통해 고종에게 용암포문제를 설득해줄 것을 요청했으나 아무런 실효를 거두지 못했다. 고종이 러일협상 결과를 기대했기 때문이었다. 이후 이하영이 사직하고, 이지용이 외부대신서리에 취임했다. 조단은 외부대신은 그동안 황제에게 접근하지도 못하고, 영·일공사의 활동을 무력화시키는 역할만을 했다고 인식했다. 그런데 이지용의 취임은 외부대신의 지위에 큰 변화를 주어 용암포문제의 해결에 전기를 마련해줄 것으로 판단했다.[110] 이는 이지용이 황족인 데다가 종래 친일 성향을 강하게 드러냈다는 사실을 염두에 두었기 때문으로 여겨진다.

한편 영국정부는 용암포개항을 관철시키기 위하여 압력을 강화했다. 영국정부는 조단에게 하야시와 긴밀히 협력할 것을 지시했다. 그에 따라 조단은 하야시와 함께 알렌에게 용암포개항 건으로 공동 알현할 것을 제의했다.[111] 영국함대도 용암포개항을 강요하기 위해 제물포에 입항하

---

106 『영안 2』, No.2528. 광무 7년 12월 4일.

107 『영안 2』, No.2531. 광무 7년 12월 19일.

108 『일본외교문서』36-1권, 제436호, 1903년 12월 6일, pp.553~554.

109 『영안 2』, No.253. 광무 7년 12월 21일.

110 『한영자료집』13, No.190. 1903년 12월 24일, p.293.

111 K-A-R Ⅲ, No.636. 1904년 1월 2일, p.107.

였다.[112] 용암포개항과 관련된 교섭은 소강상태를 유지했다. 결국 용암포 개항은 러·일개전 이후 일본군이 서울을 점령한 상황에서 결정되었다.

---

112 『러시아문서』, 1903년 12월 27일, p.32.

9장

은산금광 허여의
외교적 의미

1. 은산금광사안에 대한 대한제국의 입장

1) 대한제국의 은산금광 허여 거부

평안도에 소재한 은산금광은 미국인에게 허여된 운산금광과 더불어 금의 매장량이 풍부하다고 소문이 난 곳이었다. 한국은 특히 금이 풍부하다고 알려진 은산금광을 외국인에게 허여하지 않는 한편 독자적으로 개채하기 위하여 은산금광을 궁내부 소속으로 편입시켰다.

영국인 챈스Chance는 1898년 9월 한국정부로부터 광산채굴권 허여를 약속받았다. 그러나 영국 하원의 국회의원인 모간Pritchard Morgan은 솔즈베리R. G. Salisbury 수상에게 요청하여 챈스의 이권을 획득했다.[1] 조단 주한영국공사는 이때 획득한 이권을 근거로 1899년 11월 11일 외부대신 박제순에게 영국인이 은산금광을 선택하여 장차 착공하고자 한다는 사실을 통보했다. 이에 대해 박제순은 조단에게 은산금광은 궁내부에 속하는 왕실 소용지이고, 또 채굴 중이므로 허여할 수 없다고 통보했다. 이어 박제순은 한국 광산은 은산금광 이외에도 미개척지가 많으니 타금광을 선택할 것을 요청했다.[2] 그런데 1898년 9월 외부와 영국인이 체결한 합동은 단순히 평안도지역의 광산을 채굴할 수 있다고만 규정했지 은산금광을 명시한 것은 아니었다. 그런 점에서 영국은 한국과 사전 협의 없이 일방적으로 은산금광을 선택한 것이라 할 수 있다. 영국측이 은산금광에 관심을 기울인 것은 금의 매장량이 풍부하다는 사실을 인지하고 있었기 때문이었다. 한국정부 역시 이 사실을 잘 알고 있었으므로 은산

---

[1] K-A-R Ⅲ, No.234, 1900년 3월 17일, pp.264~265.

[2] 『영안 2』, No.1672. 광무 3년 11월 11일; 같은 책, No.1680. 광무 3년 11월 16일.

금광을 황실 소유라고 통보하면서 그 개채권을 허여하지 않으려 한 것이다. 한편 궁내부 광무감독인 이용익은 은산금광을 영국에 양도하지 않으려 진력했다. 이용익은 은산금광채굴권은 이미 한국인 자본가에 허여되었고, 또 채굴 중이라는 이유를 들어 허여해서는 안 된다고 주장했다. 이용익은 외부대신과는 무관하게 독자적으로 은산군수에게 훈령을 보내 영국인의 광지 시찰을 저지할 것을 지시했다.[3] 박제순도 조단에게 광산기사가 해당 지역을 답사하기 전에 은산금광을 선택한 것에 의문을 제기했다. 아울러 광산은 상호 협의하여 선정하는 것이지 강점의 대상은 아니라고 비판하면서 영국인의 선정은 아무런 효력이 없다고 통보했다.[4] 의정부와 궁내부를 막론하고 은산금광의 허여에 반대한 것을 보여주는 대목이다.

조단이 계속해서 은산금광 허여를 요구하자 박제순은 각 광산의 소유권은 한국에 있다는 사실을 강조했다. 이어 '1896년 독일영사 클린Clien이 은산금광을 요구했을 때 황실 소속이 아닌 데도 거부한 바 있다. 그런데 지금 은산금광은 황실 소속이므로 이를 허여함은 국체를 손상시키는 것이 된다'고 응대했다.[5] 독일은 처음에 은산금광을 지목했지만 한국정부의 강력한 반대로 은산금광을 포기하고 대신 강원도 금성의 당현금광채굴권을 획득한 바 있었다.[6] 한국은 바로 독일과의 전례를 근거로 영국의 요구를 비껴가려 한 것이다.

박제순은 조단이 계속해서 은산금광의 허여를 요구하자 다음과 같

3 『영안 2』, No.1685. 광무 3년 11월 24일; 『일공사기록』14, 기밀제120호, 1899년 12월 16일, pp.46~47.

4 『영안 2』, No.1689. 광무 3년 11월 27일.

5 『영안 2』, No.1691. 광무 3년 11월 29일.

6 독일의 당현금광 획득에 대해서는 이배용, 「구한말 독일의 광산이권과 당현금광」, 『이화사학연구』 제11·12합집(이화사학연구소, 1981), pp.13~21 참조.

이 세창양행과의 합동과정을 구체적으로 통보했다.

영국인들은 합동을 고려하지 않고, 광사鑛師를 파견하여 광지鑛地를 선정했다. 이는 은산금광이 유망하다는 소문을 듣고, 그 곳을 강점하려는 의도로서 합동의 취지에 크게 어긋난다. 한국정부는 타국에 대해 선후先後와 후박厚薄의 차별을 두지 않는다. 또 이 국가에는 허여하지 않고 저 국가에는 허여하는 방식은 취하지 않는다. 영국인과의 합동은 독일 세창양행과의 광약에 의거한 것이다. 세창과의 합동에 은산금광은 포함되어 있지 않았으므로 영국인과의 합동에도 은산금광을 삽입하지 않은 것이다. 은산금광의 준허 여부는 세창의 예에 따른 것이다. 한국정부는 영국인에 이익을 시여함에 타국과 차이가 없다. 은산금광은 준허할 수 없다.[7]

박제순은 한국정부가 모든 국가에 공평한 태도를 취하고 있음을 강변하면서 영국이 한국정부의 의사를 무시하고 은산금광을 요구하는 것이라고 비판했다. 이는 열강의 균점론均霑論에 대응하여 열강에 균등한 이익을 주고 있다는 균분론均分論을 전개한 것으로 볼 수 있다.

한국정부는 조단이 계속해서 황제를 알현하기를 요구했지만 황제의 건강을 이유로 이를 거부했다.[8] 조단은 일본공사의 협조로 12월 16일 알현을 하게 되었다. 이 자리에서 조단은 고종에게 은산금광을 허여하지 않을 경우 최후 수단에 호소할 것이라고 위협했다. 이에 대해 고종은 조단에게 외부대신으로 하여금 이 문제를 논의하도록 할 것이라는 언질을 주었다.[9] 고종의 언질은 조단의 요구를 회피하기 위한 것이었다.

---

7 『영안 2』, No.1711. 광무 3년 12월 14일.

8 『영안 2』, No.1710. 광무 3년 12월 12일; 같은 책, No.1712. 광무 3년 12월 14일; 같은 책, No.1713. 광무 3년 12월 16일.

9 『한영자료집』9, No106. 1899년 12월 18일, p.250; K-A-R Ⅲ, No.234. 1900년 3월 17일, pp.264~265; 『영안 2』, No.1752. 광무 4년 2월 21일.

조단은 한국의 후속 조치가 없자 박제순에게 1개월 후 은산금광의 개채를 강행할 것이라고 통보했다.[10] 그러나 박제순은 은산금광의 허여를 불허한다는 방침에는 변화가 없다고 하면서 타광의 선정을 요구했다.[11] 한편 모간은 은산금광을 점유하기 위하여 일본영사의 지원을 받아 무장한 일본인 150명을 이 지역에 파견했다.[12] 영국측은 마침내 1900년 1월 일본인을 인솔하고 점군을 축출한 뒤 임의로 개채를 강행했다. 이에 맞서 은산군수는 이 지역의 집강들에게 장정 10명씩을 소집할 것을 명령했다.[13] 한국은 영국이 준허 없이 개채를 강행하자 이를 저지하려 했고, 그 결과 양측간에 일촉즉발의 상황이 발생했다.

이용익은 궁내부대신에게 영국인이 일본인들을 인솔하고 은산에 도착했다는 사실을 보고하고, 이들을 추방할 것을 건의했다. 박제순은 궁내부대신의 조회를 받자 조단에게 영국인이 한국정부의 준허 없이 외국인을 고용함은 합동에 위배된다고 항의했다. 이에 대해 조단은 영국정부의 명령을 이행하는 것뿐이라고 반박했다.[14] 사태가 악화되자 고종은 쉬테인 러시아 공사에게 중재를 의뢰하여 영국측이 타광을 선정하도록 하게 했다. 이에 쉬테인은 조단에게 궁내부 광산은 1898년 러시아인에게 관리권이 허여되었다고 지적하면서 영국인이 금광채굴권을 획득하려 시도하는 것에 항의했다.[15]

10 『영안 2』, No.1717. 광무 3년 12월 25일.

11 『영안 2』, No.1719. 광무 3년 12월 29일.

12 K-A-R Ⅲ, No.234. 1900년 3월 17일, pp.264~265.

13 『영안 2』, No.1760. 광무 4년 2월 28일.

14 『영안 2』, No.1726. 광무 4년 1월 18일; 같은 책, No.1727. 광무 4년 1월 20일; 같은 책, No.1728. 광무 4년 1월 22일; 같은 책, No.1730. 광무 4년 1월 25일.

15 『한영자료집』9, No.2. 1900년 1월 19일, p.262; 같은 책, No.3. 1899년 12월 9일, pp.263~264.

2) 대한제국의 대영 강경책

한국에서 강경책을 주도하고 있는 인물은 이용익과 민종묵이었다. 먼저 민종묵은 1897년 10월 러시아공사의 지원으로 외부대신에 취임했다. 민종묵은 러시아공사와 긴밀한 관계를 유지하여 영국공사의 주경계 대상이 되었다.[16] 민종묵은 1900년 1월 다시 외부대신서리에 취임하자[17] 영국에 강경한 태도를 보였다. 민종묵은 조단이 1899년 12월 알현시 결례했다는 이유로 조단의 알현을 저지했다.[18] 민종묵은 조단에게 모간의 개채활동을 저지할 것이고, 이로 인한 결과에 대해 한국정부는 책임이 없다고 경고했다.[19] 계속해서 민종묵은 '은산금광은 한국측에서 거액을 투입했으므로 개채를 중지할 수 없다. 타광산도 이익은 동일하다'며 타광산의 선정을 요구했다. 이에 대해 조단은 본국정부의 명령이므로 영국인의 개채를 금지할 수 없다고 대응했다. 아울러 조단은 한국정부가 개채를 저지할 경우 군함을 보내 영국인을 보호할 것이라고 경고했다.[20] 한편 영국인이 고용한 인부들이 주로 일본인들이었으므로 한국인 광부들은 배일감정까지 겹쳐 강력히 저항했다. 그러한 상황에서 영국인이 광무감리를 납치했다는 소문이 돌자 수천 명의 한국인 광부들이 집결하여 무력충돌이 벌어졌다.[21]

---

16 K-A-R Ⅲ, No.10. 1897년 10월 2일, pp.29~30; 같은 책, No.27. 1897년 10월 25일, p.34; 『한영자료집』8, No22. 1897년 12월 9일, pp.449~450.

17 『고종실록』권40, 광무 4년 1월 25일.

18 『영안 2』, No.1757. 광무 4년 2월 26일.

19 『영안 2』, No.1733. 광무 4년 1월 26일; 같은 책, No.1738. 광무 4년 1월 30일.

20 『영안 2』, No.1740. 광무 4년 2월 9일; 같은 책, No.1741. 광무 4년 2월 10일; 같은 책, No.1743. 광무 4년 2월 15일.

21 이배용, 「구한말 영국의 금광이권 획득에 대한 제문제」, 『역사학보』96(역사학회, 1982), pp.199~200.

민종묵은 한국정부는 외국인의 고용인을 보호할 책임이 없다고 선언하는 한편 한국인의 대응을 자위책으로 두둔했다.[22] 계속해서 민종묵은 한국인 광부의 집회는 아무런 문제가 없으므로 해산시킬 수 없다고 통보했다. 또 영국측이 성급히 개채에 착수하는 등 고종의 명령을 준수하지 않은 책임이 있다고 비판했다.[23] 이어 민종묵은 조단에게 영국인과 일본인이 광지에 난입하여 영국 국기를 세우고, 심지어 광무감리를 납치하는 등 공법을 위반했다며 강력히 항의했다.[24] 이에 대해 조단은 민종묵을 친러파로 규정했다. 그리고 러시아공사관이 민종묵을 계속해서 외부대신직으로 유지시키려 하는 의도는 마산포조차에서 유리한 결론을 이끌어내려는 데 있다고 판단했다.[25]

민종묵이 강경한 입장을 보인 이유는 나름대로의 이유가 있다고 여겨진다. 한국정부는 제국수립 직후인 1898년 1월 국내 철도와 광산을 외국인에게 허여하지 않을 것을 결의하여 고종의 승인을 얻었다. 따라서 의정부찬정직을 역임하는 등 의정부의 주요 일원으로 활동했던 민종묵은 이 같은 의정부의 결의를 준수하려는 의지가 강했던 것으로 여겨진다. 다음으로 민종묵은 러시아공사와의 긴밀한 관계를 유지했는데 러시아공사는 영국인에게 은산금광을 허여하는 것을 반대했다. 이에 민종묵은 러시아공사와 공조하면서 영국에의 은산금광 허여를 반대한 것으로 여겨진다.

한편 이용익이 영국에 강경한 태도를 보인 배경에는 여러 가지 이유가 있었다고 보여진다. 이용익은 1887년 함경남도 광무감리를 시작으로

---

22 『영안 2』, No.1745. 광무 4년 2월 19일; 같은 책, No.1744. 광무 4년 2월 16일.

23 『영안 2』, No.1754. 광무 4년 2월 23일.

24 『영안 2』, No.1761. 광무 4년 3월 1일; 같은 책, No.1764. 광무 4년 3월 6일.

25 『한영자료집』9, No.24. 1900년 3월 1일, p.277.

서북 광무감리를 역임했고, 1897년 12월에는 각 도, 군의 광산들의 사무를 감독하는 중책을 맡았다.[26] 이후 이용익은 내장원경에 취임한 뒤 각 지역에 각광감리를 두어 채굴을 허가하고, 광산세를 징수하는 등 내장원의 광산 관리를 총괄했다.[27] 이용익은 내장원의 광산을 총괄했으므로 외국의 이권 요구에 민감하게 반응했다. 그에 따라 이용익은 농상공부의 광산관리권을 내장원에 이속시킨 뒤 외국인의 한국 광산 침해행위를 금지했고, 한국인의 광산개발을 지원했다.[28] 이용익이 영국인의 은산금광 허여를 강력히 반대한 것은 이 같은 측면에서 이해할 필요가 있다.

다음으로 이용익은 한국 황실의 재정을 관리했다.[29] 이용익은 황실재정은 물론 정부재정을 장악하여 산업을 육성하려는 계획을 수립했다.[30] 이용익은 황실재정을 장악했지만 정부재정의 주요 재원인 해관세를 장악하지는 못하였다. 영국인 브라운이 정부의 재정고문과 총세무사를 겸임하면서 정부재정에 관여했기 때문이었다.[31] 그러므로 이용익은 수차 브라운을 축출하려 했지만 실패했다.[32] 아울러 이용익은 영국과 미국인들이 자국의 이익 추구에 혈안이 되고 있는 것을 비판하고, 수많은 추

---

26 『고종실록』권24, 정해 5월 7일; 『고종실록』권27, 경인 윤2월 27일; 『고종실록』권36, 광무 원년 12월 3일.

27 이윤상, 「대한제국기 내장원의 황실재원 운영」, 『한국문화』17(서울대학교 한국문화연구소, 1996), p.249.

28 양상현, 「대한제국기 내장원의 광산 관리와 광산 경영」, 『역사와 현실』제27호(한국역사연구회, 1998), pp.229~243.

29 이용익의 재정운영에 대해서는 이윤상, 앞의 글; 서영희, 「광무정권의 형성과 개혁정책 추진」, 『역사와 현실』제26호(한국역사연구회, 1997) 참조.

30 이용익의 산업육성정책에 대해서는 오진석, 「광무개혁기 근대산업육성정책의 내용과 성격」, 『역사학보』제193집(역사학회, 2007), pp.65~72 참조.

31 브라운에 한국내 활동에 대해서는 김현숙, 「한말 고문관 J. McLeavy Brown에 대한 연구」, 『한국사연구』66(한국사연구회, 1989) 참조.

32 『영안 2』, No.1966. 광무 5년 3월 20일; 같은 책, No.1969. 광무 5년 3월 22일; 같은 책, No.1970. 광무 5년 3월 25일; K-A-R Ⅲ, No.335. 1901년 4월 24일, p.89.

종자들에게 이들을 공격할 것을 지시했다. 이에 거빈스 영국공사대리는 전적으로 이용익으로 인해 모든 문제가 야기되고 있다고 분개했다.[33] 요컨대 이용익은 자신의 주도로 한국의 산업을 육성하려 했고, 그에 따라 영국에의 은산금광 허여를 반대하고, 브라운의 축출을 기도했다고 볼 수 있다.

이용익은 민종묵과 긴밀히 공조하고자 했고, 민종묵도 이용익을 측면에서 지원했다. 이용익은 외부대신의 훈령을 구실로 영국측의 활동을 저지하려 했다. 이용익은 광무감리로 하여금 수천 명의 광군을 모집하여 영국인과 고용인을 공격하게 했다.[34] 이에 대해 조단은 이용익이 외국인들을 위협하여 은산에서 광산활동을 중지시키려 한다고 인식했다.[35] 주한영국공사관은 이용익이 러시아공사의 지지를 받고 있다고 인식했다.[36] 조단은 한국정부에 대해 사태의 책임은 이용익과 민종묵에 있다고 비난했다. 조단은 고종은 시종 영국에 호의적인 데 반해 이용익과 민종묵은 영국에 적대적이라고 비난했다. 결국 조단은 영국정부의 훈령이라며 알현을 요구했다.[37] 조단은 고종과의 담판을 시도한 것이다.

이용익은 영국에 일정한 거리를 두었고, 심지어는 영국인을 축출하려 했다. 그러나 고종은 여러 가지 수단을 동원하여 영국에 접근했다. 이같이 고종과 이용익이 대영 인식에 있어 차이를 보인 것은 각자의 입장이 달랐기 때문으로 볼 수 있다. 즉 고종은 한국의 최고 주권자로서 국권수

---

33 『한영자료집』12, No.14, 1901년 4월 26일, p.250; K-A-R Ⅲ, No.335. 1901년 4월 24일, p.89; 『영안 2』, No.1984. 광무 5년 3월 31일; K-A-R Ⅲ, No.346. 1901년 5월 11일, pp.92~95; 같은 책, N0.534. 1902년 11월 21일, pp.177~178.

34 『영안 2』, No.1752. 광무 4년 2월 21일.

35 『한영자료집』9, No.16. 1900년 2월 21일, p.274.

36 『한영자료집』12, No.36. 1901년 4월 26일, p.250.

37 『영안 2』, No.1755. 광무 4년 2월 23일.

호라는 국가의 최고 목표를 추구했기 때문에 영국에 적극적으로 접근했다. 그러나 이용익은 영국을 자신이 추진하는 산업육성책에 걸림돌로 보았기 때문에 강력히 배척하는 입장을 취했던 것이라 할 수 있다.

2. 은산금광 허여의 외교적 의미

1) 러시아의 마산포조차 시도와 한·영의 대응

러시아는 삼국간섭을 계기로 일본과의 충돌에 대비하여 해군력의 증강을 서둘렀다. 태평양함대사령관 두바소프F. V. Dubasov는 마산포의 전략적 가치를 높이 평가하고, 한국문제 해결의 지름길은 남·북반부의 어느 한쪽보다도 마산포를 점령하는 것이 더 좋을 것이라고 언급하였다.[38] 러시아해군은 한국의 남해안을 획득하기 전까지 동북아에서의 러시아 지위가 불안정할 것이라고 판단하여 마산포조차를 추진했다.

한국정부는 러시아가 마산포를 해군 근거지로 주목하고 있는 상황에서 마산포를 대외무역항으로 개방하기로 결정하였다. 이에 파블로프 주한러시아공사는 4월 초순 외무성에 이 사실을 보고하면서 토지의 구입 여부를 청훈하였다. 이에 러시아정부는 마산포를 태평양함대를 위한 항구 건설지로 내정하고, 파블로프에게 토지 구입을 지시하였다. 이후 파블로프는 두바소프와 함께 마산포를 방문하여 광대한 토지를 러시아의

---

38 『러시아문서』, 1898년 3월 19일, p.379; 같은 책, 1898년 6월 22일, p.199.

이권지역으로 지정했다.[39]

파블로프는 마산포를 방문한 직후 휴가차 귀국했으므로 쉬테인이 공사대리로서 한국과 교섭했다. 쉬테인은 한국의 외부에 러시아 기선회사의 기지를 구입하는 데 협조해줄 것을 요구했다. 이에 대해 외부대신 박제순은 한국정부는 인민의 소유권 행사를 제한하지 않는다고 지적하면서 러시아의 요구를 일축했다.[40] 쉬테인은 한국정부의 무성의를 비난하며 러시아정부는 스스로 이익을 보호할 방책을 수행할 것이라고 경고했다. 이에 대해 박제순은 러시아정부의 무례함을 지적하며 재차 협조할 의사가 없음을 통보했다.[41]

한편 러시아의 동향을 간파하고 있던 일본정부는 파블로프가 감영에 신고한 대부분의 토지를 대리인을 내세워 구입했다.[42] 이에 러시아공사관측은 한국정부에 대해 한국이 협조하지 않아 러시아가 매입하기로 한 마산포 토지가 일본인에게 넘어갔다고 항의했다.[43] 계속해서 쉬테인은 박제순에게 일본인의 마산포토지 구입을 허가하지 말 것을 요구하면서 러시아정부는 결단코 물러서지 않을 것이라고 경고했다. 그러나 박제순은 재차 한국정부는 인민의 토지 매매에 대해 간여하지 않을 것이라고 반박했다.[44] 그럼에도 불구하고 쉬테인은 한국정부에 러시아의 요구를 수용하지 않을 경우 무력을 사용할 것이라고 경고함으로써[45] 한·러

---

39 현광호, 「대한제국기 주한러시아공사의 활동 대한제국기~의화단사건기를 중심으로」, 『대구사학』83(대구사학회, 2006), pp.146~147.

40 『아안 2』, No.1418. 광무 3년 7월 11일; 같은 책, No.1419. 광무 3년 7월 12일.

41 『아안 2』, No.1450. 광무 3년 9월 13일; 같은 책, No.1451. 광무 3년 9월 15일.

42 森山茂德(김세민 역), 『근대한일관계사연구』(현음사, 1994), pp.95~99.

43 『아안 2』No.1432. 광무 3년 8월 6일; 같은 책, No.1450. 광무 3년 9월 13일.

44 『아안 2』No.1454. 광무 3년 10월 2일; 같은 책, No.1464호. 광무 3년 10월 13일: 같은 책, No.1464호. 광무 3년 11월 8일.

45 『한영자료집』9, No.100. 1899년 10월 26일, p.242.

간에 마산포조차를 둘러싼 공방전이 지리하게 계속됐다.

한국이 러시아에 마산포를 조차하지 않으려 한 것은 러시아의 영토 침탈을 경계했기 때문이었다. 러시아는 독일이 1897년 11월 중국의 교주만을 강점하자 기다렸다는 듯이 여순항을 강점하였다. 고종은 러시아가 독일의 교주만 점령을 묵인하고, 독일 역시 한국에 있어서 러시아의 행동을 방해하지 않을 것이라는 보고를 받자 경악했다.[46] 고종은 러시아에 의한 영토 분할이 한국에도 적용될 것을 우려한 것이다.

이 무렵 한국은 러시아를 세계에서 가장 강대한 국가로 인식했다. 그리고 러시아가 한국과 밀접한 관계를 유지하려 하는 것은 동·서양 사이에 위치하고 있는 요충지인 한국을 장악하기 위해서라고 인식했다.[47] 민영환도 러시아는 약소국을 침략하는 속성이 있어 시베리아횡단철도가 완공되는 날 한국 등 동양국가는 그 희생물이 될 것이라고 경계한 바 있었다.[48] 그러므로 러시아의 여순·대련 강점은 중국과 국경을 인접한 한국에게 큰 위협으로 다가왔다. 그런 가운데 러시아가 재정고문을 파견하여 한국의 재정권을 장악하려 하자 고종은 러시아가 조선에 야심을 갖고 있다고 인식했다. 이에 고종은 영국과 공조하여 러시아의 기도를 타파하고자 했다.[49] 영국정부도 자국인인 브라운의 면직을 좌시하지 않았고, 12월 함대를 제물포에 입항시켜 무력시위를 전개했다.[50]

이 무렵 한국이 독립을 유지할 수 있는 외교적 방안으로서는 영국이 수차 제의했던 적이 있는 열강간의 조약에 의한 국제적 보장이란 방안

46 『일공사기록』11, 기밀호외, 1897년 12월 14일, pp.197~199.

47 『고종실록』권37, 광무 2년 4월 16일.

48 『민충정공유고집』(계정민충정공기념사업회, 1968), pp.45~46.

49 『한영자료집』8, No.2. 1897년 11월 3일, pp.414~415.

50 최문형, 『제국주의 시대의 열강과 한국』(민음사, 1990), pp.270~271.

이 있었다. 이에 고종은 1897년 3월 맥도널드 영국 특명전권공사가 내한하자 영국이 주도하여 한국의 독립을 국제적으로 보장해줄 것을 강력히 촉구한 바 있었다.[51] 그러나 국제조약이 성립되지 않은 상황에서 특정 열강의 한반도 진출은 그 자체가 한국의 주권을 위협하는 것이었다. 따라서 고종의 조치는 영국의 지원을 얻어 러시아를 견제하려 한 것으로 보여진다.

이후에도 고종은 1899년 7월 경 러시아의 함경도조차 추진설이 유포되자 함경도 북청에 경비대를 설치하여 대비하게 하였다. 심지어 고종은 하야시 주한일본공사에게 러시아의 침략을 저지하는 데 협조해줄 것을 요청하기도 했다.[52] 고종은 러시아공사관의 지원으로 아관파천을 단행했고, 러시아 군사교관을 고빙하기도 했지만 러시아의 영토 주권침해에 대해서는 경계를 늦추지 않은 것을 보여준다.

한편 영국정부는 러시아의 마산포조차에 기민하게 대응했다. 조단 공사는 러시아의 의도를 경계했기 때문에 러시아인의 마산포활동을 예의주시했다. 조단은 본국정부에 마산포가 해군 근거지로서 매우 중요한 가치가 있다고 보고했고, 자국정부의 지시를 받자 즉각 마산포를 방문했다. 아울러 조단은 파블로프에게 마산포토지 구입의 목적을 추궁하는 등 러시아의 마산포부지 매입을 견제했다.[53] 이에 파블로프는 영국의 협조를 얻기 위해 영국이 한국으로부터 은산금광채굴권을 획득하는 데 적극 협조했다.[54]

51 『한영자료집』8, No.41. 1897년 3월 30일, pp.296~297.

52 『일본외교문서』32권, 기밀제71호, 1899년 7월 26일, pp.941~943.

53 『한영자료집』9, No.69. 1899년 7월 20일, p.207; 같은 책, No.31. 1900년 1월 30일, p.279; 같은 책, No.43. 1900년 4월 4일, p.289; 『황성신문』, 1899년 7월 19일.

54 『한영자료집』9, No.38. 1900년 3월 10일, p.285; 『일공사기록』14, 기밀제22호, 1899년 3월 28일, pp.329~330.

2) 은산금광 허여의 외교적 의미

조단은 토지 구입의 목적이 저탄소부지 확보에 있다는 파블로프의 해명을 신뢰하지 않았다. 조단은 마산포조차의 목적은 러시아함대의 사령부를 설치하고자 하는 데 있다고 판단했다. 조단은 러시아가 마산포부지를 해군 근거지화하여 세력권으로 편입시킬 것이라고 예측했다.[55] 이에 영국정부는 러시아를 견제하기 위하여 마산포에 영사관을 설치하려 했다. 그에 따라 조단은 박제순에게 마산포에 영국의 영사관기지를 선정하는 데 협조해줄 것을 요청했다.[56]

한편 러시아정부는 프랑스에서 휴가를 보내고 있던 파블로프를 급히 한국으로 귀환시켜 적극적으로 조차협상을 전개할 것을 지시했다.[57] 그 과정에서 두바소프 제독이 1900년 3월 서울을 방문하여 마산포조차를 요구했다. 한국정부는 러시아의 요구를 끝까지 거부하려 했다. 특히 친일 성향의 외부대신 박제순은 러시아의 조차 요구에 지연전술을 펴면서 인가하기를 거부했다. 이에 대해 파블로프는 박제순에게 부지 선정은 자신의 요구가 아니라 러시아 황제와 러시아정부가 승인한 사안이라고 설득했다. 박제순은 다른 열강의 지지를 얻지 못한다면 러시아의 요구를 거부하기는 불가능함을 인식했다.[58] 한국정부는 러시아의 요구를 끝까지 거부하려 했지만 역부족이었다.

한·러 사이에 마산포조차 교섭이 전개되는 가운데 한·영 사이에는

---

55 『한영자료집』9, No54. 1900년 4월 30일, p.298; 같은 책, No.55. 1900년 5월 1일, p.299; 같은 책, No.55. 1900년 5월 1일, p.299.

56 『영안 2』, No.1775. 광무 4년 3월 11일; 같은 책, No.1778. 광무 4년 3월 14일; 같은 책, No.1850. 광무 4년 7월 13일; 같은 책, No.1851. 광무 4년 7월 14일.

57 『러시아문서』, 1899년 11월 10일, pp.284~285.

58 현광호, 앞의 글, pp.148~149.

은산금광 교섭이 전개되었다. 조단은 은산금광문제를 교섭하는 과정에서 고종에게 폭언을 하는 등 방자한 언동을 보였다. 이에 한국정부는 솔즈베리 영국 수상에게 조단의 무례한 태도에 항의하는 전문을 보낼 것을 검토했다. 그런데 그 사이에 솔즈베리는 조단에게 영국정부는 한국정부가 계약을 위반하려 한 것에 대해 충격을 받았다는 사실을 고종에게 통보하라고 지시했다. 이에 대해 한국정부는 솔즈베리에게 영국의 신디케이트가 무력으로 은산지역을 점령했다고 항의하면서 은산금광을 허여하지 않겠다고 통보했다. 그런데 얼마 후 한국정부는 모간에게 은산금광을 허여하기로 결정했다.[59] 이 같은 한국정부의 태도 변화는 고종이 영국에 은산금광을 허여하기로 결정했기 때문이었다.

조단의 빗발치는 알현 요구를 거부해온 한국정부는 조단에게 알현을 허가한다고 통보했다. 고종은 3월 7일 조단을 접견하고, 외부대신과 은산금광문제를 협의할 것을 요청했다.[60] 이후 고종은 그동안 대영 강경책을 펴온 민종묵을 물러나게 하고 박제순을 외부대신으로 복귀시켰다. 박제순은 조단에게 한·영간의 우호관계를 고려하여 은산금광문제를 해결하고 싶다며 협상의사를 통보했다. 이어 박제순은 협상의 선결조건으로서 광산인부 중 10분의 9는 한국인을 고용하고, 분쟁지역에 있는 무기소지자의 철수를 전제조건으로 제시하여 조단의 동의를 얻었다. 결국 한국정부는 모간에게 은산금광을 허여했다. 그리고 이 계약서에는 은산금광 허여를 반대하면서 대영 강경책을 주도한 이용익이 서명했다.[61]

59 『한영자료집』9, No.17. 1900년 2월 22일, p.274; K-A-R Ⅲ, No.234. 1900년 3월 17일, pp.264~265.

60 『한영자료집』9, No.3. 1900년 2월 27일, p.276; 『영안 2』, No.1766. 광무 4년 3월 6일; 같은 책, No.1769. 광무 4년 3월 8일; 『한영자료집』12, No.27. 1900년 3월 8일, p.278.

61 『영안 2』, No.1777. 광무 4년 3월 13일; 같은 책, No.1779. 광무 4년 3월 14일; 같은 책, No.1780. 광무 4년 3월 14일; 『한영자료집』9, No.50. 1900년 5월 24일, pp.293~294.

강경한 태도를 견지해오던 한국이 모간에게 은산금광채굴권을 허여한 것은 영국의 강력한 요구 외에도 여러 가지 고려가 작용했다고 여겨진다. 먼저 황실의 경제적 이익을 들 수 있다. 모간은 고종에게 일화 30만원을 지급하고, 매년 25,000원을 상납하기로 약속했다.[62] 다음으로 은산금광의 허여를 강력히 반대해왔던 러시아측이 적극 중재에 나선 것을 들 수 있다. 한국정부와 마산포조차를 추진 중이었던 러시아는 영국의 협조를 이끌어내기 위하여 영국의 은산금광 획득을 지원하는 방향으로 선회했다.[63]

무엇보다도 가장 중요한 것은 고종의 외교적 고려 때문이었다고 여겨진다. 한국정부가 영국에 은산금광을 허여하기로 한 시점은 한국이 러시아로부터 마산포조차에 대해 강력한 압박을 받고 있던 바로 그 시점이었다. 한국은 러시아의 외압이 심대한 그 시점에 러시아의 강력한 견제국인 영국의 중요한 두 가지 요구를 모두 수용했다. 즉 오랫동안 한·영간에 현안이었던 은산금광문제를 서둘러 타결하고, 영국의 마산포조차 요구도 즉각 수용했다.

한국정부는 영국정부가 마산포에 영국의 영사관기지를 선정하는 데 협조를 요청하자 즉각 창원감리에게 영국 관리와 협의할 것을 지시했다. 이후 거빈스 영국공사대리는 박제순에게 목포, 부산포, 마산포에 영사관 기지를 확보해줄 것을 요청했다. 이에 한국정부는 3항의 감리에게 영국측과 협의를 지시하는 등 거빈스의 요구를 적극 수용했다.[64] 조단은 고종이 한 열강을 다른 열강에 대항시키는 데 능숙하다고 평가했

62 『일공사기록』16, 은산영국광약합동개정건, 1900년 5월 16일, p.288.

63 『한영자료집』9, No.21. 1900년 2월 28일, p.276.

64 『영안 2』, No.1775. 광무 4년 3월 11일; 같은 책, No.1778. 광무 4년 3월 14일; 같은 책, No.1850. 광무 4년 7월 13일; 같은 책, No.1851. 광무 4년 7월 14일.

다.[65] 조단의 평가와 같이 고종은 국권을 유지하는 수단으로 균세정책을 전개해왔다.[66] 고종이 영국의 요구를 신속히 수용한 것은 영국으로 하여금 러시아의 마산포활동을 견제하려 한 것을 의미한다. 고종은 영국과의 협상이 마무리될 무렵인 1900년 3월 28일 파블로프에게 마산포조차의 언질을 주었고, 이틀 뒤인 3월 30일 박제순으로 하여금 마산포조차에 관한 한러협정서를 체결하게 했다.[67]

이후 고종은 영국에 한층 더 접근했다. 고종은 1898년 5월에는 성기운을 영국, 독일, 이태리 전권공사로 임명했고, 1900년 11월에는 민철훈을 영국, 독일, 이태리 전권공사로 임명했다. 그러나 전권공사들이 여러 가지 사정으로 부임지인 영국에 가지 않았으므로[68] 한국정부는 영국정부와의 직접적인 교섭에 많은 한계를 드러냈다. 이에 고종은 영국 하원의 국회의원인 모간을 런던주재 한국 명예총영사로 임명하기를 희망했다. 이에 박제순은 3월 하순 조단에게 협조를 의뢰했고, 영국정부는 이를 수락했다.[69]

고종은 종래 프랑스 등 열강국에 명예총영사를 배치하려 했다. 그런데 고종은 명예총영사를 말 그대로 명예직에 국한시키지 않았다. 고종은 레종 도뇌르 훈장을 받은 바 있는 프랑스인 루리나Roulina를 파리주재 한국 명예총영사로 임명했다. 이때 고종은 루리나에게 할 수 있는 한 한국에 유용한 모든 것을 수행해줄 것을 당부했다. 고종은 루리나가 훈령

65 『한영자료집』13, No.10. 1903년 11월 23일, p.192.

66 고종의 균세정책에 대해서는 엄찬호, 「연미론을 통해 본 고종의 균세정책」, 『사학연구』제58·59합집호(한국사학회, 1999) 참조.

67 현광호, 앞의 글, pp.149.

68 『영안 1』, 1968, No.1257. 광무 원년 9월 22일; 같은 책, No.1365. 광무 2년 5월 24일; 『한영자료집』9, No.115. 1898년 6월 1일, p.81; 『영안 2』, 1968, No.1915. 광무 4년 11월 17일.

69 『영안 2』, No.1790. 광무 4년 3월 30일; 같은 책, No.1792. 광무 4년 4월 4일.

에 따라 프랑스의 한국인을 보호하는 등 그의 권한에 속하는 모든 업무를 수행하게 했다. 아울러 고종은 프랑스정부에 루리나에게 다른 강대국의 총영사와 동일한 특권을 부여하기를 요청했다. 아울러 고종은 프랑스정부가 루리나가 공식적인 문제들을 교섭할 때 필요한 도움을 주기를 요청했다.[70] 고종은 루리나가 프랑스의 실정에 어두울 수밖에 없었던 한국공사를 보좌하여 한국의 이익을 옹호해주기를 기대한 것이다. 앞서 언급했듯이 모간은 솔즈베리에게 영향력을 행사할 정도로 런던정계에서 비중이 있던 정치인이었다. 따라서 고종은 모간이 은산금광채굴권을 차지한 대가로 영국정부에 한국의 입장을 호의적으로 대변해주기를 기대한 것이다. 이 모든 정황을 고려할 때 한국의 은산금광채굴권 허여는 열강의 이권 침탈이라는 측면과 함께 러시아를 견제하려 한 외교적 방안의 관점으로 볼 필요가 있다.

---

70 『한불관계자료』(국사편찬위원회 편, 2001), pp.17~18.

10장

고종의 대영정책

1. 대한제국 수립 이전의 대영정책

고종은 청이 임오군란을 계기로 '속방화정책'을 추진하자 열강의 지원을 받아 청의 내정간섭을 탈피하고자 했다. 특히 고종은 초강대국인 영국의 지원을 얻으려 했다. 이에 고종은 영국 여왕에게 서한을 보내 조선은 청의 간섭에도 불구하고 내정과 외교 등 모든 분야에서 독자적으로 행동할 것이라고 통보했다.[1]

영국은 거문도를 강점하는 등 조선의 국권을 유린하기도 했지만 한편으로는 조선의 독립을 지지하기도 했다.[2] 이러한 영국의 조치는 대체로 러시아의 조선 진출을 견제하고자 하는 의도에서 나온 것이었다.

이상과 같은 영국의 외교활동이 전개된 시기는 청일전쟁, 아관파천 등으로 조선의 국권이 중대한 위기를 맞이한 시점이기도 했다. 따라서 영국의 조치는 조선으로 하여금 일말의 기대를 갖게 한 측면이 있었다고 여겨진다. 즉 조선에서는 조단 영국 총영사가 조선의 독립문제에 관하여 호의를 가지고 있으며, 조선의 독립을 위하여 의욕적으로 운동을 하고 있다는 풍설이 유포되었다.[3] 이에 고종은 영국에 많은 기대를 한 것으로 여겨진다. 고종이 1897년 2월 환궁을 결정하고 영국공사관 근처로 거처를 옮긴 것은 영국과의 긴밀한 관계를 맺어보고자 하는 의도가 있었다고 보인다. 고종은 영국을 주요 열강으로 인식하고 대한제국의 주권 유지에 기여하기를 기대한 것이다. 고종이 재정의 상당 부분을 차지하고 있던 해관업무를 영국인 브라운에게 주관케 하고, 더불어 재정고문직

---

1 『프랑스문서』2, 1888년 6월 13일, pp.6~10; 『프랑스문서』3, 1889년 5월 10일, p.93.

2 거문도사건은 1885년 5월에서 1887년 2월까지 영국이 조선의 거문도를 강점한 것을 말한다. 이 무렵 영국은 러시아와 아프가니스탄 국경문제를 둘러싸고 첨예하게 대립하던 중 블라디보스토크에 주둔 중인 러시아함대의 남하를 저지하기 위하여 거문도를 강점했다.

3 『일공사기록』9, 기밀제101호, 1896년 12월 28일, p.259.

을 맡긴 것은 영국에 대한 기대를 보여주는 것이라 할 수 있다.

고종은 환궁을 단행할 무렵인 1897년 1월 민영환을 영국, 독일, 프랑스, 러시아, 이태리, 오스트리아의 특명전권공사에 임명했다. 이 같은 고종의 시도는 1880년대 이래 유럽과 직접적인 관계를 맺으려는 의지의 연장선상에 있는 것이었다.[4] 고종은 환궁 직후인 1897년 3월 러·일이 조선정부와 협의 없이 비밀리에 베베르·고무라 각서Waeber-Komura Memorandum 및 로바노프·야마가타 의정서Lobanov-Yamagata Protocol를 체결했음을 인지하고 경악하였다.[5] 이때 가토 마쓰오 조선주재 일본공사는 외부대신 이완용에게 이 협정들은 조선의 독립에 전혀 영향을 주지 않고, 오히려 조선의 독립을 강화할 것이라고 안심시켰다.[6] 그러나 가토의 해명과는 달리 일본정부는 러시아정부에 한반도의 38도선 분할을 제의했다.[7] 고종은 가

---

4 『한영자료집』8, No.33. 1897년 1월 14일, p.245

5 베베르·고무라 각서는 고종이 러시아공사관에 체류한 가운데 1896년 5월 14일 러·일간에 비밀리에 체결되었다. 그 내용은 ① 러·일은 고종의 환궁을 충고한다. ② 러·일은 고종이 관대하고 온후한 인물을 대신에 임명토록 권고한다. ③ 서울-부산간의 일본 전신선을 보호하기 위하여 200명 이내의 일본 헌병을 주둔시킨다. ④ 서울과 개항장의 일본 거류민을 보호하기 위하여 서울에 2개 중대, 부산과 원산에 각각 1개 중대의 일본군을 주둔시킨다. 1개 중대의 병력은 200명을 초과하지 않는다. 러시아도 러시아공사관과 영사관의 보호를 위하여 일본군과 동수의 병력을 주둔시킬 수 있다. 김용구, 『세계외교사』(서울대학교 출판부, 1995), p.394.
1896년 6월 9일에 체결된 로바노프·야마가타 의정서는 베베르·고무라 각서를 고위급 차원에서 추인한 것이다. 그 내용은 ① 러·일은 조선정부에게 세출입의 균형을 유지토록 권고하고, 조선이 외채를 필요로 할 경우 두 나라가 협의하여 원조한다. ② 러·일은 조선정부가 외국에 의지하지 않고, 조선인으로 구성된 군대와 경찰을 창설하도록 한다. ③ 일본은 현재 점유하고 있는 전신선을 계속 관리하고, 러시아는 서울서 그 국경에 이르는 전신선의 가설권을 보유한다. 이들 전신선은 조선이 장차 매수할 수 있다. ④ 이상의 문제에 대해 장차 상의할 필요가 있을 경우 러·일은 우호적으로 타협한다. 김용구, 위의 책, p. 395.
로바노프·야마가타 의정서는 외형상 조선에서 러·일의 동등한 권리를 인정한 것이었다. 그런데 로바노프·야마가타 의정서는 비밀조관에 러·일이 조선에 파병할 경우 각자를 위한 활동영역을 설정한다는 조항을 두어 조선의 주권을 침해했다.

6 『구한국외교문서 일안 3』4263호(고려대학교 아세아문제연구소, 1968), 이하 『일안 3』으로 약칭, 1897년 3월 2일; 『한영자료집』8, No.69. 1897년 3월 10일, pp.290~292.

7 1896년 야마가타 일본 특사는 로바노프 러시아 외상에게 조선을 38도선으로 분할할 것을 제의했다. 그러나 러시아는 조선의 독립과 영토 보전을 이유로 이를 거부했다. 그러나 러시아가 반대한 진

토의 해명을 신뢰하지 않은 것으로 여겨진다. 고종은 영국의 특명전권공사를 겸직하고 있던 민영환에게 영국정부와 교섭하여 조선의 독립을 국제적으로 보장하는 내용의 협정을 체결하라고 지시했다. 그러나 민영환은 사명을 완수하지는 못했다.[8] 그렇지만 이를 통해 고종은 영국이 러·일의 조선 침략을 견제해주기를 기대한 것을 알 수 있다.

고종은 1897년 3월 맥도널드 영국 특명전권공사가 내한하자 재차 대영 접근을 시도했다. 이 자리에서 고종은 일련의 러일협정에 대해 우려를 표명하면서 다음과 같이 제안했다.

> 유럽 열강은 조선의 독립 유지에 많은 관심을 가지고 있다고 생각한다. 특히 영국은 더욱 그렇다고 생각한다. 영국은 유럽 열강 중에서도 가장 먼저 조선과 교섭한 국가이다. 한반도에서 영국의 정치적, 상업적 이익은 영국이 조선문제에 발언권을 주는 근거가 될 수 있다고 생각한다. 그러므로 영국 등 유럽국들이 조선의 독립을 지지하기를 기대하고 있다. 나는 유럽 열강이 조선의 독립을 국제적으로 보장하기를 제안한다. 그리고 브라운이 조선정부에 기여한 것을 높이 평가한다.[9]

고종은 영국이 조선에 대해 많은 이해관계를 가지고 있다고 강조하여 영국이 조선에 대해 관심을 기울일 것을 요청했다. 또 고종은 브라운을 요직인 재정고문 및 총세무사에 기용하는 등 조선이 영국에 대해 큰 호의를 보이고 있다는 사실을 강조했다. 이어 고종은 영국이 조선에서의 이해관계를 기초로 조선문제에 대해 발언권을 행사해야 한다고 권고했

정한 이유는 자국의 서해 진출이 차단될 것을 우려했기 때문이었다.

8 『한영자료집』8, No.108. 1897년 8월 3일, pp.342~343.

9 『한영자료집』8, No.41. 1897년 3월 30일, pp.296~297.

다. 결론적으로 고종은 영국이 주도하여 한국의 독립을 국제적으로 보장해줄 것을 강력히 촉구한 것이다. 이에 대해 맥도널드는 영국정부는 조선의 독립에 깊은 관심을 갖고 있다고 응대하면서 진보적인 정부를 구성하여 국민들에게 이익을 준다면 열강의 동정과 선의를 얻을 수 있을 것이라고 충고했다. 그리고 맥도널드는 영국정부가 브라운의 조선내 지위를 잘 인식하고 있다는 코멘트를 잊지 않았다. 브라운이 모국인 영국의 정치·전략적 목표 추구에 크게 기여해왔기 때문이었다.[10]

한편 영국의 극동정책도 고종의 의중과 부합하는 측면이 있었다. 커즌G. N. Curzon 영국 외무차관은 1897년 7월 영국 의회에서의 답변에서 '영국의 대조선정책의 요체는 첫째, 조선의 독립 유지에 있다. 둘째, 타국이 조선의 국토와 항만을 장악하고, 동양에서의 해상권을 장악하려 기도한다면 좌시하지 않을 것이다'라고 언명했다.[11] 커즌은 두 달 뒤에도 같은 외교방침을 반복했다. 그런데 두 번째의 언급 중 주목할 것은 조선의 독립을 저해할 우려가 있는 국가로 러시아를 지목한 점이다. 즉 러시아가 평화적 수단에 의해 통상 확장을 하는 것은 저지하지 않겠지만 조선을 영토상, 행정상으로 병합하는 것은 좌시하지 않겠다는 방침을 밝혔다. 솔즈베리 영국 수상도 커즌과 같은 외교방침을 천명했다.[12] 이상과 같은 영국 각료의 언급은 비록 러시아의 남침을 저지한다는 극동정책의 기본방침을 밝힌 것에 불과했지만 국권수호를 염원하는 조선정부의 입장에서는 고무적인 것이라 할 수 있었다.

고종은 처음에는 영국을 끌어들여 청의 '속방화정책'을 견제하고자

---

10 김현숙, 「한말 고문관 J. McLeavy Brown에 대한 연구」, 『한국사연구』66(한국사연구회, 1989), pp.147~148.

11 『일공사기록』12, 기밀송제65호, 1897년 7월 26일, p.85.

12 『일공사기록』12, 기밀송제77호, 1897년 9월 11일, pp.91~93.

했다. 그러나 이 같은 고종의 '세력균형정책'은 영국이 청을 지지하였으므로 별다른 성과를 거두지 못했다. 청일전쟁 이후 영국은 수차 열강에 대해 국제적 보장하에 조선을 중립화할 것을 주도적으로 제의했다. 이에 고종은 영국이 주도하여 한국의 독립을 국제적으로 보장해줄 것을 기대하면서 영국에 접근했다. 이 시기 열강에 의한 세력균형이나 국제조약의 체결은 모두 한국의 독립에 기여하는 것이었다. 고종은 영국을 주요 열강으로 인식하였으므로 영국이 세력균형자의 역할을 하거나 국제조약 체결을 주도하는 방식으로 한국의 주권 유지에 기여하기를 기대한 것이다.

2. 대한제국 수립 직후의 대영정책

고종은 1897년 10월 자주독립을 내외적으로 천명할 목적으로 칭제를 단행하였다.[13] 고종은 칭제 건이 예기치 않게 유럽 열강의 승인을 받자 더욱 유럽에의 사절단 파견을 열망했다.[14] 한편 영국정부도 한국에 대한 관심을 표출했다.

고종은 조단이 총영사에서 공사로 승진한 데 대해 크게 만족을 표명하고,[15] 영국에 전권공사를 파견하는 등 영국에 대한 외교를 강화했다. 고종은 1897년 9월 신임이 두터운 민영익을 영국, 독일, 러시아, 이태리,

---

13 칭제과정에 대해서는 이민원, 「칭제론의의 전개와 대한제국의 성립」, 『청계사학』5(청계사학회, 1988) 참조.

14 『한영자료집』9, No.1, 1898년 1월 2일, p.14.

15 『한영자료집』9, No.85, 1898년 3월 10일, p.53.

프랑스, 오스트리아 전권공사로 임명했으며, 1898년 5월에는 성기운을 영국, 독일, 이태리 전권공사로 임명했다. 그러나 이들 전권공사는 여러 가지 사정으로 영국에 가지 않았다.[16] 조단은 이 같은 사실을 솔즈베리 영국 수상에게 보고하고, 아울러 고종은 사절단이 영국에 조속히 출발하기를 열망한다고 강조했다.[17] 그에 따라 영국에는 한국의 상주 공사가 없었으므로 영국정부와의 교섭에 한계를 보일 수밖에 없었다. 이에 고종은 1900년 4월 영국 하원의 국회의원인 모간을 런던주재 한국 명예총영사로 임명했다.[18] 모간은 솔즈베리 수상에게 영향력을 행사할 정도로 런던정계에서 비중이 있던 정치인이었다. 그런데 고종은 모간에게 은산금광채굴권을 허여한 바 있었다.[19] 따라서 고종은 모간이 은산금광채굴권을 허여받은 대가로 영국정부에 한국의 입장을 호의적으로 대변해주기를 기대한 것이라 할 수 있다.

이후 고종은 1900년 11월 민철훈을 영국, 독일, 이태리의 전권공사로 임명했고, 1901년 3월에는 민영돈을 영국과 이태리의 전권공사로 임명하여 대영외교를 한층 강화했다.[20] 그 결과 민영돈은 주로 영국에 상주하면서 영국과의 외교에 전념했다. 이 같은 고종의 외교는 영국의 지지를 얻어 주권을 유지하려는 데 그 목적이 있었다고 볼 수 있다.

고종은 영국에 공사를 파견하는 것 외에도 수시로 조단의 자문을 구했다. 고종은 1898년 초 러·일간에 협상이 전개되자 우려를 표명하고,

---

16 『영안 1』, No.1257, 광무 원년 9월 22일; 같은 책, No.1365, 광무 2년 5월 24일; 『한영자료집』9, No.115. 1898년 6월 1일, p.81.

17 『영안 1』, No.1257. 광무 원년 9월 22일; 같은 책, No.1365. 광무 2년 5월 24일; 『한영자료집』9, No.115. 1898년 6월 1일, p.81.

18 『영안 2』, No.1790, 광무 4년 3월 30일; 같은 책, No.1792, 광무 4년 4월 4일

19 『영안 2』, No.1777, 광무 4년 3월 13일; 같은 책, No.1779, 광무 4년 3월 14일; 같은 책, No.1780, 광무 4년 3월 14일; 『한영자료집』9, No.50. 1900년 5월 24일, pp.293~294.

20 『영안 2』, No.1915, 광무 4년 11월 17일; 같은 책, No.1964, 광무 5년 3월 16일.

외부대신 조병직을 조단에게 보내 러·일협상의 성격을 문의하게 하는 한편 한국독립의 국제적 보장을 얻을 가능성에 대해 자문을 구하게 했다. 이에 대해 조단은 어느 국가도 여러 조약에서 인정된 한국독립의 원칙을 침해하지 않을 것이라 응답하여 고종을 안심시켰다. 또 고종은 흉작으로 인해 일부 지방에서 민란 발발이 우려된다며 조단에게 자문을 구했다. 조단은 이에 대한 대책으로서 추가 개항을 통해 교역을 증진시킬 것을 건의했다.[21] 고종은 이 무렵 체결직전에 이른 로젠-니시협정 Rosen-Nishi Convention을 경계했고, 조단은 러·일이 한국의 독립을 침해하지 않을 것이라고 주장하면서 고종을 안심시킨 것을 보여준다.[22]

고종은 독립협회운동이 격화되었을 때 조단을 접견하여 자문을 구했고, 독립협회를 강제 해산시킬 때도 조단에게 지원과 중재를 요청했다.[23] 고종은 1900년 6월 의화단사건이 확대되자 재차 조단에게 자문을 구했다. 고종은 조단에게 자신은 의화단봉기에 공감하지 않는다는 사실을 표명하는 한편 의화단사건과 관련하여 열강의 대한정책을 문의했다.[24]

한편 고종은 영국 국왕에 국서를 보내 영국 왕실과 긴밀한 관계를 맺으려 했다. 고종은 의화단의 공격으로 북경주재 영국공사가 곤경에 처하자 영국 국왕에게 위로의 친전을 보냈다.[25] 영국 국왕도 수차 고종에

---

21 현광호, 「영일동맹 이전 주한영국공사의 대한제국 정세 인식」, 『역사학연구』31(호남사학회, 2007), p.75.

22 러시아는 여순·대련을 점령하자 만주 경영에 주력하기로 하고, 조선문제에서 일본에 일부 양보하기로 했다. 그 결과 러시아는 1898년 4월 25일 일본과 러·일의 한국 내정에의 불간섭, 군사교관과 재정고문의 한국 파견 시 상호 협의, 일본의 한국내 상공업발전을 인정한다는 내용의 로젠·니시협정을 체결하였다. 이 협정은 러시아가 일본의 한국내 특수 이익을 처음으로 인정한 것이었다.

23 『한영자료집』9, No.2. 1898년 11월 25일, pp.131~133; 『일본외교문서』31-2권, 1898년 12월 13일, p.432.

24 K-A-R Ⅲ, No.281, 1900년 9월 15일, pp.197~198; 『한영자료집』9, No.61. 1900년 6월 27일, pp.306~307.

25 『영안 2』, No.1852. 광무 4년 7월 16일.

게 국서를 보내 한국에 대한 관심을 표명했다. 에드워드 7세Edward는 1901년 5월 고종에게 즉위 사실을 통보하고, 한·영 양국간에 긴밀한 교류가 지속되기를 기원한다는 국서를 보냈다.[26] 이후에도 에드워드 7세는 고종에게 한·영간의 교역이 확장되고, 한·영의 영원한 우호를 소망한다는 국서를 보냈다. 아울러 에드워드 7세는 조단 공사가 자신을 대신하여 성실한 자문을 할 것이므로 조단에게 수시로 알현을 허가해줄 것을 요청했다.[27]

그런데 영국에 대한 고종의 기대는 근본적인 한계를 안고 있었다. 영국은 청일전쟁에서 일본이 승전을 거두자 청의 역할을 부정하고, 일본의 조선 진출을 긍정하는 방향으로 극동정책을 수정하기로 했다.[28] 이같이 영국은 일본의 대한정책을 지지하였으므로 한국의 독립에 대해서는 회의적인 입장이었다. 영국외교관들은 한국의 독립에 대해 부정적 입장이었으므로 한국의 중립화에 대해 무관심하거나 반대하는 태도를 보였다. 이들은 고종이 한국의 중립화를 염원하는 것을 인지했지만 일본의 중립화 반대론에 동조했다.[29] 조단은 영국을 통한 한국의 중립화를 추진하려던 궁내부 고문 샌즈가 영국행을 추진하자 이를 저지했다.[30]

영국은 의화단사건이 종료된 이후에도 러시아가 계속해서 만주를 점

---

26 『영안 2』, No.2103. 광무 5년 11월 4일.

27 『영안 2』, No.2103. 광무 5년 11월 4일.

28 청일전쟁 전후 영국의 극동정책에 대해서는 다음 글 참조. 최문형, 「청일전쟁전후 영국의 동아시아 정책과 한국」, 『한영수교100년사』(한국사연구협의회, 1984); 오정우, 「청일전쟁 전후의 영국의 대한정책」, 『전남사학』19(전남사학회, 2002)

29 현광호, 앞의 글, p.77.

30 『영안 2』, No.2162. 광무 6년 2월 14일; 같은 책, No.2221. 광무 6년 4월 23일; 같은 책, No.2239. 광무 6년 5월 21일; William F. Sands(신복룡 역), 『조선비망록』(집문당, 1999), p.232; 『일공사기록』17, 발제3호, 1902년 1월 9일, p.476. 샌즈에 대해서는 김현숙, 「대한제국기 미국관료지식인의 한국 인식—궁내부 고문관 샌즈(W. F. Sands)를 중심으로」, 『역사와 현실』58(한국역사연구회, 2005) 참조.

령하자 일본과의 협력을 강화하려 했다. 영국과 일본은 각각 중국과 한국 진출을 획책했고, 이러한 목표에 장애가 된다고 인식한 러시아에 맞서기 위하여 1902년 1월 제1차 영일동맹을 체결했다.[31] 고종은 2월 12일 하야시 곤스케 주한일본공사로부터 영일동맹의 내용을 통보받자 조단을 접견하여 영일동맹의 의미를 파악하려 하였다.[32] 고종은 일본의 대한정책을 경계하던 중 영일동맹이 한국문제를 특별히 언급하자 상당한 관심을 보였다. 그런데 고종은 영일동맹에 대해 경계의식을 드러냈다. 영일동맹은 러·일 사이의 세력균형을 일본 쪽으로 기울게 할 우려가 있었기 때문이었다. 그리고 고종은 영일동맹을 계기로 일본이 청일전쟁 당시와 같은 내정간섭을 시도할지도 모른다고 우려하였다. 조단과 하야시가 고종에게 반체제세력인 망명자를 포함시켜 거국내각을 조직할 것을 권고했기 때문이었다.[33]

고종은 그동안 조단에게 친절하고 우호적인 태도를 보여주었으나 영일동맹 체결을 인지하자 조단을 냉담하게 대했다. 그러나 얼마 후 고종은 여러 경로를 통해 영일동맹의 의미를 청취한 뒤 영일동맹은 일본의 공격적 성향을 고무시키는 것보다는 오히려 일본의 한국내 행동을 온건하게 제어할 것이라는 결론을 내렸다. 이에 고종은 영국의 호의를 얻는 방향으로 대영정책을 추진하기로 결정하였다.[34] 이 때문에 영국은 종전보다 한국과의 교섭이 용이하게 되었고, 심지어는 미국보다 더 좋은 지위를 확보할 수 있게 되었다. 그런데 고종은 1902년 3월 16일 영일동맹에

31 영일동맹 체결의 배경에 대해서는 이노우에 유이치(석화정·박양신 역), 『동아시아 철도 국제관계사－영일동맹의 성립과 변질과정－』(지식산업사, 2005) 참조.

32 『일성록』권39, 광무 6년 2월 14일, 광무 6년 2월 17일, 광무 6년 4월 5일.

33 김윤식, 『속음청사』하, 광무 6년 2월 26일.

34 『한영자료집』12, No.137, 1903년 7월 25일, pp.481~482.

대항하는 노불선언이 발표되자 두 동맹들로 인해 중립화의 가능성이 높아졌다고 인식하고 동맹 당사국들을 중립화 추진의 주요 대상국으로 중시하게 되었다.[35] 고종은 두 동맹간에 세력균형이 이루어진 것으로 인식한 것을 보여준다. 이에 고종은 영국과 일본은 물론 러시아와 프랑스에 대해서도 한층 외교적 관심을 기울이기로 결정했다. 그렇지만 고종은 영국에 대해 특히 기대한 것으로 보인다. 영국이 일본은 물론 러시아도 견제할 수 있는 세력균형자 역할을 수행하기를 기대했기 때문이었다. 이에 따라 고종은 에드워드 7세의 대관식에 맞춰 1902년 4월 의양군 이재각을 단장으로 하는 대규모 축하사절단을 영국에 파견했다.[36]

영국은 대한제국 수립 이후 총영사관을 공사관으로 승격시켰다. 고종도 영국에 은산금광을 허여하고, 영국정계에서 영향력이 있던 국회의원을 명예총영사로 임명했다. 이어 고종은 민영돈을 영국에 상주시키는 등 영국과의 외교를 강화했다. 고종은 영국이 러시아를 견제하여 세력균형을 유지해주고, 또 한국독립에 관한 국제조약 체결을 주도하기를 기대했다. 그런 점에서 이 시기 고종의 대영 접근은 대한제국 이전의 시기와 비교해 큰 차이는 없었다고 볼 수 있다.

35 현광호, 「대한제국의 중립정책과 중립파의 활동」, 『한국독립운동사연구』14(한국독립운동사연구소, 2000), p. 67.

36 『영안 2』, No.1986. 광무 5년 3월 31일; 『일공사기록』18, 1902년 10월 22일, p.54.
이재각은 황제의 종친으로서 주로 궁내부 특진관으로 재직한 인물이었다. 원래 영국사절단의 대표는 종친인 이재순으로 내정되었지만 이재순의 개인적인 사정으로 이재각으로 교체되었다.

3. 용암포사건 이후 대영정책의 추이

1) 세력균형자 역할 기대

조단은 러시아군인들이 벌목지역에 주둔하고 있음을 경계했다. 이에 조단은 고종에게 압록강변의 의주를 외국인을 위한 무역항으로 개항할 것을 건의했다.[37] 조단의 건의는 영일동맹 체결 이후 더욱 강화된 영·일 공조의 연장선상에서 이해할 필요가 있다.

한국정부는 압록강지역의 개항을 검토했으나 러시아의 강한 반대로 주저했다. 이 같은 상황에서 조단은 7월 15일 고종을 알현하고 의주개항을 권고했다. 이에 대해 고종은 조단에게 외부대신에게 이 문제를 논의할 것을 지시할 것이라는 언질을 주었다.[38] 고종이 조단의 요구를 수락한 첫 번째 이유는 러시아 견제에 있었다고 볼 수 있다. 고종은 러시아의 용암포 점령을 방치할 경우 한국이 실질적인 러시아의 보호령으로 전락할 수 있다는 조단의 경고를 수용한 것을 보여준다. 조단의 경고는 국권수호를 염원하던 고종에게 충격적인 경고일 수 있었기 때문이었다.[39] 따라서 고종이 의주를 개항하기로 한 것은 영국으로 하여금 러시아의 용암포활동을 견제하고자 한 것으로 볼 수 있다.

한편 러시아는 용암포 점령을 합법화할 의도에서 한국정부에 용암포조차협정 체결을 요구했다. 그런데 용암포조차협정은 러시아의 용암포점령을 정당화하여 이후 타 열강의 한국 영토 점령을 경쟁적으로 촉발

---

37 『한영자료집』12, No.11. 1903년 5월 25일, p.353; 같은 책, No.12. 1903년 5월 26일, p.353.

38 『한영자료집』 12, No.126. 1903년 7월 17일, pp.467~468.

39 현광호, 「영일동맹 이후 주한영국공사의 활동」, 『역사문화연구』28(한국외국어대학교 역사문화연구소, 2007) p.21.

시킬 우려가 있었다. 한국정부는 러시아의 강력한 요구로 용암포조차를 검토했지만 결국 거부하기로 했다. 한국정부는 열강의 반대를 이유로 러시아의 요구를 회피한 것으로 볼 수 있다. 고종의 외교를 수년간 지켜본 조단은 고종이 열강을 서로 견제시키고 있다는 결론을 내렸다.[40]

고종이 조단의 요구를 수락한 두 번째 이유는 영국이 일본을 견제해줄 것이라는 기대에 기인했다고 보인다. 고종은 동아시아의 사건들의 추이를 주의 깊게 관찰했고, 분규의 가능성을 예측했다. 고종은 1903년 초 제일은행권 불법유통 사건 당시 보여준 일본의 포함외교를 상기하며 일본의 침공을 경계했다. 그 과정에서 고종은 1903년 7월 주일한국공사 고영희로부터 일본이 개전할 것이라는 전보를 받았다. 이때 고종은 영국의 지원을 얻어 일본의 강경책을 제어하고자 했다. 이에 고종은 이근택을 조단에게 보내 장차 영국공사관을 우대할 것을 약속했다. 또 이근택을 자주 보내 곤란한 사안을 상의할테니, 어느 때든 면담에 응해줄 것을 제안했다. 조단은 영일동맹은 동아시아의 평화와 한·중의 독립을 유지시키려는 목적에 충실할 것이라고 강조하면서 고종의 상담 요청을 수락했다.[41] 조단은 영국정부는 한국의 독립에 관심이 많다는 외교적 수사를 구사하여 영일동맹을 경계하던 고종의 우려를 불식시키려 했다. 반면에 고종은 영국이 일본의 한국 침략을 제어해 주기를 기대했다.

이상과 같이 고종은 영국으로 하여금 러시아의 영토 강점을 견제하고, 일본의 침략을 제어해주기를 기대했다. 즉 고종은 영국이 러·일의 대립에서 세력균형자 역할을 수행하기를 기대한 것이다. 그렇다면 고종의 '세력균형정책'은 어떻게 귀결되었는지를 검토하기로 한다.

40 『한영자료집』13, No.10. 1903년 11월 23일, p.192.

41 『한영자료집』12, No.137. 1903년 7월 25일, pp.481~482.

1903년 9월경 한국에서는 일본군함 20척이 마산포에 도착했고, 수천 명의 일본군이 한국 남부 해안에 상륙하였다는 소문이 유포되었다. 이에 한국정부는 하야시에게 긴급히 조회했다.[42] 고종은 서울의 수비대를 증원하는 한편 새로운 군사시설을 확충했다.[43] 이후 고영희는 일본함대가 마산포로 향하고 있고, 고쿠라에 주둔 중인 일본 육군 제12사단이 전시동원훈련중이라는 정보를 보내왔다. 고종은 이 소식에 큰 충격을 받고, 즉각 이근택을 조단에게 보내 대책을 상의하였다. 이에 조단은 일본이 요구하는 용암포개항을 수용하는 것만이 해결책이라는 말만 반복할 뿐이었다.[44]

고종은 영국이 일본을 제어해주기를 기대했지만 영국은 일본의 입장을 두둔했다. 따라서 영국이 일본을 제어해주기를 기대한 고종의 기대는 어긋났다고 볼 수 있다. 고종은 조단의 개항요구는 상업적인 것이 아니라 정치적 고려에서 나온 것이라고 인식했다.[45] 즉 영국이 동맹국인 일본의 요구에 따라 개항을 요구하는 것으로 판단했다. 그 경우 영국의 요구는 곧 일본의 요구인 셈이었다. 만일 고종이 개항요구를 수용한다면 일본은 한반도 북부까지 영향력을 확대할 가능성이 농후했다. 나아가 일본은 러시아를 견제할 수 있는 교두보를 확보하게 될 것이었다. 그러므로 고종은 러시아의 반대를 구실로 조단의 용암포개항 요구를 거부했다. 고종이 영국의 요구를 거부한 것은 러시아와의 제휴로 일본을 견제하고자 했기 때문이었다.[46]

---

42 현광호, 「1903~1904년 대한제국의 대러시아 대응론과 정책의 추이」, 『동양학』41(단국대학교 동양학연구소, 2007), p.161.

43 『한영자료집』13, No.116. 1903년 10월 12일, pp.97~98.

44 『한영자료집』13, No.104. 1903년 10월 5일, p.87.

45 『한영자료집』13, No.3. 1903년 8월 22일, pp.18~19.

46 『한영자료집』13, No.10. 1903년 11월 23일, p.192.

이상을 통해 고종은 영국의 일본 제어가 현실적으로 기대하기가 곤란함을 인식하고, 러시아가 일본을 견제해줄 것을 기대한 것으로 여겨진다. 고종은 10월 러시아 국적의 육군 참령 김인수를 알렉시에프 여순 총독에게 급파해 베베르를 서울주재 공사로 임명해 줄 것과 궁정경비병을 파견해줄 것을 요청했다 이 같은 고종 대러외교는 일본의 한국 침략을 명확히 인식한 결과 유사시 러시아의 군사지원을 받겠다는 의지를 보인 것으로 여겨진다.[47]

고종은 이하영의 개항 결행을 즉각 제지했다. 고종은 일본이 한국을 조만간 강점하리라고 믿었으므로 더욱 러시아에 접근하고자 하였다.[48] 이 같은 고종의 태도는 전쟁이 발발할 경우 일본이 청일전쟁 때와 같이 한국을 보호국화 할 것이라고 우려한 데서 나온 것으로 해석된다. 이후 의정부대신들이 용암포개항을 결의했을 때 고종이 승인하지 않은 것은[49] 러시아와의 제휴를 유지하고자 하는 의지로 보인다.

한편 조단은 고종에게 러·일협상의 중지로 러·일간의 개전이 불가피함을 통보했고,[50] 이어 동양의 대국이 불안하다는 이유로 영국공사관에 호위병 20명을 입경시켰다고 통보했다.[51] 이에 대해 이지용은 조단에게 시국의 불안요인이 없고, 유사시 각국 공관은 한국군이 호위할 것이므로 영국군의 입경을 중지할 것을 요구했다.[52] 이 같은 조단의 조치는 한국의 기대와는 달리 일본의 한국 침략을 기정사실로 받아들이고, 단지

---

47 현광호, 「1903~1904년 대한제국의 대러시아 대응론과 정책의 추이」, 『동양학』41(단국대학교 동양학연구소, 2007), p.161.

48 『러시아문서』, 1903년 12월 30일, pp.32~33.

49 『러시아문서』, 1904년 1월 10일, p.33.

50 『러시아문서』, 1903년 12월 21일, p.32.

51 『영안 2』, No.2539. 광무 8년 1월 8일.

52 『영안 2』, No.2540. 광무 8년 1월 9일.

자국인의 안전만을 추구했던 것으로 볼 수 있다.

이 무렵 고종은 한국의 국권을 유린할 가능성이 가장 큰 국가는 일본이라고 인식했다. 이에 고종은 영국이 일본을 제어해주기를 기대했지만 별다른 성과를 거두지 못했다. 오히려 영국은 일본과 공조를 강화했다. 그러므로 고종은 러시아와 제휴하여 일본의 침략을 저지하려 했고, 그에 따라 용암포문제에서 러시아의 입장을 지지했다. 국권수호에 외교역량을 집중해온 고종은 이제 영국에 다른 역할을 기대했다.

2) 국외중립 지지 기대

고종은 러·일사이에 전쟁이 발발할 경우 한국의 독립을 국제적으로 보장받을 목적으로 국외중립을 추진했다. 국외중립은 국방력이 미약한 한국의 입장에서 볼 때 러일전쟁 발발에 대비한 주요한 국권유지 수단이었다. 고종은 러·일개전의 위기를 인식하자 1903년 8월 브라운에게 국외중립에 관한 문서를 기초하게 했다.[53] 종래 브라운은 고종에게 한국을 벨기에와 같은 중립국으로 만들어야 한다고 권고한 바 있었다.[54] 따라서 고종은 브라운에게 중립문서를 작성하게 하여 해당 국가에 발송하게 한 것이다. 고종은 8월 주러공사 및 주일공사에게 러·일정부에 한국의 국외중립의사를 전달하게 했다.[55] 동시에 고종은 예식원 번역과장 현상건을 유럽에 파견하여 중립화의 가능성을 타진하게 했다.

---

[53] 『한영자료집』13, No.6. 1903년 8월 26일, p.22; 『일공사기록』20, 기밀제137호, 1903년 8월 27일, p.281.

[54] 『일공사기록』20, 1903년 2월 27일, 「각서」, pp.164~166; 『일공사기록』21, 왕전제66호, 1903년 2월 18일, p.266.

[55] 『한영자료집』13, No.6. 1903년 8월 26일, p.22.

고종은 러일전쟁이 발발할 경우 국외중립을 준수한다는 방침을 정했고, 마침내 1월 21일 지부주재 프랑스부영사의 지원으로 국외중립선언문을 각국에 발송했다.[56] 조단은 이지용에게 랜스다운 외상이 개전 시 엄정하게 중립을 준수한다는 한국정부의 성명에 깊은 감명을 받았다는 전훈을 보냈다고 통보했다.[57] 이에 대해 이지용은 조단을 통해 영국정부의 입장표명에 사의를 전달했다.[58] 한국주재 외국사절들은 고종이 영국, 프랑스, 독일 등이 국외중립선언의 접수를 통보하자 독립불가침을 승인받은 것으로 인식했다고 추정했다.[59] 고종은 특히 영국이 한국의 중립을 보장한 것이라고 인식하고, 나아가서 중립선언이 효력을 발휘하기 위하여 영국의 지원을 구하고자 했다.[60] 고종은 중립선언 발표의 성공에 고무되어 주불공사 민영찬에게 프랑스외무성의 법률고문과 중립을 위한 권리와 의무에 대하여 상의토록 지시했다.[61] 국외중립선언은 비록 전시중립의 성격을 지닌 것이었으나 열강의 승인을 얻어 지속적인 효력을 발휘하면 영세중립으로 전환이 가능한 것이었다.[62] 고종은 국외중립선언이 열강의 지지를 얻어 중립화의 기반이 되기를 기대한 것을 보여준다.

그런데 대부분의 열강은 한국정부의 국외중립선언에 대해 무관심한 입장을 보였다.[63] 특히 영국은 고종의 기대를 어그러뜨렸다. 조단은 고종은 국외중립선언에 대해 영국, 프랑스, 독일, 덴마크 등으로부터 회답을

---

56 국외중립선언의 추진 과정에 대해서는 박희호, 『구한말 한반도중립화론 연구』(동국대학교 사학과 박사학위논문, 1997), pp.185~187 참조.

57 『영안 2』, No.2549. 광무 8년 1월 24일.

58 『영안 2』, No.2550. 광무 8년 1월 27일.

59 K-A-R Ⅲ, No.720. 1904년 4월 14일, pp.126~127.

60 구대열, 「대한제국기의 국제관계」, 『대한제국사 연구』(백산자료원, 1999), p.25.

61 이창훈, 「20세기 초 프랑스의 대한정책」, 『한불외교사』(평민사, 1987), p.112.

62 강광식, 『중립화정치론』(인간사랑, 1989), p.39.

63 박희호, 앞의 글, pp.189~192.

받자 한국의 독립불가침을 승인받은 것으로 오해하고, 개항문제를 다시 방기하고 있다고 인식했다.[64] 이어 조단은 랜스다운 외상에게 러·일사 이에 전쟁이 발발할 경우 한국은 서울을 먼저 점령하는 나라의 지배아래 들어갈 것이고, 한국정부는 점령국의 지시를 받을 것이므로 한국의 중립선언은 의미가 없다고 보고했다.[65] 사실상 조단은 한국정부의 국외 중립선언의 실효성을 부정한 것이다. 한국의 중립을 주장해온 브라운도 하야시에게 일본은 한국에 대해 단호한 조치를 취할 것을 주장했다.[66]

한편 러시아와의 전쟁을 결정한 일본은 1904년 2월 초순 서울에 군대를 진입시켜 한국정부의 국외중립선언을 유린했다. 이에 고종은 조단에게 영국공사관으로의 파천을 타진했다. 그러나 조단은 고종의 제안을 단호히 거부했다.[67] 이에 고종은 주한러시아공사와 주한프랑스공사에게 서울의 국외중립을 외교사절단에 제의해줄 것을 요청했다. 아울러 이근택을 독일공사와 이태리공사에게 보내 같은 제의를 하게 했다. 그러나 조단은 하야시와 함께 고종의 조치를 반대했다.[68]

이상과 같은 영국의 입장은 이미 예고된 것이기도 했다. 앞서 언급했듯이 주한영국공사관은 이전부터 한국정부가 중립화에 열의를 보이고 있는 것을 잘 알고 있었다. 또 러시아정부가 1901년 1월 일본정부에 한국의 중립을 제의했고, 1902년 9월경에도 재차 미국정부와 교섭하여 한국의 중립화를 추진하려 한 것을 인지했다. 이때 하야시는 조단에게 한국의 중립화는 영·미·일의 극동정책과 상충한다는 이유를 대며 반대

---

64 『일공사기록』23, 왕전제91호, 1904년 1월 31일, p.150.

65 구대열, 앞의 글, p.41.

66 『일공사기록』23, 왕전제91호, 1904년 1월 31일, p.150.

67 구대열, 앞의 글, pp.25~26.

68 『일공사기록』23, 왕전제105호, 1904년 2월 8일, pp.155~156.

의 입장을 보였다. 이때 조단은 하야시의 의견을 묵인함으로써 한국의 중립화에 반대하는 입장을 드러냈다.[69] 조단은 1904년 8월에도 일본이 영국의 이집트 통치방식을 한국에 적용하고 있는데, 이는 한국에 이로울 것이라고 주장하는 등[70] 시종일관 한국의 독립을 부정했다. 조단이 그동안 빈번하게 한국의 독립을 지지한다는 수사를 구사한 것은 자신의 목적을 달성하기 위한 제스처에 불과한 것이었다. 따라서 고종이 영국에 기대한 두 가지 역할, 즉 세력균형 유지와 국외중립 지지는 모두 무산되었다.

69 『한영자료집』12, No.5. 1903년 2월 20일, pp.343~344. 러시아의 한반도 중립화정책에 대해서는 석화정, 「러시아의 한반도 중립화정책」, 『중소연구』23-3(한양대학교 아태지역 연구센터, 1999) 참조.

70 구대열, 「1904~1910년간 영국의 대한반도정책」, 『사회과학논집』5(이화여자대학교 법정대학논문집, 1985), p.140.

1장은 1880년대 후반 딘스모어의 대조선 외교활동을 분석했으며, 주요 내용을 정리하면 다음과 같다.

딘스모어는 조선인들은 미국인, 유럽인에 대한 반감이 없다고 인식했다. 그는 본국정부에 조선인은 외국인들에게 보편적인 존경과 친절을 보인다고 하면서, 특히 미국인은 조선에서 환대받는다고 보고했다. 그는 조선이 점진적으로 발전하고 있음을 인정하는 등 조선을 긍정적으로 인식했다.

딘스모어는 청이 '조선속방화'를 시도하는 등 조선을 점진적으로 병합하려 하고 있음을 간파했다. 그는 청의 '조선속방화정책'의 중요한 실례로서 포크의 퇴출공작을 들었다. 그는 조선은 청에 대처하기에는 너무 무기력하다고 인식했다. 딘스모어는 조선인들은 청인들에 대해 우호적이지 않다고 파악했다. 그는 조선인들이 청인들에 대해 혐오감을 가지고 있지만 청인을 두려워한다고 파악했다. 그는 청의 파병위협이 조선인들을 청의 압력에 굴복하게 하는 주요인으로 지목함으로써, 군사적 압력이 조·청관계를 결정짓는 핵심으로 파악했다.

딘스모어는 청의 간섭이 조선의 본격적인 발전에 저해된다고 인식했으며, 또 청이 미국의 대한 진출을 견제한다고 단정했다. 그 같은 딘스모어의 인식은 포크의 인식과 궤를 같이하는 것이었다. 그 때문에 딘스모어는 한층 포크를 변호했다. 딘스모어는 청의 통제를 받고 있던 통리교섭통상사무아문의 독판을 통해 조선의 독립 의지를 어느 정도 확인했다. 따라서 딘스모어는 청의 간섭을 탈피하는 것이야말로 조선의 발전을 위하여 급선무라고 인식했다. 그가 조선의 공사파견에 적극 협력한 것은 그 때문이었다. 그는 미군함에 박정양을 승선하도록 허가하는 한편 원세개에 대해서는 공사파견에 개입하는 것을 항의했다. 원세개의 독단적 행동이 계속되자 딘스모어는 외교사절단과 회동하여 그를 견제했다. 딘스모어는 베베르, 데니와 함께 반청파로서 '조선은 조선인들에게' 라는 표어를 구현하려고 노력했다. 그러나 미국의 동아시아 외교관들이 딘스모어의 조선문제 개입방식에 동의한 것은 아니었다.

딘스모어가 조선문제에 적극 개입한 것은 미국인의 이권 보호와 연관이 있었다. 실제 그는 미국인의 이익을 적극 대변했다. 그는 조선정부에 미국인 광산기사의 고용을 요청했으며, 미국인 회사의 계약체결에도 관여했다. 또 그는 조선정부에 고빙된 미국인의 이익도 챙겼다. 그는 미국의 총과 탄약을 군부 실세인 한규설에게 전달했고, 미해군 제독의 고종 면담을 추진했으며, 조선 연해에서 미군함의 포사격 연습을 주선했다. 그 같은 조치는 미국의 군사력을 과시함으로써 조선의 미국 접근을 유도한 것으로 평가된다. 한편 그는 조선인의 정서를 존중했으므로 미국인의 기독교 선교에 대해 신중하게 접근했다. 딘스모어에게서는 당시 구미 외교사절에게서 드러나던 조선 멸시적 시각은 찾아보기 어려웠다.

2장은 1890년대 전반 허드의 대조선 외교활동을 분석했으며, 주요 내용을 정리하면 다음과 같다.

허드는 조선이 개발할 가치가 있음을 인정했고 조선의 발전 가능성을 낙관했다. 그는 과거 미국이 개항시킨 바 있던 일본이 개선된 것을 지적하면서 조선의 개선 가능성을 강조했다. 그는 조선인이 수준높은 교육을 받아 지적이며, 육체적으로는 일본인과 중국인을 능가한다고 인식했다. 그는 조선이 발전하지 못하는 것은 청의 간섭 외에도 조선정부가 고빙한 외국인 고문에 문제가 있다고 판단했다. 그는 조선은 미국의 호의적 지도를 받는다면 더 높은 지위의 국가로 상승할 것으로 예측했다. 그는 미국은 조선에 명확한 이익이 있다고 인정했으며, 미국인의 손으로 조선을 개발할 경우 미국은 더 많은 이익을 거둘 것이라고 확신했다.

허드는 부임한지 얼마 되지 않아 청이 조선을 지배하려는 증거를 발견했다. 그는 조선은 청의 간섭에도 불구하고 진보하고 있다고 파악했다. 그렇지만 그는 원세개가 조선의 모든 발전단계에 개입하고 있음을 인지함으로써 청이 조선의 발전에 큰 장애가 되고 있음을 간파했다. 그는 원세개가 조선의 군사·외교·재정 등에 개입함으로써 조선의 독립이 위기에 처했다고 인식했다. 따라서 허드는 조선이 청의 간섭을 탈피하는 것이야말로 조선의 발전을 위하여 급선무라고 판단했다. 한편 고종은 청에 대한 종주국 대우를 청산하고자 허드에게 군사지원을 요청했다. 허드는 그를 수용하여 미해병대를 서울에 입성시켰고 미군함을 제물포에 입항시켰다. 허드는 조선의 독립을 지지했고 청의 영향력에 반대했으므로 조선정부에 대해 막강한 영향력을 행사했다. 그는 청이 조선에 강경한 정책을 구사하자 청의 진의를 탐색하려 1891년 4월 천진에 가서 이홍장과 2차례 회견했다.

허드는 천진 면담 이후 청과의 마찰을 회피하는 등 노골적인 반청행위를 자제하는 방향으로 선회했다. 그것은 몇 가지 이유가 있었다고 보여진다. 첫째, 미국정부가 조선이 청·일에 비해 전략적, 경제적 이익이 크지 않다는 이유로 조선문제에 대해 소극적인 입장으로 선회했기 때문이다. 둘째, 그는 조선의 정정불안을 감지했다. 그는 조선민중은 요직을 독점하고 있는 민씨척족의 전횡에 극렬한 반감을 가지고 있으며, 고종은 국사에 무관심하며 개혁을 수행할 능력, 용기가 부족하다고 인식했다. 그는 민중의 불만을 목도하고 기존질서를 전복할 반란의 가능성을 인식했다. 셋째, 그는 이홍장과의 회견에서 청의 강경한 조선정책을 인식한 것으로 여겨진다. 그러므로 그는 청 방문 뒤에 미군의 서울진입 등 청을 자극할 군사적 조치를 자제했다.

허드는 미군의 입경을 회피하는 대신에 조선에 대한 영향력을 유지하고자 조선 해역에 미국 군함의 출동을 독려했으며, 미군함 함장과 장교들의 고종 알현을 적극 주선했다. 그는 그 밖에도 미국인 선교사, 군인, 학교 교사, 국왕의 외교고문들을 통해 조선에 대한 영향력을 유지하고자 했다. 그는 반청활동을 자제하기로 한 뒤에는 조선에 대한 경제적 접근을 강화했으며, 그 연장선상에서 조선정부에 부국을 위해서는 무역개방과 자원개발이 필요하다고 촉구했다. 그는 1891년 10월 원산·부산·평양 등 개항장을 방문하여 무역 중심지를 탐사했다. 그는 주로 평양을 점검한 뒤 고종에게 많은 이익이 있을 것이라 주장하며 평양을 대외무역항으로 개방할 것과 탄광 개발을 건의했다. 또 워싱턴에 소재하는 콜럼비아대학의 광산학교에 조선 유학생을 파견하여 교육을 받게 했다. 그는 조선정부에 1893년 10월 미국 시카고에서 개최하는 세계박람회에 조선 대표를 파견할 것을 요청했으며, 주미공사 박정양이 귀국하자 조속히 전권공사를 파견해줄 것을 요청했다. 그가 조선에 대해 무역 확대와 자원개발을 촉구한 것은 미국의 이익 확장과 깊은 연관이 있었다. 그는 미국인의 광산채굴 및 철도부설 등의 이권활동을 적극 지원하고 있었기 때문이다. 아울러 그는 조선에서 미국의 상업 이익이 적은 것은 개항장에 영사관이 없기 때문으로 인식하여 본국정부에 영사관 설립을 건의했다. 한편 그는 조선정부에 고빙된 미국인의 이익도 챙겼다. 왕립학교인 육영공원의 미국인 교사는 조선에 대학을 설립하려고 시도했다. 허드는 고종이 육영공원에 큰 관심을 표명하자 미국의 영향력을 확대하고자 미국인 교사가 계약을 갱신하는 데 영향력을 발휘했다. 또 허드는 프랑스를 견제하면서 개신교 선교사의 활동을 지원했으며, 그 결과 미국인의 선교활동은 조선에서 별다른 장애를 만나지 않았다.

허드는 본국정부의 지시대로 조·청·일 동아시아 삼국의 관계를 예의 주시했다. 그 결과 그는 청·일이 조선의 독립을 위협하는 현실을 인지했으며, 조선이 독립을 수호하려고 서구 열강을 상대로 중립화를 추진하고 있다는 것을 인식했다. 그는 서구 열강 중 영·독은 조선의 독립에 부정적인 반면 미·러는 조선의 독립을 지지하고 있으며 프랑스는 조선에 대한 입장이 애매모호하다고 인식했다. 결국 그는 청·일의 강경한 조선정책과 서구 열강의 소극적 조선정책으로 인해 조선의 중립화는 곤란하다고 인식한 것으로 보이며, 그러한 인식의 결과 고종의 중립화 요청을 거부한 것으로 보여진다. 그러한 방침의 연장선상에서 허드는 조선 외교에 대한 적극적 개입을 회피했고, 미국의 이권 획득에 주력했다.

3장은 수교 이후 청일전쟁에 이르는 시기 고종의 미국 접근과 그 의미에 대해 분석했으며, 주요 내용을 정리하면 다음과 같다.

개항 이전 조선인들은 미국을 오랑캐의 나라라고 인식하여 한사코 교섭을 기피했다. 그러나 미국과 수교할 무렵 미국에 대한 인식은 크게 달라졌다. 고종은 미국은 부강하며 영토에 야심이 없다고 인식했다. 고종은 미국을 세계에서 가장 신뢰할 수 있는 국가로 인식했으므로 미국에 강력히 접근했다. 고종은 항시 미국을 긴급사태에 의지할 친구로 간주하며, 미 해군이 계속해서 조선해안에 출동할 것을 기대했다. 고종은 대원군 지도의 쿠데타에 대비하여 미군의 상륙을 요구했으며, 미국을 통해 체일 망명자의 동향을 감시했다. 고종은 주요 외교현안에 대해 미국의 자문을 구했다. 고종은 영국과의 통상조약 교섭 때 푸트에게 자문을 구했고, 거문도사건이 발발하자 포크에게 중재를 요청했으며, 청일전쟁 발발 때도 미국의 중재를 요청했다.

고종은 미국을 이용해 청을 견제하려 했으므로 1887년 박정양을 주미공사에 임명했다. 고종은 주미공사를 통해 미국정부와의 직접 외교를 추구한 것이다. 한편으로 고종은 서구적 개혁사업을 시행하고자 측근 김학우, 김가진, 조준두, 전양묵을 미국인들과 함께 일하게 했다. 고종은 미국 공사를 환대했으며 자주 불러 대화를 나눴다. 그러므로 미공사관은 중요 교섭사안에 대해서는 통리교섭통상사무아문의 독판을 제치고 국왕과 교섭했다. 고종은 다른 국가의 압력을 물리치고 정부고문과 군사교관에 미국인을 우선 고빙했다. 고종은 미국인에게 벼슬을 주는 특전을 베풀었고, 미국인의 이익을 존중했다.

고종은 1888년 데니와 원세개가 크게 충돌한 사건 이후 청군의 침공을 우려했다. 고종은 프랑스와의 군사동맹 교섭이 실패하자 미국의 군사지원을 추구했다. 한편 고종은 거문도사건을 계기로 조선의 중립화를 검토하기 시작했다. 조선의 중립화는 열강의 보증으로 가능했다. 고종은 데니에게 조선의 중립화를 추진하도록 했다. 데니는 천진에 가서 이홍장에게 조선의 중립화를 요청했고, 이홍장으로부터 러시아에 조선의 중립화를 제의할 것이라는 답변을 얻었다. 고종은 1891년 러일전쟁설을 입수하자 미국 공사에게 미국정부가 주도하여 영세중립국인 스위스의 분할을 방지하는 조약을 조선에도 적용하도록 해줄 것을 요청했다. 고종은 미국이 러·일과 함께 협정 체결에 있어 선두에 서고, 그 다음에는 이태리, 프랑스, 독일, 영국, 청이 가담할 것을 기대했다.

고종은 미국을 군사강국으로 인식했다. 그에 따라 고종은 미국인 군사교관을 고빙했고, 미국으로부터 다량의 소총, 탄약을 구입했으며, 수도경비대를 미군식으로 훈련하게 했다. 고종은 1887년 일본 선박이 제주도에 상륙하여 침탈을 자행하자 미군을 활용해 국방을 강화하고자 했다. 고종은 미군 대령인 찰리롱을 접견하고 제주도 방어책에 대한 자문을 구했다. 그 과정에서 고종은 수뢰기구를 창설하려 했으며 그 연장선상에서 수뢰설계도의 명세서를 얻으려 했다.

한편 고종은 미국을 활용해 근대화를 추구했다. 고종은 서구 문물을 수용하고자 1886년 왕립학교인 육영공원을 설립하고 미국인을 교사로 고빙했다. 고종은 육영공원에 강력한 관심을 가졌다. 미국인 교사는 정치, 경제, 국제법 등 모든 교육을 영어로 행했으며, 학생들을 훌륭한 통역사로 육성하고자 시도하는 한편 대학 설립을 기도했다. 고종은 미국 실업가 모오스를 뉴욕주재 상무대변위원에 임명했으며, 모오스는 조선의 상업대리인으로 활동하면서 조·미간 상업이익을 추진했다. 고종은 1893년 미국 시카고의 세계박람회에 내무부 참의 정경원을 박람회 사무대원으로 파견했다.

탈청을 기도한 고종은 미국에 의지했지만, 미정부는 조선문제에 적극적인 관심이 없었다. 미국정부는 군함 파견을 자제하는 등 조선에 대한 불개입, 정책을 더욱 강화했다. 고종은 미국의 무관심을 간파한 것으로 여겨진다. 게다가 고빙 미국인의 지도하의 개혁은 대부분 실패하거나 부분적으로 성공을 거뒀을 뿐이었다. 주일공사를 지낸 김가진 등 일부 인사는 서구적 방식의 발전단계를 경험했던 일본이야말로 조선을 도울 최고 상대라 주장하며, 조선은 일본을 모방해야 한다고 제창했다. 고종은 계속해서 미국을 최고의 친구로 간주했지만 미국인의 지도에 성과가 없자 점차 일본과의 제휴를 모색했다.

4장은 1880년대 후반에서 1890년대 전반까지 프랑스외교관의 조선사회 인식을 분석했으며, 주요 내용을 정리하면 다음과 같다.

프랑스외교관은 조선의 정국을 주도하는 세력을 고종과 고위 관료들로 구분했으며, 고종과 고위 관료들이 국정운영에 있어 극심한 견해차를 보이고 있다고 인식했다. 특히 청에 대한 외교 방안에 대해서는 거의 상반된 입장을 드러내고 있다고 단정했다. 프랑스외교관은 고종에 대한 최대의 견제세력으로 대원군을 지목했다.

플랑시는 고종이 서구에 대해 관심을 보이는 배경은 조선의 독립이라는 문제와 깊은 연관이 있다고 분석했다. 또 고종이 서구에 접근하려는 것은 국내적 지지기반이 미약하기 때문이라고 인식했다. 프랑스외교관은 고종의 정치력에 대해 회의적인 결론을 내렸다. 특히 플랑시는 당시 조선이 역대 이래 가장 부패했고, 재정 빈곤으로 국가는 쇠퇴해간다고 인식했다.

프랑스외교관은 양반과 관리들은 청을 지지하며 반서구 경향을 보인다고 인식했다. 프랑스외교관은 양반과 관리들은 정치에서 소외됐으며, 왕실에 비판적인 입장이라고 단정했다. 프랑스외교관은 달레의『한국천주교회사』를 통해 조선의 관습을 파악했다.『한국천주교회사』는 조선에 부임하는 프랑스외교관들에게는 필독서였다. 프랑스외교관은 조선인에 대해『한국천주교회사』와 같은 인종차별주의적 오리엔탈리즘을 표출했다. 프랑스외교관들이 조선에 대해 강한 반감을 보인 것은『한국천주교회사』의 시각을 수용한 외에도 과거 조선정부가 가한 천주교 탄압과 연관이 있다고 보여진다. 프랑스외교관들은 양반과 관리들은 주민을 수탈하고 있다고 하는 등『한국천주교회사』와 비슷한 평가를 내렸다. 프랑스외교관들은 한반도의 전통관습에 대해서도 비판적이었다. 플랑시는 조선여자 인식은『한국천주교회사』와 인식을 같이했지만, 노비에 대해서는『한국천주교회사』보다 더 부정적인 견해를 보였다. 플랑시는 노비제도는 세계에서 몇 국가밖에 없다며 조선의 노비제도를 비난했다. 플랑시는 노비를 야만의 상징으로 묘사했다. 이 시기 조선에서 노비는 거의 자취를 감추고 있었는데, 플랑시는 조선 멸시적 시각에서 그 비참함을 과장한 것으로 보여진다. 프랑스외교관은 조선을 멸시했으므로 조선인에 대해 강경한 입장을 선호했다. 프랑스외교관은 조선인들이 천주교 선교를 제지할 때마다 군함을 파견하여 정부와 주민들을 위협하곤 했다. 이 같은 프랑스외교관의 태도는 미국외교관들이 신중한 태도로 조선에 접근한 것과는 큰 대조를 이뤘다.

프랑스외교관들은 조선민중은 서구인을 대하는 태도가 일정하지 않다고 인식했다. 또 조선민중의 청·일에 대한 태도에 대해서는 친청반일으로 규정했다. 프랑스외교관은 조선민중은 수탈 등으로 인해 정부에 극심한 불만을 가진 것으로 파악했다. 프랑스외교관은 불만집단의 규모는 커서 기회가 주어지면 대원군을 중심으로 단결할 것이며 외척을 학살할 가능성이 크다고 예측했다.

조선정부는 개항 이후 서구적 개혁을 추진했다. 프랑스외교관은 '은둔의 나라' 조선은 개국하자마자 개혁을 추진했다고 평가했고, 고종을 개혁의 주체로 인식했다. 그러나 프랑스외교관은 조선정부의 개혁을 실패로 규정하고 개혁좌절의 배경을 다각도로 분석했다. 프랑스외교관이 최우선으로 지적한 요인은 재정문제였고, 그 밖에 지배층의 반서구 태도, 치밀한 개혁 시나리오의 결여, 외교기구의 무기력, 국민의 애국심의 부족 등을 지적했다. 개혁실패의 대외적 요인으로는 청의 개혁 저지와 일본에 적대적인 민심을 지적했다. 프랑스외교관은 점차 한반도의 전략적 중요성을 인식하고 조선을 중시하는 방향으로 입장이 변화했으며, 청·일이 조선문제에 합의하자 더욱 조선을 중시하는 방향으로 나아갔다. 조선 중시로 선회한 프랑스외교관은 조선의 국정을 주시했으며, 고종에게 유럽식 개혁을 단행할 것을 촉구했다.

5장은 1880년대 후반에서 1890년대 전반에 이르는 시기 프랑스 대표 플랑시의 조·청관계 인식에 대해 분석했으며, 주요 내용을 정리하면 다음과 같다.

플랑시는 프랑스정부의 지침에 따라 청의 대조선정책을 예의 주시했다. 그는 청의 대조선정책의 핵심은 종주권 행사, 속방 편입, 보호국 추진, 병합 획책으로 인식했다. 그는 청이 당면적으로는 종주권을 강력히 행사하려 한다고 파악했고, 그 근거로서 조선에 대해 파사 저지, '영약삼단' 준수 요구, 외국인 고문 견제를 예시했다. 다음으로 그는 청의 '조선 속방화정책'으로서 조선에 대한 관세, 차관정책을 예시했다. 끝으로 플랑시는 청의 조선병합 획책의 근거로서 청의 파병설을 예시했다. 전반적으로 플랑시는 청이 전통적인 조공관계를 넘어 조선을 속방, 보호국으로 편입시키거나 한 단계 더 나아가 병합까지도 검토하고 있다고 파악했고, 러시아를 조선정책에 가장 큰 걸림돌로 지목하고 있다고 인식했다.

한편 청국정부는 1885년 원세개에게 주차조선총리교섭통상사의라는 직함을 주어 조선에 파견했다. 원세개는 조·청간의 외교통상문제를 다루는 것이 공식임무였지만 청제의 유지 등을 구실로 조선의 국정에 간여하지 않은 것이 없었다. 플랑시는 원세개의 주된 활동을 청군 파병 기도, 조선 파사 저지, 외국인 고문 견제, 종주권 행사로 인식했다. 플랑시는 원세개가 조선이 청으로부터만 차관을 도입하게 하고 다른 국가로부터의 차관도입을 적극 저지하는 등 청 정부의 대조선정책을 충실히 실천하고 있다고 판단했다.

고종은 1885년의 청군 철수 이후에도 자행되는 청의 내정간섭을 탈피하고자 1887년 미국과 프랑스, 러시아, 영국, 독일, 이탈리아 등 수교한 유럽 5개국에 전권공사를 파견하고자 했다. 플랑시는 고종이 파사 외교를 추진한 것은 미국, 러시아 등의 외교사절과 미국인 고문의 권고가 크게 작용했다고 판단했다. 플랑시는 본국정부에 프랑스는 조선을 독립국으로 간주했기 때문에 청의 간섭을 용납하지 말고, 미국정부같이 조선 대표를 영접할 것을 건의했다. 한편 플랑시는 고종 혼자 조선의 독립을 추구했다고 인식했다. 플랑시는 고종이 청에 대한 종주국 대우를 청산하고자 시도하는 등 청에 도전하고 있다고 평가했다. 플랑시는 고종이 청의 무력 개입에 대비하여 러시아, 프랑스, 미국에 접근하여 군사적 지원을 얻으려 하며, 열강 중 미국이 그 요구에 응하고 있다고 파악했다.

플랑시는 조선주재 외교사절단은 두 파로 나뉘어졌다고 인식했고, 미국, 러시아, 일본 공사를 자주국가파, 영·독 총영사를 청국파라고 분류했다. 그리고 전자는 청에 대항하여 조선의 독립을 지지했으므로 조선에 대한 영향력이 막강한 반면에 후자는 청을 지지한 결과 조선에서의 영향력이 크게 축소됐다고 평가했다. 플랑시는 본국정부에 미국 등이 조선에서 성공한 이유는 주재 공사를 설치했기 때문이라고 지적하면서 주재 공사를 파견해야 한다고 건의했다.

6장은 1880년대 후반부터 1890년대 전반에 이르는 시기 조선의 프랑스 인식과 접근에 대해 분석했으며, 주요 내용을 정리하면 다음과 같다.

조선인들은 계급별로 프랑스에 대한 태도가 달랐다. 유생, 군부, 관료 집단은 대부분 천주교에 적대적이었으며, 고종도 선교사들에 호의적이지 않았다. 지배층이 천주교에 적대적인 입장을 보인 것은 천주교가 유교를 대체할 것으로 판단했기 때문으로 여겨진다. 다음으로 민씨척족 등 청을 지지하던 지배층은 천주교에 적대적인 입장을 보였다. 지배층이 천주교에 대해 적대적 태도를 보인 것은 선교사가 개종자에게 조선 관리들에 대한 조세저항을 권유했기 때문이었다. 프랑스의 공격적 전교활동도 지배층의 반감을 야기했다.

조선민중이 프랑스인을 배타한 것은 어린이 유괴 등 인륜을 위배했다는 것이 중대 사유였다. 다음으로 민중은 프랑스인이 조선의 법률을 위반했다는 사유로 프랑스인을 적대했다. 동학교도도 프랑스 선교사들에게 귀국을 요구하는 방문을 게시했다. 그러나 조선인들은 점차 천주교에 대한 경계심을 완화했다. 천주교에 우호적인 계급은 대부분 서민들이었으며 관리들은 적대적 태도를 견지했다. 천주교는 1891년 경 전국적으로 2만 명의 신도를 확보하는 등 포교에 성공했다. 이 같은 포교 성공의 원동력은 먼저 신부들이 조선의 관습을 수용한 결과였으며, 프랑스의 포함외교도 크게 작용했다.

고종은 프랑스를 영국, 미국, 러시아와 대등한 열강으로 인식했다. 고종은 1884년 청불전쟁에 큰 관심을 표명했다. 청불전쟁의 결과는 조선의 안전과 독립과 큰 연관이 있다고 판단했기 때문이었다. 친청파는 청을 동정한 반면 반청파는 청의 패배를 바라며 청의 철군을 기대했다. 고종을 비롯한 반청파는 청의 간섭으로부터 조선의 독립을 수호하고자 했고, 그에 따라 프랑스의 승전을 기대한 것이다. 1885년 프랑스가 청불전쟁에서 승리하자 조선에서는 프랑스의 군제에 대한 관심이 한층 고조됐다.

고종은 서울에 주재하는 각국 대표의 지위에 관심을 표명했다. 각국 대표의 지위는 조선을 주권국가로 인정하는가, 청의 속국으로 인정하는가를 반영했기 때문이었다. 고종은 영국이 영사를 파견하자 크게 실망하던 중 플랑시가 정부위원이라는 직함과 신임장을 휴대하자 만족을 표명했다. 조선정부는 플랑시, 프랑댕을 공사로 지칭하는 등 프랑스 사절을 공사로 인정했다. 고종은 엄격하게 외국사절들의 서열을 정했다. 그에 따라 조선정부는 신임장을 제출한 대표들을 먼저 알현하게 했고, 청주재 공사들에 종속된 독, 영의 총영사들을 그 다음으로 알현하게 했다. 고종은 플랑시를 미·러·일공사와 같이 첫 번째 줄에 서게 배려했다.

고종은 열강이 조선을 독립국으로 인정하기를 열망했으며, 그 연장선상에서 구미 각국에 공관을 개설하고자 했다. 고종은 1887년 내무부 협판 조신희를 특명전권공사로 프랑스에 파견하기로 결정하고 플랑시가 방한하기 전인 11월에 출국하게 했다. 그 같은 조치는 고종이 프랑스와의 외교에 매우 적극적이었다는 것을 보여준다. 한편 고종은 프랑스 대통령에게 친서를 보내는 한편 진귀한 물건들을 선물로 기증하는 등 긴밀한 관계를 맺으려 했다. 고종은 프랑스 공사관의 번역자인 이인영을 통리교섭통상사무아문의 프랑스어주사로 임명했으며 보현당 등지에서 프랑스 외교사절을 접견했다. 고종은 프랑스 외교사절에게 프랑스의 군제, 건축, 행정 등을 문의하는 등 프랑스 문물에 대한 높은 관심을 표명했으며, 조선의 부강에 대해 자문을 구했다. 고종은 프랑스로부터 차관을 도입하고자 시도했다. 고종은 프랑스 선진문물을 학습하고자 프랑스 대학에 15명의 유학생을 보냈으며, 1895년에는 법어학교(프랑스어학교)를 설립했다. 그 과정에서 웅장한 규모의 프랑스공사관, 프랑스식 호텔과 명동성당이 축조됐다.

고종은 프랑스를 다각적으로 활용하고자 했다. 고종은 먼저 프랑스를 외교수단으로 활용했다. 고종은 청·일로부터 국권을 수호하고자 조선의 중립화를 추구했으며, 열강 중에서 중립화 보장집단을 창출하려 기도했다. 프랑스는 조선의 중립화를 보장할 수 있는 열강이었다. 고종은 1894년 일본의 침략과 청일전쟁의 위기를 당하자 프랑스에 중재를 요청했고, 1895년 삼국간섭 이후 전개된 러·일의 대립 때도 프랑스에 중재를 요청했다. 고종은 청의 개입으로 프랑스에 대한 파사에 실패했음에도 불구하고 1897년 1월 민영환을 프랑스 주재 특명전권공사에 임명했다. 또 고종은 프랑스를 오스트리아, 스위스 등 유럽국들과의 교섭 통로로 활용했다.

다음으로 고종은 프랑스를 군사력 증강 수단으로 활용했다. 조선은 거문도사건을 계기로 강군 육성을 추구했다. 고종은 프랑스 군제에 관심을 보였으며, 주사 전양묵을 통해 프랑스의 군사서적, 군대규율서 등을 입수했다. 플랑시는 고종에게 프랑스의 군대, 무기제조술을 설명하였다. 끝으로 고종은 프랑스를 대청 견제 수단으로 활용했다. 고종은 물론 민영환, 한규설, 이종건 등의 측근도 청의 침공을 우려했다. 고종은 프랑스, 미국, 러시아의 군사지원으로 청의 침입을 저지하려 했다. 고종은 민영환을 보내 플랑시와 교섭케 했으며, 한규설에게는 미·러공사를 방문하게 했다. 고종은 프랑스의 지원을 이끌어내고자 그동안 강력히 거부했던 천주교의 선교자유까지도 검토했다. 민영환과 플랑시의 회담은 성과를 거두지 못했다. 반청주의자인 데니의 면직, 주미공사 박정양의 소환 등으로 조·청간의 극심한 긴장이 완화됐기 때문이었다. 또 민영환이 대원군의 교섭중단 압력으로 프랑스와의 동맹을 포기했기 때문이었다. 고종은 거문도사건, 청의 파병, 청일전쟁, 러일전쟁 등 국권 위기를 인지할 때 프랑스를 활용했다.

7장은 대한제국 수립기부터 제1차 영일동맹 체결 직전 시기 주한영국공사의 외교활동을 분석했으며, 주요 내용을 정리하면 다음과 같다.

고종은 영국이 러·일의 조선 진출을 견제해주기를 기대했다. 그런데 이 무렵 영국의 대한정책은 한국의 독립 유지로서 고종의 의중과 부합하는 측면이 있었다. 조단 공사는 고종이 영국에 대한 기대가 큰 것을 인식했다. 조단은 본국정부의 대한정책에 따라 표면상 한국정부에 대해 한국의 독립을 지지하는 제스처를 취했다. 그렇지만 조단은 한국은 자주적으로 독립을 유지하기가 어렵다고 판단했다. 조단은 그 이유로서 고종이 개인의 이익을 위해서 주권의 일부를 희생하려 하고, 러시아의 압력을 받을 경우에는 타 열강에 의지하려는 경향을 들었다. 또 조단은 한국의 군사력이 국권 수호를 감당할 수 없다고 인식함으로써, 한국은 독자적으로 국권 유지가 불가능하다고 확신했다.

주한영국공사관은 한국의 독립에 대해 부정적 입장이었으므로 한국의 중립화에 대해 무관심하거나 반대하는 태도를 보였다. 거빈스 대리공사는 고종이 오랫동안 중립화를 희구해 온 것을 잘 알고 있었고, 또 러시아가 일본정부에 한국의 중립화를 제의한 것을 인지했음에도 불구하고 일본공사의 한국중립화불가론을 지지했다. 조단도 샌즈가 영국을 통한 한국의 중립화를 추진하기 위하여 영국국왕 대관식에 참석하려 하자 샌즈의 영국행을 좌절시켰다.

주한영국공사관은 영국인 총세무사 브라운을 총력을 다하여 비호했다. 이는 브라운이 모국인 영국의 정치·전략적 목표 추구에 크게 기여해왔다고 판단했기 때문이었다. 조단은 쉬페에르 주한러시아공사가 브라운을 해임한 뒤 러시아인 알렉시에프를 총세무사 겸 재정고문으로 임명하자 강력히 대응했다. 조단은 러시아공사와 프랑스공사의 공조에 대항하여 일본공사와의 공조를 강화하는 한편 미국공사와의 제휴를 추진했다.

조단은 한국의 정치세력을 보수주의자와 자유주의자라는 잣대로 구분하였다. 이는 모국인 영국의 정당이 보수당과 자유당으로 대립하고 있는 현실을 반영한 것으로 볼 수 있다. 조단은 한국의 보수주의적 정치인들에 대해서는 비판적 입장이었고, 자유주의적 정치인들에 대해서는 호의적 입장을 보였다. 이는 보수주의자들이 러·프공사와 제휴하여 영국의 이익을 저해했고, 반대로 자유주의자들은 영국의 이익을 옹호했다고 인식했기 때문이었다. 영국공사는 특별히 친영파를 육성하지는 않았지만 영국의 이익을 저해하는 이용익 등의 정치인을 제거하려는 노력을 게을리하지 않았다.

조단은 독립협회에 대해서는 친미파가 주도하고 있으며 진보적 인물로 구성되어 있다고 파악했다. 그리고 독립협회는 국내적으로는 한국의 개혁을 지향하고, 국외적으로는 러시아의 외압에 저항하고 있다고 인식했다. 무엇보다도 조단은 독립협회가 강력히 러시아에 저항하고 있는 점을 긍정적으로 인식했다. 조단은 독립협회를 민중을 대변하는 국정 감시

단체로 평가했고, 독립협회는 보수파와의 대결에서 승리한 결과 회원수가 급증하고 있다고 평가했다. 또 독립협회의 집회수준에 대해 서구 선진국과 유사하다고 평가했다. 조단이 독립협회에 대해 호의를 보인 이유는 서구 제도를 수용하는 것외에도 독립협회가 조병식, 민종묵 등 친러파의 퇴진운동을 전개했기 때문이었다. 조단은 독립협회운동을 서구의 영향을 받은 진보적 운동이며, 특히 모국인 영국의 역사에서 보아온 것과 같은 민주주의운동으로 인식했다. 그런 점에서 조단은 무력진압을 반대하는 등 독립협회운동에 동정하는 태도를 보였다.

한편 조단은 독립협회와 영국의 이익이 일치하지 않음을 발견했다. 이는 비단 영국에만 국한되지 않았다고 볼 수 있다. 한반도에 진출한 구미 열강은 모두 독립협회의 활동이 궁극적으로 열강을 겨냥하고 있다고 인식하고, 독립협회 활동을 경계했다. 즉 독립협회가 요구한 헌의육조 중 제2조는 광산·철도 등의 이권을 허여할 경우, 그리고 차관과 파병 등의 사안으로 외국과 조약을 체결할 경우 각부대신은 물론 중추원 의장의 날인을 의무화하였다. 그렇게 될 경우 한국 황제와의 직접 담판으로 이권을 챙겨온 구미 열강의 활동은 상당한 제약을 받을 것은 명약관화한 것이었다. 알렌은 미국정부의 훈령을 받자 종전의 입장을 바꿔 독립협회의 강제 해산을 지지했다. 조단은 알렌이 독립협회운동의 확산을 적극 저지하는 조치를 취하자 긍정적으로 평가했다. 이는 결국 조단이 알렌의 입장을 따른 것을 보여주는 것이다.

이 무렵 영국인들의 한국 인식은 정치지도자의 부패와 무능, 근대 개혁의지 및 독립 능력의 결여, 민중에 대한 착취, 민중의 무지와 빈곤, 사회적 혼란 등이 주류를 이루었다.[1] 조단은 독립협회와 만민공동회운동

---

1 구대열, 『한국 국제관계사 연구(1)』(역사비평사, 1996), pp.63~64.

에 대해 일시적이나마 호의적 태도를 보였다. 이는 영국외교관들이 일률적으로 한국의 근대적 개혁능력을 부정한 것은 아니었다는 것을 의미한다. 그러나 조단은 독립협회·만민공동회운동의 실패 이후 한국의 자주적 개혁에 회의적인 입장을 보였다. 그리고 이 같은 인식은 한국의 독립과 중립화에 대한 무관심으로 연결된다. 이 무렵 영국정부는 기본적으로는 한국의 독립을 지지하는 방침이었다. 그러나 조단의 부정적인 한국 인식은 영국정부의 대한정책에 일정한 영향을 주었다고 여겨진다.

8장은 제1차 영일동맹 체결 이후 시기의 주한영국공사의 활동을 분석했으며, 주요 내용을 정리하면 다음과 같다.

조단 공사는 영일동맹 이후 한국의 내정에 한층 깊숙이 개입했다. 조단은 영일동맹으로 한국내 영향력이 강화되자 이용익을 제거하려 하였다. 조단이 특히 이용익을 배척한 것은 브라운 면직사건과 같이 이용익이 영국의 이익에 저해된다고 판단했기 때문이었다. 조단은 이용익과 연관 있는 제일은행권 유통문제와 중앙은행 창설문제에서 모두 일본의 입장을 지지했다. 또 조단은 하야시와 같이 고종에게 망명자를 포함하는 거국내각을 조직할 것을 권고했다. 이 같은 조단의 조치는 망명자를 비호해 온 일본과 인식을 같이 했기 때문이었다. 그리고 조단이 유길준 쿠데타사건에 관심을 기울인 것은 망명자들이 일을 주도했기 때문이었다. 그 밖에 유길준의 숙청 대상이 바로 이용익이었다는 점도 크게 작용했다.

주한영국공사관은 한국의 군사·외교에도 개입했다. 조단과 브라운은 하야시와 협의하여 한국의 군수물자를 통제했고, 한국의 중립화에 반대하는 입장을 드러냈다. 조단은 영일동맹 이후 한국의 자주적 개혁에 제동을 걸었고, 일본의 한국 진출에 중요한 역할을 담당했다.

조단은 용암포사건에 대해 러시아인의 활동을 벌목작업으로 인정하지 않음으로써 일본과 인식을 같이했다. 조단은 러시아의 활동은 정치적 목적을 은폐하고 만주에서 추구한 정책을 재연하기 위한 것으로 인식했다. 조단과 브라운은 하야시와 함께 한국정부에 압록강변의 개항을 요구함으로써 용암포사건에 대해 일본과 공조했다. 조단은 용암포조차협정에 대해 한국과 관계를 맺고 있는 열강 중 하나에 불과한 러시아가 배타적인 성격의 협정을 체결하려 한다며 강력히 비판했다. 조단은 러시아가 용암포조차협정을 통해 이권 행사를 넘어 한국에 군사진지를 구축하려 한다고 인식했다. 그리고 조단은 러시아인의 용암포활동이 일본의 한국진출에 최대의 장애물이라고 인식했다. 조단은 일본의 한반도 진출을 당연시했고, 일본의 입장을 옹호했다. 이 같은 조단의 인식은 영일동맹 체결 이후 더욱 강화된 영·일공조를 반영하는 것이었다.

조단은 한국정부에 용암포개항을 설득하기 위하여 상업 발달, 관세수입 증대 등 경제이익론을 제기했다. 그러나 조단의 경제이익론은 한국정부를 설득시키는 데 큰 효력을 발휘하지는 못했다. 조단은 이 같은 한계를 의식하고 한국이 외교력을 집중하고 있던 국권문제를 거론했다. 조단은 일본의 한국독립불가능론에 동조한 바 있었다. 그럼에도 불구하고 조단은 개항을 관철시키기 위하여 한국의 독립을 강력히 지지하는 제스처를 취했고, 이는 브라운도 마찬가지였다.

조단은 한국의 독립에 대한 영국정부의 특별한 관심을 운운했다. 이는 고종이 국권수호를 위해 영국에 기울인 관심을 역이용한 조치였다. 조단은 영국정부가 한국의 독립에 관심이 많다는 외교적 수사를 구사하여 영일동맹을 경계하던 고종의 우려를 불식시키려 했다. 아울러 조단은 만주가 실질적으로 러시아의 보호령이 되었다고 지적하고, 한국이 러시아의 용암포점령을 방치할 경우 만주와 유사한 보호령 상태로 전락할 수 있다고 경고했다. 즉 조단은 러시아의 용암포점령은 한국의 국권을 심각히 손상시킨 것으로 지적하고, 한국이 국권을 수호하기 위해서는 러시아의 용암포점령을 저지해야 한다고 주장했다.

조단은 한국이 국권을 유지하는 지름길은 여러 국가의 지원으로 특정국의 국권 유린을 저지하는 것이라고 설득했다. 그런 관점에서 조단은 한국정부에 대해 러시아와 용암포조차협정을 체결하는 대신에 압록강 지역을 개항하여 모든 관련 열강을 만족시킬 것을 권고했다. 조단은 한국이 러시아의 압력으로 개항을 거부하는 것이야말로 국제사회에 대해 독립의 포기를 선언하는 격이 될 것이라고 경고했다. 이같이 조단은 국권유지론을 한국에 대한 고강도의 압박수단으로 사용했고, 일정 정도 한국정부를 설득하는 데 실효를 거두었다.

조단이 한국과 공식적으로 교섭한 것은 5월 하순경이었다. 이때 조단은 고종을 알현하고 의주를 외국인을 위한 무역항으로 개항할 것을 건의했다. 조단은 7월 중순 재차 고종을 알현하고, 의주개항에 대한 언질을 받아냈다. 조단은 고종의 언질을 근거로 외부대신 이도재, 경위원총관 이근택 등과 개항문제를 의논했다. 조단은 의주개항을 요구해왔지만 러시아의 활동을 효과적으로 견제하기 위해서는 선박의 출입이 용이한 용암포의 개항이 필요함을 인식했다. 따라서 조단은 한국에 대해 통상과 세관운영의 편의 등을 구실로 용암포의 개항을 요구했다. 한편 조단은 파블로프가 용암포조차협정을 한국정부에 강요하고 있다고 인식했고, 하야시와 공조하여 용암포조차협정 체결을 저지했다. 이후 조단은 외부대신서리 이중하에게 용암포개항을 촉구했다. 그러나 한국정부는 러시아의 반대를 이유로 결정을 기피했다. 특히 이용익은 고종에게 러시아의 무력 사용으로 한국의 안전이 위협을 받게 된다며 용암포개항을 반대하였다. 조단은 주영공사 민영돈을 통해 수차 고종에게 용암포개항을 건의했고, 외부대신서리 이하영에게는 영·일공사의 지지를 언급하는 한편 영국정부의 강력한 개항 의지를 전했다. 한편 파블로프는 이하영에게 한국정부가 영·일의 사주를 받아 의주나 용암포를 개항할 경우 러시아정부는 적당한 방책을 취할 것이라고 강력히 경고하였다. 조단은 파블로프에 맞서 이하영에게 고종에게 윤허를 주청하면 결단코 윤허할 것이라고 개항을 재촉했다.

조단은 한국정부가 결정을 미루자 고종이 러시아와 영국을 서로 견제시키고 있다고 판단했다. 결국 조단은 고종과의 담판을 시도했다. 조단은 고종을 알현하고 용암포개항에 대한 윤허를 촉구했다. 이후 조단은 민영환, 이근택 등을 통해 고종에게 용암포개항을 설득해줄 것을 요청했으나 아무런 실효를 거두지 못했다. 이같이 조단은 이용익을 제외한 거의 모든 한국의 실세와 접촉하여 용암포개항을 관철시키려 했지만 성과가 없었다. 고종이 러·일협상 결과를 기대했기 때문이었다. 이에 조단은 알렌과 같이 하야시에게 한국에 무력수단을 사용하는 것이 좋을 것이라고 권고했다.

한편 영국정부는 용암포개항을 관철시키기 위하여 압력을 강화했다. 영국정부는 조단에게 하야시와 긴밀히 협력할 것을 지시했다. 영국함대도 용암포개항을 강요하기 위해 제물포에 입항하였다. 그러나 용암포개항과 관련된 교섭은 러·일개전설이 유포되자 소강상태를 유지했다. 결국 용암포개항은 러·일개전 이후 일본군이 서울을 점령한 상황에서 결정되었다.

9장은 대한제국은 어떤 외교적 의도를 가지고 영국에 은산금광채굴권을 허여했는가에 대해 분석했으며, 주요 내용을 정리하면 다음과 같다.

이 시기 한영간의 최대 외교현안은 단연 은산금광문제였다. 영국이 은산금광에 관심을 기울인 것은 금의 매장량이 풍부하다는 사실을 인지하고 있었기 때문이었다. 한국정부 역시 이 사실을 잘 알고 있었으므로 은산금광을 황실 소유라고 통보하면서 그 채굴권을 허여하지 않으려 했다.

한국은 의정부와 궁내부를 막론하고 은산금광채굴권의 허여에 반대했다. 강경책을 주도한 인물은 외부대신 민종묵과 내장원경 이용익이었다. 민종묵은 러시아공사와 공조하면서 영국에의 은산금광 허여를 반대했다. 민종묵은 외부대신에 취임하자 조단이 알현시 결례했다는 이유로 조단의 알현을 저지했다. 민종묵은 한국정부는 고용인을 보호할 책임이 없다고 선언하는 한편 한국인의 대응을 자위책으로 두둔했다. 또 민종묵은 조단에게 영국인이 광지에 난입하여 영국기를 세우고, 광무감리를 납치하는 등 공법을 위반했다며 강력히 항의했다.

한편 이용익은 농상공부의 광산관리권을 내장원에 이속시킨 뒤 외국인의 한국광산 침해행위를 저지했고, 한국인의 광산개발을 지원했다. 이용익은 내장원의 광산을 총괄했으므로 외국의 이권 요구에 민감하게 반응했다. 이용익은 영국에 일정한 거리를 두었고, 심지어는 영국인을 축출하려 했다. 그러나 고종은 여러 가지 수단을 동원하여 영국에 접근했다. 이같이 고종과 이용익이 대영 인식에 있어 차이를 보인 것은 각자의 입장이 달랐기 때문으로 볼 수 있다. 즉 고종은 한국의 최고주권자로서 국권수호라는 국가의 최고 목표를 추구했기 때문에 영국에 적극적으로 접근했다. 그러나 이용익은 영국을 자신이 추진하는 산업육성책에 걸림돌로 보았기 때문에 강력히 배척하는 입장을 취했던 것이라 할 수 있다. 이용익은 외부대신의 훈령을 구실로 영국측의 활동을 저지하려 했다. 이용익은 광무감리로 하여금 수천명의 광군을 모집하여 영국인과 고용인을 공격하게 했다. 이에 대해 조단은 고종은 시종 영국에 호의적인 데 반해 이용익, 민종묵은 영국에 적대적이라고 비난했다. 결국 조단은 영국정부의 훈령을 내세우면서 고종과의 담판을 시도했다.

한·러 사이에 마산포조차 교섭이 전개되는 가운데 한·영 사이에는 은산금광 교섭이 전개되었다. 결국 고종은 영국에 은산금광을 허여하기로 결정했다. 고종은 그동안 대영 강경책을 펴온 민종묵을 물러나게 하고 모간에게 은산금광을 허여했다. 아울러 고종은 대영 강경책을 사실상 주도해온 이용익으로 하여금 계약서에 서명하도록 했다. 고종이 모간에게 은산금광채굴권을 허여한 것은 영국의 강력한 요구 외에도 여러 가지 고려가 작용했다. 먼저 황실의 경제적 이익과 러시아의 중재를 들 수 있다. 그러나 가장 중요한 것은 고종이 영국을 이용하여 러시아의 한국 진출을 견제하는 방향으로 방침을 정했기 때문이었다. 한국정부가 영국에 은산금광을 허여하기로 한 시점은 한국이 러시아로부터 마산포조차에 대해 강력한 압박을 받고 있던 바로 그 시점이었다. 한국은 러시아의 외압이 심대한 그 시점에 러시아의 강력한 견제국인 영국의 중요한 두 가지 요구를 모두 수용했다. 즉 한·영간에 최대 현안이었던 은산금광문제를 서둘러 타결하고, 영국의 마산포조차 요구도 즉각 수용했다. 고종이 영국의 요구를 신속히 수용한 것은 영국으로 하여금 러시아의 한국 진출을 견제하려 한 것이다.

이후 고종은 영국에 한층 더 접근을 시도했다. 고종은 영국정부에 영국하원의 국회의원인 모간을 런던주재 한국 명예총영사로 임명하기를 요청하여 동의를 얻어냈다. 이 무렵 영국에는 한국의 상주공사가 없었으므로 명예총영사는 명예직이 아니라 실질적인 한국의 외교관 역할을 대행해야 했다. 특히 모간은 솔즈베리 수상에게 영향력을 행사할 정도로 런던 정계에서 비중이 있던 정치인이었다. 따라서 고종은 모간이 은산금광채굴권을 획득한 대가로 영국정부에 한국의 입장을 호의적으로 대변해주기를 기대한 것이다. 이 모든 정황을 고려할 때 한국의 은산금광채굴권 허여는 열강의 이권침탈이라는 측면과 함께 러시아를 견제하려 한 외교적 방안의 관점으로 볼 필요가 있다.

10장은 대한제국시기 고종의 대영정책을 분석했으며, 주요 내용을 정리하면 다음과 같다.

고종은 1880년대 영국을 끌어들여 청의 '속방화정책'을 견제하고자 했다. 그러나 고종의 '세력균형정책'은 영국이 청을 지지하였으므로 별다른 성과를 거두지 못했다. 청일전쟁을 전후한 시기 영국은 수차 열강에 대해 국제적 보장하에 조선을 중립화시킬 것을 제의했다. 이에 고종은 영국이 솔선하여 한국의 독립을 국제적으로 보장해줄 것을 희망하면서 영국에 접근했다. 이 시기 열강에 의한 세력균형이나 국제조약의 체결은 모두 한국의 독립에 기여할 수 있는 것이었다.

고종은 영국이 한국에 관심이 많다고 인식했다. 그에 따라 고종은 영국이 세력균형자의 역할을 수행하거나 국제조약 체결을 주도하는 방식으로 한국의 주권 유지에 기여하기를 기대했다. 고종은 러·일의 한국 진출을 저지하기 위하여 영국에 외교적으로 접근했다. 즉 고종은 영국에 금의 매장량이 풍부한 은산금광을 허여하고, 영국정계에서 영향력이 있던 국회의원 모간을 명예총영사로 임명했다. 이어 고종은 특명전권공사 민영돈을 영국에 상주시켜 영국과의 외교에 전념하게 했고, 영국왕실과의 친교를 시도하는 등 영국과의 외교를 강화했다. 고종은 영국이 러시아를 견제하여 세력균형을 유지해주고, 또 한국 독립에 관한 국제조약 체결을 주선하기를 희망했다. 대한제국 수립 직후 고종의 대영 정책은 영국에 세력균형자 역할과 국제조약 체결 주선자 역할을 의뢰했다는 점에서 대한제국 이전의 시기와 비교해 별다른 차이는 없었다. 요컨대 고종은 러·일의 한국 진출을 경계했고, 그에 따라 러·일을 견제해줄 열강에 접근했다. 그리고 그 열강은 영국과 미국이었다. 고종은 영국이 미국과 같은 역할을 해주기를 기대했고, 미국이 한국문제에 소극적인 입장을 보일 때는 영국에 한층 접근하는 경향을 보였다.

고종은 영일동맹에 경계의식을 드러냈다. 영일동맹은 러·일 사이의 세력균형을 일본 쪽으로 기울게 할 우려가 있었기 때문이었다. 이 때문에 고종은 영국을 불신하기도 했다. 그러나 이후 고종은 영일동맹은 일본의 한국내 행동을 온건하게 제어할 것이라는 결론을 내렸다. 이에 따라 고종은 영국의 호의를 얻는 방향으로 대영정책을 추진하기로 결정하였다. 고종은 영일동맹에 대항하는 노불선언이 발표되자 두 동맹 간에 세력균형이 이루어진 것으로 인식했다. 이에 고종은 영국과 일본은 물론 러시아·프랑스에 대해서도 한층 외교적 관심을 기울였다. 고종은 특히 영국에 대해 기대를 했다. 영국이 세력균형자로서 러·일의 한국 진출을 견제해줄 것을 기대했기 때문이었다. 고종은 용암포사건의 와중에서도 영국이 러시아와 일본의 한국 침략을 저지해줄 것을 기대했다. 고종은 러·일 중에서도 한국의 국권을 유린할 가능성이 가장 큰 국가로 일본을 지목했으므로 영국이 일본을 제어해주기를 희망했다. 그러므로 고종은 영국의 의주개항 요청을 수락했다. 그런데 고종의 기대와는 달리 영국은 일본을 제어하지 않았다. 오히려 영국은 긴밀히 일본과 공조하면서 한국정부에 용암포개항을 요구했다. 이에 고종은 러시아와 제휴하여 일본의 침략을 저지하려 했다. 그 결과 고종은 용암포문제에서 러시아의 입장을 지지했다.

고종은 러·일 사이에 전쟁이 발발할 경우 한국의 독립을 국제적으로 보장받을 목적으로 국외중립을 추진했다. 국외중립은 국방력이 미약한 한국의 입장에서 볼 때 러일전쟁 발발에 대비한 주요한 국권유지 수단이었다. 고종은 영국이 한국의 국외중립을 지지해주길 희망했다. 고종은 러·일개전의 위기를 인식하자 1903년 8월 브라운에게 국외중립에 관한 문서를 기초하게 했다. 고종은 러일전쟁이 발발하기 직전인 1904년 1월 영국에 국외중립선언문을 발송했다. 랜스다운 영국 외상은 한국정부의 성명에 깊은 감명을 받았다는 전훈을 보냈다. 고종은 영국이 한국의 중립을 보장한 것이라고 인식하고, 나아가서 중립선언이 효력을 발휘하도록 영국의 지원을 구하고자 했다. 그러나 조단은 한국정부의 국외중립선언의 실효성을 부정했고, 그에 따라 서울을 국외중립지로 인정해달라는 고종의 요청을 거부했다.

고종은 영일동맹 이전에는 영국에 대해 세력균형자 역할과 국제조약 체결의 주도자 역할을 기대했다. 고종은 영국에게 청, 러시아, 일본 등 한국의 주권을 위협하는 국가들에 대해 세력균형자 역할을 기대했다. 고종은 영일동맹 이후 러·일 사이의 전쟁 가능성이 고조되자 영국에 대해 세력균형자 역할은 물론 국외중립 지지자 역할도 기대했다. 영국에 대한 기대가 국제조약 체결의 주도자에서 국외중립 지지자로 변화한 것이었다. 이 같은 변화는 당면한 전쟁의 위기에 대처하는 비상수단으로 볼 수 있다. 그런데 국외중립은 비록 전시중립의 성격을 지녔지만 열강의 승인을 얻어 지속적인 효력을 발휘하기만 하면 영세중립으로 전환이 가능한 것이었다. 그런 점에서 국외중립 역시 고종이 기대하는 국제조약 체결의 범주밖에 있는 것은 아니라 볼 수 있다.

이 시기 세력균형과 국외중립의 성공 여부는 군사력이 취약한 한국이 독립을 유지하는 데 절대적인 의미를 가진 것이었다. 그에 따라 고종은 영국이 세력균형자 역할과 국외중립 지지자 역할을 통해 한국의 독립을 지지하기를 기대했다고 볼 수 있다. 그러나 영국은 한국의 국외중립을 거부함으로써 일본의 한국 침략을 방조했다. 따라서 고종이 영국에 기대한 두 가지 역할, 즉 세력균형자 역할과 국외중립 지지자 역할은 모두 무산되었다고 볼 수 있다.

참고문헌

| 1차 자료 |

『고종실록』
『승정원일기』
『일성록』
George M. Mccune and John A. Harrison, *Korean-American Relations* VOLUME Ⅰ(1883~1886), University of California Press(1951)
Spencer J. Palmer, *Korean-American Relations* VOLUME Ⅱ(1887~1895), University of Hawaii Press(1963)
Scott S. Burnett, *Korean-American Relations: Documents Pertaining to the Far Eastern Diplomacy of the United States*, VOLUME Ⅲ *(1896~1905)*, University of Hawaii Press(1989)
『프랑스외무부문서』2(국사편찬위원회, 2003)
『프랑스외무부문서』3(국사편찬위원회, 2004)
『프랑스외무부문서』4(국사편찬위원회, 2005)
『프랑스외무부문서』5(국사편찬위원회, 2006)
『프랑스외무부문서』6(국사편찬위원회, 2007)
『프랑스외무부문서』7(국사편찬위원회, 2008)
『프랑스외무부문서』8(국사편찬위원회, 2009)
『프랑스외무부문서』9(국사편찬위원회, 2010)
『구한국외교문서 미안』(고려대학교 아세아문제연구소, 1968)
『구한국외교문서 법안』(고려대학교 아세아문제연구소, 1968)
『구한국외교문서 일안』(고려대학교 아세아문제연구소, 1968)
『구한국외교문서 청안』(고려대학교 아세아문제연구소, 1968)
『구한국외교문서 아안』(고려대학교 아세아문제연구소, 1968)
『구한국외교문서 영안』(고려대학교 아세아문제연구소, 1968)
『구한국외교문서 덕안』(고려대학교 아세아문제연구소, 1968)
『영국외무성 한영외교사관계자료집』(동광출판사, 1997)
일본외무성, 『일본외교문서』(일본국제연합협회, 1985)

일본외무성, 『소촌외교사』(원서방, 1966)

『주한일본공사관기록』1~26(국사편찬위원회)

청계중일한관계사료』5(대북 중앙연구원 근대사연구소, 1972)

『러시아 국립문서보관소 소장 한국관련문서 요약집』(한국국제교류재단, 2002)

『민충정공유고집』(계정민충정공기념사업회, 1968)

『한미관계(1882~1982)』(서울대학교 미국학연구소, 1982)

샤를르 달레(안응렬 · 최석우 역), 『한국천주교회사 (상)』(분도출판사, 1979)

『뮈텔 주교 일기』II~III(한국교회사연구소, 1993)

김원모, 『알렌의 일기』(단국대학교 출판부, 1991)

신복용, 『조선비망록』(집문당,1999)

| 2차 자료 |

권석봉, 『청말 대조선정책사연구』(일조각, 1986)

그럿트 빠스깔, 「고종과 프랑스(1866~1906)」, 『한국문화연구』12(2007)

김원모, 『근대한국외교사연표』(단국대학교 출판부, 1984)

김원모, 「알렌의 한국독립보전정책(1903)」, 『동양학』20(1990)

김원모, 「19세기 말 미국의 대한정책(1894-1905)」, 『국사관논총』60(1994)

김원모, 『개화기 한미 교섭관계사』(단국대학교 출판부, 2003)

김원수, 「노일전쟁의 발단과 의주 개방 문제」, 『한일관계사연구』11(1999)

김용구, 『세계관 충돌과 한말외교사』(문학과 지성사, 2001)

김정기, 「조선정부의 청 차관 도입」, 『한국사론』3(1976)

김철웅, 「주미공사 이범진의 미국 여정과 활동」, 『역사학보』205(2010)

김현숙, 「한말 고문관 J. McLeavy Brown에 대한 연구」, 『한국사연구』66(1989)

김현숙, 「구한말 고문관 데니(O.N.Denny)의 반청외교활동의 성격과 경제개방정책」, 『이대사원』
　　　29(1996)

김현숙, 「한말 고문관 러젠드르에 대한 연구」, 『한국근현대사연구』8(1998)

김현숙, 「한말 조선정부의 고문관정책」, 『역사와 현실』33(1999)

김태웅, 「한국 근대개혁기 정부의 프랑스 정책과 천주교」, 『역사연구』11(2002)

나애자, 「이용익의 화폐개혁론과 일본제일은행권」, 『한국사연구』45(1983)

박희호, 「구한말 한반도중립화론 연구」(동국대학교 사학과 박사학위논문, 1997)

서영희, 「광무정권의 형성과 개혁정책 추진」, 『역사와 현실』26(1997)

석화정, 「러시아의 한반도 중립화정책」, 『중소연구』23-3(1999)

손정숙, 『한국 근대 주한공사 연구』(한국사학, 2005)

송병기, 「소위 「삼단」에 대하여-근대 한청관계사의 한 연구-」, 『사학지』제6집(1972)

양상현, 「대한제국기 내장원의 광산 관리와 광산 경영」, 『역사와 현실』27(1998)

연갑수, 『고종대 정치변동 연구』(일지사, 2008)

오진석, 「광무개혁기 근대산업육성정책의 내용과 성격」, 『역사학보』193(2007)

윤병희, 「일본망명시절유길준의쿠데타음모사건」, 『한국근현대사연구』3(1995)

이경원, 「문명과 야만의 이분법」, 『외국문학』제47호(1996)

이민식, 『근대 한미 관계사』(백산자료원, 2001)

이양자, 『조선에서의 원세개』(신지서원, 2002)

이영관, 「독일제국의 극동정책과 조선」, 『서양사론』56(1998)

이윤상, 「대한제국기 내장원의 황실재정 운영」, 『한국문화』17(1996)

전미란, 「통리교섭통상사무아문에 관한 연구」, 『이대사원』24·25(1990)

전정해, 「광무년간의 산업화 정책과 프랑스 자본·인력의 활용」, 『국사관논총』84(1999)

조재곤, 「1902, 3년 일본 제일은행권 유통과 한국 상인의 대응」, 『한국민족운동사연구』(1997)

조현범, 「19세기 프랑스 선교사들의 문명관」, 『교회사연구』15(2000)

최문형, 『제국주의 시대의 열강과 한국』(민음사, 1990)

최형익, 「한국에서 근대 민주주의의 기원」, 『정신문화연구』96(2004)

한규무, 「19세기 청·조선간 종속관계의 변화와 그 성격」, 『근대 동아시아 국제관계의 변모』(혜안, 2002)

현광호, 「대한제국기 징병제논의와 그 성격」, 『한국사연구』105(1999)

현광호, 「대한제국기 망명자문제의 정치-외교적 성격」, 『사학연구』제57·58합집호(1999)

현광호, 「대한제국의 중립정책과 중립파의 활동」, 『한국독립운동사연구』14(2000)

현광호, 「대한제국의 삼국제휴방안과 그 성격」, 『한국근현대사연구』14(2000)

현광호, 「대한제국기 집권층의 동북아정세 인식」, 『사학연구』63(2001)

현광호, 「대한제국의 군사외교」, 『한국민족운동사연구』30(2002)

현광호, 「대한제국기 주한러시아공사의 활동-의화단사건기를 중심으로-」, 『대구사학』83(2006)

현광호, 「대한제국기 주한러시아공사의 활동」, 『역사학보』190(2006)

현광호, 「대한제국의 대러정책」, 『동방학지』136(2006)

현광호, 「대한제국 초기 주한일본공사의 활동」, 『이화사학연구』(2006)

현광호, 「의화단사건 이후 일본의 대한정책」, 『호서사학』45(2006)

현광호, 「1903~1904년 대한제국의 대러시아 대응론과 정책의 추이」, 『동양학』41(2007)

현광호, 「영일동맹 이전 주한영국공사의 대한제국 정세인식 역사학연구」, 『역사학연구』(2007)

현광호, 「영일동맹 이후 주한영국공사의 활동」, 『역사문화연구』(2007)

현광호, 「대한제국기 고종의 대영정책」, 『한국사연구』(2008)

현광호, 「대한제국의 은산금광 채굴권 허여와 그 외교적 의미」, 『대구사학』(2008)

현광호, 『대한제국과 러시아 그리고 일본』(선인, 2007)

현광호, 「프랑스외교관의 조청관계 인식」, 『대구사학』99(2010)

현광호, 「국권상실 전후 시기(1905~1918) 동아시아 국제정세의 변동과 한민족의 국권회복운동」, 『한국문화』52(2010)

현광호, 「딘스모어 미국공사의 조선외교 인식과 활동」, 『역사학보』210(2011)

현광호, 「미국공사 허드의 조선 인식과 활동」, 『인문과학』94(2011)

국사편찬위원회, 『한국사』39

한국사연구회, 『청일전쟁과 한일관계』(일조각, 1985)

『청일전쟁을 전후한 한국과 열강』(한국정신문화연구원, 1984)

『한미수교 100년사』(국제역사학회 한국위원회, 1982)

『한영수교100년사』(한국사연구협의회, 1984)

『한로관계100년사』(한국사연구협의회, 1984)

『한불수교 100년사』(한국사연구협의회, 1986)

『한독수교 100년사』(한국사연구협의회, 1984)

한국정치외교사학회, 『한불외교사』(평민사, 1987)

한국정치외교사학회, 『한국독립운동과 열강관계』(1985)

『한국인의 대미인식』(민음사, 1994)

한국정치외교사학회, 『한국외교사』1(집문당, 1996)

한일관계사학회, 『한일양국의 상호인식』(국학자료원, 1998)

노우에 유이치(석화정 · 박양신 역), 『동아시아 철도 국제관계사-영일동맹의 성립과 변질과정-』(지식산업사, 2005)

등원창(엄수현 역), 『일본군사사』(시사일본어사, 1994)

安岡昭男, 「日淸戰爭前の 大陸政策」, 『일본외교사연구-일청전쟁 · 일노전쟁-』(有斐閣)

加藤陽子, 『徵兵制と近代日本』(吉川弘文館, 1996)

William L.Langer, *The Diplomacy of Imperialism(1890-1902)*, Harvard University(1951)

Andrew Malozemoff, *Russian Far Eastern Policy 1881-1904*, University of California Press(1958)

GeorgeAlexanderLensen,*BalanceofIntrigue:InternationalRivalryinKoreaand Manchuria, 1884-1899 Volume II*, University Presses of Florida(1982)

Ian Nish, *The Origins of The Russo-Japanese War*, Longman(1985)

Ian Nish, *Japanese Foreign Policy, 1869-1942*, London(1967)

Ian Nish, *A Short History of Japan*, New York(1968)

Nelson, M. Frederick, *Korea and Old Orders in Eastern Asia*, New York(1975)

Peter Duus, *The Abacus and the sword: The Japanese Penetration of Korea, 1895-1910*, University of California Press(1995)

ㅅ